安顺学院教育学学科建设资金资助出版

U0726902

学前儿童德育活动设计研究

刘　琳◎著

吉林出版集团股份有限公司
全国百佳图书出版单位

图书在版编目（CIP）数据

学前儿童德育活动设计研究 / 刘琳著. -- 长春：
吉林出版集团股份有限公司, 2024.8. -- ISBN 978-7
-5731-5277-0

Ⅰ.G611

中国国家版本馆CIP数据核字第2024KZ3156号

XUEQIAN ERTONG DEYU HUODONG SHEJI YANJIU

学前儿童德育活动设计研究

著　　者	刘　琳
责任编辑	于　欢
装帧设计	清　风

出　　版	吉林出版集团股份有限公司
发　　行	吉林出版集团社科图书有限公司
地　　址	吉林省长春市南关区福祉大路5788号　邮编：130118
印　　刷	唐山富达印务有限公司
电　　话	0431-81629711（总编办）
抖 音 号	吉林出版集团社科图书有限公司　37009026326

开　　本	710 mm×1000 mm　1/16
印　　张	15.25
字　　数	240千字
版　　次	2024年8月第1版
印　　次	2024年8月第1次印刷

书　　号	ISBN 978-7-5731-5277-0
定　　价	68.00元

如有印装质量问题，请与市场营销中心联系调换。0431-81629729

前　　言

在当今社会，学前教育的重要性愈发凸显。儿童的早期发展不仅关乎个人的未来，更对整个社会的和谐与进步起着重要作用。德育作为教育的根本任务之一，尤其在学前阶段，承担着培养儿童道德品质、社会责任感和人际关系技巧的重要使命。因此，研究学前儿童的德育活动，对于推动幼儿园教育实践、提升学前教育质量具有深远的意义。

本书旨在探讨学前儿童德育活动的理论与实践，全面分析其在儿童成长过程中的重要性和实施策略。我们将从德育的理论基础入手，通过对国内外相关研究的梳理与分析，提出适合我国国情的幼儿园德育实践模式。同时，本书还将结合具体的案例与实践经验，探索在多元环境中实施德育活动的有效途径。

随着科技的进步和社会的变迁，家庭、学校与社会环境也在不断变化。这些变化直接影响着儿童德育的发展。因此，本书特别关注家庭教育与社会力量在德育活动中的作用，力求为教育工作者、家长及社会各界提供有益的启示与参考。

我们希望通过本专著的研究，促进学前德育理论的发展，提升教育实践的有效性，为培养德智体美劳全面发展的社会主义建设者和接班人贡献一份力量。愿我们的努力能够帮助每个儿童在成长过程中树立正确的价值观、人生观和世界观，使他们在未来的生活中能够更好地适应社会、服务社会。

最后，衷心感谢所有参与和支持本书研究的专家学者、老师与家长，是你们的经验与智慧，为我们的研究提供了宝贵的参考和激励。希望本书能够为广大读者带来启发，共同推动学前儿童德育活动的深入发展。

安顺学院　刘　琳[①]

2023年12月

---

① 刘琳（1988.7—　），女，贵州安顺人，博士，安顺学院教育学院教师，主要研究方向为教育管理、幼儿园课程研究。

目录
CONTENTS

第一章　学前儿童德育概述

第一节　学前儿童德育的内涵

学校教育，育人为本；德智体美，德育为先。学前阶段是儿童发展的关键时期，而德育对于儿童的全面成长又至关重要。《教育部关于整体规划大中小学德育体系的意见》中指出，德育主要是对学生进行政治、思想、道德、法制、心理健康教育。学前儿童德育则是指教育者按照社会主义核心价值观的要求，通过系统的教育和引导，培养学前儿童正确的价值观、道德观和行为准则。

根据皮亚杰的儿童道德认知发展阶段理论，学前阶段是儿童道德认知的初级阶段，处在前道德阶段和他律道德阶段。前道德阶段的学前儿童在亲子关系、与同伴相处、进行价值判断等方面均表现出自我中心倾向；他律道德阶段的学前儿童表现出对外在权威的依赖，规则是不可以改变的，是绝对的。学前儿童在判断事件是非时依赖一定的情感因素和外在固定的标准与规则。随着学前儿童道德认知水平的提高，道德认知会逐步改变，最终到达"公正阶段"或"自律道德阶段"，判断事件的依据不再局限在事物最终的结果上，而更多考虑的是事件的动机，并能逐步将自己放置在他人的位置上思考因果关系。由此可见，学前儿童的道德认知发展是一个循序渐进的阶段性过程；儿童成年后，道德认知的水平在很大程度上是基于早期道德发展和德育影响的结果。

学前儿童德育是全面发展教育的重要组成部分，它不仅包括常规的道德教育，而且还涵盖了丰富的德育内容，包括价值观教育、社会行为培养、情感教育、协作与合作意识培养、自我意识与自我管理能力培养等方面。

一、价值观教育

（一）价值观教育的理解

价值观是个体在感知基础上对事物、事件的认知、理解和判断，对人们自身行为的定向和调节起着非常重要的作用。价值观教育是指对学生进行一系列有针对性、系统性和综合性的教育活动，以引导学生形成正确的人生观、价值观和道德观，培养他们正确的人生态度和社会责任感，促进他们身心健康发展的教育。价值观教育包括了许多方面的内容，如道德、法律、文化、人际关系等等，几乎贯穿了个体所有的受教育环节。因此，价值观教育是一项非常重要的教育任务，它不仅涉及学生本人人格的形成和道德素质的养成，更关系到整个社会的文明进步与和谐发展。

价值观教育的内涵包括以下几个重要方面：

1. 价值观教育应该促进学生积极主动地思考，提高他们对正向价值观的认识和理解，帮助他们明确自己的价值追求，形成健康、积极、具有人文精神的个人价值观，进而在行为上表现出正确的价值取向。

2. 家庭和社会对一个人的价值观教育具有相当大的影响力，但幼儿园教育也应该成为传承和弘扬正向价值观的重要途径。幼儿园应该制订有关价值观教育的教育方案，明确目标和具体内容，通过各种途径和形式，对正向价值观进行有效传播和宣传，在幼儿园建立和谐、进步、阳光的学风和社会风气。

3. 价值观教育应该使学生能够将正确的价值观应用到实践中，不断提高其思维水平。这需要幼儿园创造良好的学习氛围，注重学生的实践能力培养，引导他们通过社会实践、志愿服务和各种实践活动来实践价值观。在实践过程中，教师应该及时指导和评价，使学生从实践中不断反思、总结和完善自己的价值观。

（二）学前儿童价值观教育的重要意义

学前儿童阶段是孩子们形成自我认识和人生观的关键时期，价值观教育对学前儿童的个性和道德品质的形成与培养都发挥重要作用。它可以帮助孩子们构建健康的人生观和世界观，培养积极的情绪和行为习惯，引导他们积极面对学习和生活中的挑战，为他们未来的发展奠定坚实的基础。

1. 学前儿童阶段是孩子性格和行为习惯养成的关键期。在这一阶段，孩子们的行为和认知能力正在迅速发展，他们开始形成自己的世界观和价值观。通过价值观教育，可以帮助他们树立积极健康的人生观和世界观，培养正确的行为习惯和价值取向。

2. 学前儿童阶段是孩子社会化的重要阶段。在这一阶段，孩子们开始接触到各种各样的价值观。价值观教育可以帮助孩子们辨别和理解不同的价值观，并在此基础上形成判断力和认知能力，形成正确的价值观。

3. 学前儿童阶段是孩子语言和情感发展的关键时期。价值观教育可以通过言传身教的方式，引导孩子们学会尊重、友爱、宽容等积极的情感和行为。这对于孩子们的情感健康和提高社会适应能力会产生深远的影响。

4. 学前儿童阶段是孩子思维和学习兴趣形成的关键期。良好的价值观将对学前儿童的认知能力和学习兴趣产生积极的影响，帮助他们形成积极的价值导向，建立健康的思维方式，激发好奇心，培养自信心和责任感。

二、社会行为培养

（一）社会行为的理解

社会行为指的是个体在社会环境中展现出来的各种行为。这些行为通常受到社会文化和社会习俗等因素的影响，同时也反过来影响和塑造着社会文化。个体通过社会行为在社会中展现出他们的社交能力、文化认同和社会角色认同。

社会行为的内涵包括以下几个重要方面：

1. 互动与交往：社会行为强调个体之间的互动和交往，涉及人际关系、沟通和合作等方面。个体在社会中展现的行为往往是与他人互动的结果，这种互动可以是直接的言语和肢体交流，也可以是非言语的行为表达。

2. 受文化影响：社会行为受到特定文化背景和社会环境的影响。不同的文化价值观念和社会规范会塑造个体的行为方式，影响他们的言行举止、价值取向和社交习惯等方面。

3. 社会角色：在社会中，个体往往扮演着不同的社会角色，比如家庭成员、职业身份、朋友关系等。这些社会角色会影响个体的行为表现，比如他们会按照社会角色应具备的行为准则和应满足的社会期望来行动。

4. 社会规范与期望：社会行为受到社会规范和期望的约束和影响。社会规范是指社会对于个体的行为准则，而社会期望则是指社会对于个体行为的期待。个体的行为往往受到这些规范和期望的引导，不同的社会文化和社会群体会形成不同的规范和期望。

（二）学前儿童社会行为培养的重要意义

对学前儿童进行社会行为培养是非常重要的，它有助于塑造孩子的积极人格和健康的社交能力，对他们未来的成长和发展具有重要意义。

1. 有助于学前儿童建立良好的人际关系。在幼儿园和家庭环境中学习合作、分享、互助等社会行为，能帮助儿童更好地融入团体，培养他们的人际交往能力，有助于儿童建立良好的人际关系。

2. 有助于学前儿童建立积极的情感态度。在社会互动中，孩子们需要学会理解他人的情感，培养他们的共情能力和同理心。他们还可以通过观察和体验他人的情绪，从而学会表达自己的情感。这有助于他们理解和管理自己的情绪，逐渐形成积极的情绪表达方式。同时，学前儿童社会行为培养也可以增强孩子们应对压力和解决冲突的能力，培养他们的自信心和适应能力。

3. 有助于学前儿童规范意识的形成。在家庭和幼儿园等不同的环境中，孩子们会接触到各种各样的社会行为和规范，如分享、尊重他人、友善相处等。通过观察和模仿周围人的行为，孩子们可以逐渐理解这些规范，并开始形成自己的规范意识。

4. 有助于学前儿童认知发展。通过与他人互动，孩子们能够接触到不同的观点和经验，从而拓宽他们的认知范围。他们可以通过观察和模仿他人的行为，了解世界的多样性。此外，社会互动还可以激发孩子们的好奇心和求知欲，促使他们主动学习和探索。这有助于发展他们的思维，提升他们的语言能力提升和培养他们解决问题的能力。

5. 有助于促进学前儿童的整体发展。通过社会互动和规范的引导，孩子们能够逐渐了解社会规范，并形成适应社会规范的行为准则。这有助于培养他们的规范意识、沟通能力、合作意识、情绪管理能力和自我控制能力。因此，学前儿童社会行为培养是学前教育中不可或缺的重要环节。

三、情感教育

（一）情感教育的理解

情感教育是一种培养学生情感智慧、情绪管理能力和良好人际关系的教育方式。学生的情感世界对其整体发展具有重要作用。情感教育关注个体内心世界的健康发展和社交技能的增长，以及学生的生活品质和人格发展，使学生在情感、社会和情境中更好地适应、成长和发展。也就是说，情感教育旨在促进学生的情感认知、情绪管理、人际交往技能等方面的发展，使其具备积极的情感态度、健康的心理状态和良好的社会适应能力。

情感教育的内涵包括以下几个重要方面：

1. 情感认知和表达。情感教育强调帮助学生认识和理解自己的情感，包括情绪产生的原因、种类和表达方式。学生通过情感教育学习如何识别和表达自己的情感，从而更好地理解自己并与他人进行有效沟通。

2. 情感调节和管理。情感教育致力于培养学生处理情感的能力，包括积极情绪的培养、消极情绪的调节以及应对情感困扰的方法。学生通过接受情感教育可以学习如何应对挑战和压力，保持情绪平衡，避免情感失控。

3. 同理心和人际关系。情感教育注重培养学生的同理心和合作意识，帮助他们建立积极健康的人际关系。通过情感教育，学生学会倾听和理解他人，从而培养良好的人际交往技能。

4. 道德情感和责任感。情感教育强调培养学生的良好品格和价值观，使其具备良好的道德情感和社会责任感。这有助于学生建立积极的人生态度和习得正确的社会行为准则。

（二）学前儿童情感教育的重要意义

学前时期是儿童成长和发展非常重要的阶段。对学前儿童进行情感教育，有助于儿童建立健康的情感基础、促进儿童社会适应能力、培养儿童积极的人格特质，并为避免儿童出现心理和行为问题的发生打下基础。这对于学前儿童的全面发展、将来的学习和生活都具有重要意义。

1. 奠定学前儿童健康的情感基础。学前儿童时期正是孩子情感发展的关键阶段。通过情感教育，儿童可以学会认识和表达自己的情感，培养积极的情感体验，建立健康的自我认知和培养自我调节能力。

2. 增强学前儿童的社会适应能力。情感教育可以帮助学前儿童建立良好的人际关系和交往能力，培养合作和分享的意识，从而更好地适应幼儿园和家庭环境，为将来的学习和生活奠定基础。

3. 培养学前儿童情绪管理能力。在学前阶段进行情感教育有助于儿童学会管理自己的情绪，理解和应对情绪冲突，从而避免过度情绪表达或抑制，提高解决问题的能力。

4. 塑造学前儿童积极的人格特质。情感教育有助于培养学前儿童的自信心、责任感和同情心，塑造积极的人格特质，培养良好的价值观和行为准则。

5. 预防学前儿童心理问题和行为问题的发生。情感教育可以帮助学前儿童建立适应能力，预防焦虑、内向、攻击性行为等心理和行为问题的发生，为儿童健康成长打下良好基础。

四、协作与合作意识培养

（一）协作与合作意识的理解

协作与合作意识是指个体在团队或群体中，能够意识到共同目标和互相支持的重要性，并以积极的态度参与协作和合作活动。也就是说，个体在团队或群体中能意识到确立共同目标、互相支持、思考整体与局部、共享资源与信息，以及解决冲突与问题的重要性，并以积极的态度参与协作和合作活动。这种意识对于个体的社会交往、团队合作和组织发展都具有重要意义。

协作与合作意识的内涵包括以下几个重要方面：

1. 共同目标意识。协作与合作意识的核心是个体意识到共同目标的重要性。要让个体意识到只有在团队合作中才能实现共同的目标和利益，因此愿意为了集体利益而做出努力和牺牲。

2. 互相支持与合作。个体意识到团队成员之间需要相互信任、支持与合作，为了共同的目标而协同努力，而不是为了个人利益而竞争或冲突。

3. 思考整体与局部。个体能够看到自己个人的行动是如何影响整个团队的目标和进程的，愿意调整自己的行为以保证整体利益。

4. 共享资源与信息。个体愿意与团队成员分享自己的知识、技能和资源，从而共同实现团队的目标。

5. 解决冲突与问题。团队成员意识到在合作过程中可能会出现意见分歧或其他问题，愿意以建设性的方式解决这些问题，以维护团队的和谐与合作。

（二）学前儿童协作与合作意识培养的意义

培养学前儿童协作与合作意识可以促进其人际交往技能、自信心、团队意识、问题解决能力、专注力的发展。这些能力对于学前儿童的整体成长和未来学习都具有重要意义。

1. 培养学前儿童的社会适应能力。培养协作与合作意识可以培养学前儿童良好的社会适应能力，学会与他人相处并合作完成任务。这有助于他们适应幼儿园的生活，以及可以帮助他们未来在社会中与多样化的人群进行合作。

2. 发展学前儿童的人际关系。学前儿童通过协作与合作活动学会与他人相处，分享资源，倾听他人意见，并尊重他人的想法。这有助于学前儿童建立积极的人际关系，培养他们的社交技能，提高他们与其他人交往的能力，建立起积极健康的人际关系，进而培养出他们尊重他人和团队合作的意识。

3. 提高学前儿童的情商。通过协作与合作活动，培养学前儿童情商，包括情绪管理、自我认知和社交技能。这有助于他们更好地理解自己和他人，并能够更好地处理人际关系和团队合作中出现的问题。

4. 促进学前儿童的认知发展。协作与合作活动需要学前儿童思考、与他人交流和解决问题，这有助于促进他们的认知发展。在协作与合作中，他们需要理解他人的意图、协调行动、解决冲突等，这些活动都能够促进他们的认知能力。此外，学前儿童经常需要面临各种问题和难题，需要与他人一起解决。这有助于培养他们解决问题的能力，学会通过交流、合作找到解决问题的方法。

5. 建立学前儿童的领导力与跟随能力。在协作与合作活动中，学前儿童有机会体验领导他人和跟随他人的经历。他们可以学会适时地表达自己的想法，也可以学会接受他人的领导，从而培养出一定的领导力与跟随能力。

6. 培养学前儿童的团队精神。协作与合作意识的培养有助于学前儿童建立团队意识，理解团队的重要性，培养出团队合作的精神。他们能够体验到团队合作的力量，可以让他们学会尊重他人，学会为团队的成功贡献自己的力量，同时也从团队中获得支持和帮助。

7. 增强学前儿童的自尊心和自信心。通过参与协作与合作活动，学前儿童可以经常获得成功体验，并得到他人的认可和鼓励，从而增强他们的自尊心和自信心。这种积极的情绪体验可以促进他们对自己的肯定，培养他们乐于尝试新事物和挑战新事物的态度。

五、自我意识与自我管理能力培养

（一）自我意识与自我管理的理解

自我意识是指个体对自己的存在、特点、行为和经验的认识和理解。这种意识包括对自己身体、情感、思想和社会角色的认识，以及对自我在社会和环境中定位的理解。自我意识涉及个体对自己的观察、反思和内省，包括自我觉察、自我认知和自我理解。自我意识的概念还涉及对自己与他人和世界的关系的理解，以及对自己未来发展的预期和规划。

自我意识的内涵包括以下几个重要方面：

1. 自我感知。自我感知是指个体对自己身体的感知和认知，包括对身体外貌、姿态、动作的认知，以及对自己身体状况和功能状态的感知。

2. 自我认知。自我认知是指个体对自己心理特征和能力的认知，包括对自己的情感、性格、智力、能力等方面的认知。

3. 自我概念。自我概念是指个体对自己的整体认知，包括对自己身份、角色、地位、重要性等方面的认知。

4. 自我价值和自尊。自我意识还包括对自己价值、自尊和自信等方面的认知和情感体验。

自我管理能力则是指个体在认识和理解自己的基础上，能够有效地管理自己的情感、行为和思维，以实现既定的目标，从容应对挑战，并适应不断变化的环境。自我管理能力包括情绪管理、行为控制、决策能力、时间管理、自我激励和自我监督等方面的能力。拥有良好的自我管理能力可以帮助个体更好地适应社会环境和缓解生活压力，更好地实现个人目标和价值，以及更好地与他人协作和交往。

自我管理能力的内涵包括以下几个重要方面：

1. 情绪管理。个体具有理解、表达和调节自己情绪的能力，能够有效应对情绪波动，调节情绪状态。

2. 行为控制。个体具有自控力，能够控制自己的行为，遵守规则和约定，制定长期目标并坚持实现。

3. 决策能力。个体具有理性决策的能力，能够根据自己的目标和价值观，理性地分析问题，做出明智的决策。

4. 时间管理。个体能够合理安排时间，有效利用时间，根据事情的重要性和紧急性，合理分配时间资源。

5. 自我激励和自我监督。个体具有自我激励的能力，能够自觉设定目标，积极主动地完成目标。同时也能够自我监督，对自己的行为和结果进行评估，及时调整。

自我意识和自我管理能力都是保持个体心理健康和自我发展的基础，通过自我意识的认知和自我管理能力的行为调节，个体能够更好地适应环境、应对挑战，并实现自身的目标和价值。总的来说，自我意识和自我管理能力是息息相关的，前者为后者提供认知和认识的基础，后者则通过行为和认知的调控来促进个体的成长和发展。这两者共同构成了个体自我发展和心理健康的重要基础。

（二）学前儿童自我意识与自我管理能力培养的意义

自我意识和自我管理能力是儿童发展的重要基础，对学前儿童进行自我意识和自我管理能力的培养对他们的成长和发展非常重要。这不仅有助于他们建立积极的自我形象、培养良好的社交情感能力，以及建立健康的性别认同，而且还有助于学前儿童自身素质的提高，帮助他们更好地适应社会环境，并建立健康积极的人际关系。因此，家庭、幼儿园和社会应共同努力，为学前儿童的自我意识和自我管理能力培养创造良好的环境和条件。

1. 有助于学前儿童建立积极的自我认知。通过认识自己的身体、情感、需求和能力，学前儿童能够建立积极的自我形象，形成对自己的积极评价和态度。这有助于他们建立自信心，培养积极的情感体验，从而更好地适应学习和生活中的挑战。

2. 有助于提高学前儿童的社会交往和情绪管理能力。当孩子能够清晰地认识自己的情绪和需求时，他们更能理解并应对自己和他人的情绪，有助于学前儿童建立良好的人际关系。此外，通过培养自我意识，学前儿童能更好地学会情绪调节和自我控制，有助于他们适应困难并培养战胜挑战的能力。

3. 有助于学前儿童建立性别认同和自我由来。在这个阶段，他们开始意识到自己的性别和性别角色，因此对于性别角色平等和性别身份认知的培养至关重要。通过教育和引导，学前儿童可以形成尊重他人性别和自身性别的观念，避免性别刻板印象的影响，从而培养健康的性别认同。

4. 有助于学前儿童学会自我控制。学前儿童的情绪常常受到外界刺激的影响，缺乏足够的自我控制能力。如果得不到及时纠正和引导，这种情况容易影响到他们的学习和生活。而通过培养自我管理能力，儿童可以更好地控制自己的情绪，从而更好地适应学习和生活环境。

5. 有助于学前儿童建立正确的行为习惯。自我管理能力培养不仅包括情绪的自我管理，还包括行为的自我控制。通过培养自我管理能力，学前儿童可以逐渐养成良好的行为习惯，如自觉整理玩具、自觉遵守规则等，这对他们的日常生活和学习都具有积极影响。

6. 有助于促进学前儿童的认知发展。通过自我管理，学前儿童可以更好地整理自己的思维和注意力，有助于培养他们的自主学习能力和解决问题的能力。而这些都对儿童认知水平提高发挥重要促进作用。

7. 有助于学前儿童建立积极的人际关系。通过自我管理能力的培养，儿童可以更好地控制自己的情绪和行为，从而更好地适应社交环境，有助于与他人建立积极的人际关系。

第二节　学前儿童德育的意义

学前儿童德育在促进学前儿童的全面发展、塑造学前儿童正确的价值观念、促进学前儿童心理健康发展、促进学前儿童社会适应能力的提高和促进家庭教育延伸等方面具有重要意义。通过学前儿童德育，可以为孩子未来的学习和发展奠定坚实的道德发展基础，引导他们树立正确的价值观念，培养积极健康的心理状态，提升社会适应能力，并加强与家庭教育的互动，促进儿童全面成长。

一、学前儿童德育有利于促进学前儿童的全面发展

德育强调培养学前儿童的道德观念、价值观和行为规范，通过学习道德规范和行为准则，帮助他们建立正确的行为意识和价值取向。而且，学前儿童德育是在学习语言、认识世界、形成自我意识和社会适应能力的基础上进行的，通过课堂教学、游戏活动等形式，让儿童在情感、认知、社交等多个方面得到综合发展。在良好的德育环境中，有助于培养儿童的自理能力、动手能力、思维能力等，为他们未来的学习和发展奠定坚实的基础。

首先，学前儿童德育能促进学前儿童的认知发展。德育注重培养学前儿童的道德判断能力和自我认知能力，让他们学会分辨是非、善恶，并意识到自己的行为对他人的影响。通过德育，学前儿童将学习到道德原则和价值判断的基本内容，并能够运用这些内容来解决实际问题。这种对道德问题的思考和判断将促进学前儿童的认知发展，提升他们的逻辑思维水平

和解决问题的能力。

其次，学前儿童德育能促进学前儿童的情感发展。德育注重培养学前儿童的情感意识和情绪管理能力，让他们学会理解并积极表达自己的情感。通过德育的实践活动，学前儿童将学习到友善、宽容、互助等良好的情感表达方式，并学会与他人建立良好的关系。这种情感发展将有助于稳定学前儿童的情绪和自尊心的建立，增强他们的自信心和情感管理能力。

最后，学前儿童德育能促进学前儿童社会交往的发展。德育注重培养学前儿童的社会责任感和合作精神，通过与他人合作和互动，学会与他人沟通和解决问题。通过德育实践活动，学前儿童将学习到尊重他人、合作共赢的原则，并学会与他人合作解决问题。这种德育实践活动能够促进学前儿童与他人的互动和建立友好关系，培养他们的社交技巧和人际交往能力。

学前儿童德育具有促进学前儿童全面发展的重要作用。学前儿童德育能促进学前儿童的认知发展、情感发展和社交发展，培养他们的道德意识、情感管理能力和社会适应能力。因此，家长和教育者应提供良好的德育环境，注重德育的实践活动，帮助学前儿童在道德、情感和社交领域取得全面发展。

二、学前儿童德育有利于塑造学前儿童正确的价值观念

学前儿童德育能够帮助孩子树立正确的价值观念。在学前教育阶段，孩子处于价值观念形成的关键期，他们容易受到身边环境和他人的影响。德育活动可以引导孩子树立积极向上的人生观、价值观，培养孩子良好的行为习惯和道德意识。例如，教育孩子要尊重长辈、关爱他人、正确对待物质等，这些价值观念的培养对于孩子日后的发展和社会适应至关重要。

首先，学前儿童德育有助于培养他们的道德意识。通过日常生活中的教育活动和游戏，学前儿童能够了解和认同基本的道德价值观。例如，他们可以学会尊重他人、友善待人、诚实守信等。这些道德要求不仅是社会共同的价值观，更是学前儿童养成个人良好行为的基础。

其次，学前儿童德育有助于培养他们的社会责任感。通过参与社会实

践活动，学前儿童可以亲身体验到自己的行为对他人和社会的影响。他们将逐渐认识到自己作为社会成员的责任和义务，并能够乐于助人、关心弱势群体等。社会责任感的培养将使学前儿童更加关注社会公众利益，形成正确的社会观念。

再次，学前儿童德育有助于培养他们的自我管理能力。德育将重点关注培养学前儿童的自律、自控和自主能力。他们将学会遵守规则、理解责任和义务，并能够形成积极的生活习惯。这样的自我管理能力为学前儿童日后的学习和生活奠定了坚实的基础。

最后，学前儿童德育有助于培养他们的价值判断能力。通过德育中的情景模拟、角色扮演等活动，学前儿童可以培养辨别是非、善恶的能力，逐渐形成自己的正确价值观。这种价值判断能力能够帮助学前儿童在日常生活中做出正确的选择和决策。

通过德育的引导和实施，学前儿童能够形成健全的道德观念、树立正确的社会责任感、提高自我管理能力，并培养出科学的价值判断能力。这些方面的发展将为学前儿童全面发展打下坚实的基础，并使他们成为具有良好道德素养的社会公民。

三、学前儿童德育有利于促进学前儿童心理健康发展

学前儿童德育对于优化儿童心理健康发展发挥着重要作用。在这个阶段，孩子正处于个体心理发展的关键时期，他们的情感体验和行为习惯在很大程度上影响着他们的一生。德育可以引导孩子积极乐观地面对生活，培养他们的自信心和应对困难的能力。同时，也能够帮助孩子正视自己的情感，培养孩子健康的情绪管理能力，预防和解决孩子心理问题。

首先，学前儿童德育可以培养他们的情绪管理能力。通过德育，学前儿童可以学会识别和表达自己的情绪，并学习适应情绪波动和情境变化。他们将学会控制自己的情绪，避免过于愤怒、焦虑或沮丧，并学会积极应对生活中的挑战和困难。这种情绪管理能力可以促进学前儿童的心理健康发展，使他们能够更加稳定和愉快地面对生活。

其次，学前儿童德育可以培养他们的自尊心和自信心。德育注重培养学前儿童的个人价值观和自我认知。他们将学会自觉地发现自己的优点和潜力，并为自己的进步和成就感到自豪。培养这种积极的自尊心和自信心能够给予学前儿童内在的安全感和满足感，促进他们心理健康发展。

再次，学前儿童德育可以培养他们的社交能力。德育注重培养学前儿童的合作意识、社交技巧和友善行为。学前儿童将学会与他人建立积极的互动关系，并学会尊重他人、与他人分享和合作。通过德育中的社交活动，学前儿童能够培养良好的人际关系和沟通能力，增强他们的社交适应性，有助于他们保持健康的心理状态。

最后，学前儿童德育可以培养他们的学习兴趣和学习能力。德育注重培养学前儿童的积极学习态度、自主学习能力和创新思维。学前儿童通过德育中的学习活动和游戏，可以培养他们的好奇心和求知欲，提高他们的学习主动性和探索精神。这种积极的学习态度和学习能力将有助于学前儿童在学习中获得成就感和满足感，促进他们的心理健康发展。

德育可以帮助学前儿童培养情绪管理能力、自尊心和自信心、社交能力以及学习兴趣和学习能力。这些方面的发展将有助于学前儿童拥有健康的心理状态，并为他们全面发展打下坚实的基础。同时，德育也为学前儿童提供了应对生活挑战的良好心理支持，使他们在成长过程中更加健康、快乐。

四、学前儿童德育有利于促进学前儿童社会适应能力的提高

在学前教育阶段，孩子开始接触社会，需要逐渐适应社会生活的各个方面。德育可以培养孩子的社交技巧、人际交往能力和团队合作意识，使他们能够适应集体生活、学会与他人相处，并积极参与社会活动。培养孩子的社会适应能力，有利于他们将来更好地融入社会，面对复杂的社会环境和人际关系时更加自信和从容。

首先，学前儿童德育可以培养他们的道德观和价值观。德育注重培养学前儿童的道德意识和判断能力，让他们学会区分善恶、正误，并建立正

确的价值观。学前儿童通过德育中的道德教育活动，了解并尊重他人的权益，学会友善待人、热心助人，培养社会责任感和公民意识。这种社会责任感和公民意识将促进学前儿童在社会中成为一个有社会价值和道德素养的公民。

其次，学前儿童德育可以培养他们的合作精神和团队意识。通过德育，学前儿童能够学会与他人分享、互助和合作。在合作过程中，学前儿童将学会与他人交流、协调和解决冲突，培养了社交技巧和人际关系。这种积极的合作精神和团队意识将有助于学前儿童在团体中建立积极的互动关系，提高他们的社会适应能力。

最后，学前儿童德育可以培养他们的自主性和主动性。德育注重培养学前儿童的自我管理能力和解决问题的能力。学前儿童通过德育中的自主学习和自主决策活动，能够学会积极思考和自主行动，从而培养他们的自信心和自主性。这种自主性将有助于学前儿童更好地适应社会和解决问题，提高他们的社会适应能力。

德育可以帮助学前儿童建立良好的道德观念和价值观念，培养他们的社会责任感和合作精神。同时，德育也可以培养学前儿童的自主性和主动性，使他们能够更好地适应社会、积极地解决问题。这些方面的发展将为学前儿童提供更好的社会适应能力，使他们更好地融入社会，与他人和谐相处，为自己的成长和发展打下坚实的基础。

五、学前儿童德育有利于促进家庭教育的延伸

家庭是孩子最早、最亲密的教育环境，而学前教育则是家庭教育的延伸和补充。学前儿童德育通过课程、活动等形式，为家长提供了一个共同参与教育孩子的机会，增强了家庭与幼儿园的教育互动。家长可以通过参与孩子的德育活动，了解孩子的成长状况，掌握科学的育儿方法，培养良好的家庭教育氛围。

首先，学前儿童德育可以帮助家庭建立良好的家风和家庭价值观。德育注重培养学前儿童的道德意识和判断能力，让他们学会分辨是非、善

恶，并形成正确的价值观。家庭是学前儿童德育的第一课堂，家长可以通过德育的方式，在日常生活中向孩子灌输正确的道德观和价值观。家长的言传身教和正确引导将对学前儿童的成长起到关键作用，进而促进他们的家庭形成积极向上的家风和家庭价值观。

其次，学前儿童德育可以为家庭教育提供有效的辅助与补充。学前儿童在幼儿园中接受德育，将获得更系统、更全面的教育内容和专业指导。家长可以与幼儿园保持密切联系，了解幼儿园的德育活动计划。家庭和幼儿园的合作有助于将德育延伸到家庭中，使学前儿童在家庭教育中得到更好的提升。

最后，学前儿童德育还可以促进家庭成员之间的互动与沟通。德育注重培养学前儿童的社会责任感和合作精神，通过与他人合作和互动，学会与他人沟通和解决问题。这种能力的培养将促进学前儿童与家庭成员之间的沟通和互动，增强家庭教育的有效性。家长可以在日常生活中通过游戏、亲子活动等方式与孩子进行互动，培养他们的社交技巧和人际关系。这种良好的互动与沟通将为家庭教育提供更广阔的发展空间。

总之，学前儿童德育可以帮助家庭建立良好的家风和家庭价值观，提供有益的辅助与补充，促进家庭教育的互动与沟通。因此，家长应积极参与学前儿童德育，充分发挥家庭教育的作用，与幼儿园紧密合作，共同培养学前儿童的道德品质和社会适应能力，让他们在健康、和谐的家庭环境中茁壮成长。

第三节　学前儿童德育的特点

学前儿童德育是针对3~6岁学前儿童进行的综合性道德教育和品德培养，以促进学前儿童养成良好的性格和行为习惯为目标。一方面，道德品质的学习与培养和其他知识、技能方面的学习和培养有所不同，有其自身的特点。道德品质的学习和培养目标是道德情感、价值观的形成，面向的是人的情感和价值观范畴，解决问题的目标是态度、情感、行为等；而知识、技能的学习与培养面向的是个体智力和技能范畴，解决问题的目标是知道、理解、学会。另一方面，学前儿童德育与其他年龄阶段的德育相比，也有其自身的特点。

一、多样化与趣味性

学前儿童德育需要采取多种教育方式，例如渗透式教育、主题式教育、情景式教育、活动式教育等。在教育活动中应尽可能优化教育情境，提高学前儿童对德育内容的认知度。因此，学前儿童德育以多样化与趣味性为特点，注重学前儿童的主体地位和兴趣爱好，创造温馨、和谐、富有变化的学习环境，以做游戏、讲故事、听音乐等多种形式，积极引导学前儿童参与德育活动，在玩中学，在学中玩，激发学前儿童的学习热情和兴趣，使德育活动变得轻松愉快，让学前儿童乐在其中。

（一）多样化

学前儿童德育的多样化特点体现在德育活动形式的多样性和德育活动内容的丰富性。这些特点有助于更好地满足学前儿童的成长需求，促进他们全面发展。多样化特点具体体现在以下几个方面：

第一，在游戏中进行教学。学前儿童喜欢通过游戏来学习和体验，因此德育活动通常会以做游戏的形式展开，帮助儿童在轻松愉快的氛围中接受德育。

第二，在生活中进行教学。德育活动通常会贴近学前儿童的日常生活，引导他们在生活中接受正确的道德观，例如通过模拟生活场景进行角色扮演、讲解亲子关系和友谊、教育卫生常识等。

第三，理论和艺术相结合。德育活动往往会结合绘画、手工制作、音乐等艺术形式，通过让学前儿童参与美术创作、音乐表演等活动，来培养他们对美的感知和审美情趣，借此引导他们形成积极的人生观和价值观。

第四，以情感教育为主。学前儿童正处在情感发展的关键阶段，德育活动通常会注重培养儿童的情感认知、情绪管理和人际交往能力，通过分享、表达和合作等方式来促进情感的健康成长。

第五，多元文化教育内容。在文化多元化的社会环境下，德育活动也会借助故事、音乐、人文风俗等多种形式，帮助学前儿童了解不同国家、不同民族的文化，培养他们的包容心和跨文化交流能力。

（二）趣味性

学前儿童德育的趣味性主要体现在德育活动的设计和实施注重培养学前儿童对活动的兴趣，以吸引他们的注意力，让学前儿童积极参与活动，从而使他们得到成长。具体来说，包括教学形式游戏化、以孩子为中心的教学、故事和情景的生动呈现，以及尊重个体差异和兴趣发展等方面。这些特点能够促进学前儿童积极参与德育活动，为他们带来美好的德育体验。

第一，学前儿童德育活动形式游戏化。学前儿童很喜欢玩耍，因此德育活动常常以游戏的形式展开。在游戏中，他们可以在轻松愉快的环境中，通过角色扮演、追逐游戏、团队合作等方式学习正确的道德观和价值观，使学习不再枯燥乏味，而是充满乐趣和挑战。

第二，学前儿童德育活动形式丰富。德育活动常包括绘画、手工制作、音乐、舞蹈、戏剧表演等形式，这些活动可以激发孩子们的创造力、想象力，帮助他们表达自己，从而增加学习的趣味性。

第三，学前儿童德育活动开展以孩子为中心的教学。德育活动注重尊重和关注学前儿童的兴趣和需求，充分考虑他们的身心发展特点，根据孩子们的实际情况和兴趣爱好设计活动，让孩子们在参与中感到快乐和满足。

第四，故事讲述和情景模拟。丰富多彩的故事、寓言和情景模拟将道德教育内容生动地呈现给学前儿童，激发他们的好奇心和探究欲望，帮助他们在轻松活泼的氛围中理解正确的道德观。

第五，尊重个体差异和兴趣发展。德育活动应当充分尊重学前儿童的个体差异和兴趣发展，注重培养他们的主动性和积极性，让他们能够在愉快的氛围中展现自我，享受学习。

二、生活化与实践性

学前儿童德育强调生活化与实践性，以学前儿童生活为载体，通过模仿、实践等方式来促进学前儿童的身心健康和社会适应能力的发展，通过生活化和实践性的德育，学前儿童在日常生活中能够自然而然地培养好习惯、道德观念、社交习惯等。

（一）生活性

学前儿童德育活动的生活化指的是将德育内容与学前儿童日常生活、经验和实际情景结合起来，通过各种生活化的方式和活动来进行德育活动。以儿童为中心，将德育活动融入学前儿童的生活中，使他们在日常生活中体验和领会道德理念，从而促进他们的全面发展和健康成长。

第一，学前儿童德育活动与日常生活紧密联系。德育活动将道德观念和价值取向直接融入学前儿童的日常生活中，通过让孩子们在日常活动中明白道德规范、尊重他人、互助合作等内容，使他们在亲身经历中领会并接受道德理念。

第二，生活化的德育活动教学资源。教师和家长会利用学前儿童已经熟悉的生活场景，如家庭、幼儿园、社区等作为教学资源，引导孩子们从中观察、探索和理解道德准则。比如，在家庭中，教育者可以通过给孩子讲述家规、亲子交流等形式进行生活化的德育。

第三，情景模拟体验。通过模拟生活场景，如家庭角色扮演、社区互动游戏等，让学前儿童在真实的情景中进行德育实践，促进他们在参与中体验和理解道德准则，在实践中形成道德认知。

第四，学前儿童德育活动与实际问题相联系。德育活动引导学前儿童认识和解决实际生活中遇到的各种问题，如友情矛盾、分享与竞争、诚实与谎言等，通过这些生活化的案例和问题培养孩子们正确的价值观和道德观。

第五，基于儿童中心理念的学前儿童德育活动。德育活动以学前儿童的兴趣、需求和体验为中心，把道德教育的内容融入孩子们感兴趣的生活化活动和主题中，如游戏、手工制作、音乐、绘画等，以此引导他们在参与中自然地接受和理解道德规范。

（二）实践性

学前儿童德育活动的实践性是将道德教育内容融入实际生活和活动中，让学前儿童通过亲身体验、参与实践来理解和接受道德观念。通过实际操作和体验、探究和实践结合、实践活动与社会联系、情景模拟和角色扮演，以及行为的表达和呈现等方式，让学前儿童在参与实践活动中身临其境地体验和理解道德规范和价值观念，从而促进他们的道德认知和情感发展。

第一，实际操作和体验。学前儿童德育活动强调实际操作和体验，通过让孩子们亲身实践、亲自操作，来体验道德规范和价值观念。例如，让孩子们自己做出善意的行为、参与团队合作、解决日常冲突等，以此来培养他们的行为意识和情感认知。

第二，探究和实践结合。学前儿童德育活动注重让孩子们通过探究式学习、实践活动来理解和接受道德规范。幼儿园通过提供资源和环境，让孩子们在实际实践中探索道德规范，自主学习和参与，这样更有利于他们深入理解和内化道德规范。

第三，实践活动与社会联系。学前儿童德育活动着重强调实践活动与社会生活的联系，让孩子们在参与各种实际活动时，能够感知到社会规范和价值观念，从而在实践中逐渐形成正确的道德认知。

第四，情景模拟和角色扮演。学前儿童德育活动通常会通过情景模拟和角色扮演的方式，让孩子们在各种生活情境中体验和理解道德规范。例如，通过角色扮演让孩子们扮演不同角色，体验每种角色的情感和责任，提高他们的道德情感和社会责任感。

第五，行为的表达和呈现。学前儿童德育活动注重让孩子们通过行为的表达和呈现来实践道德理念，如鼓励孩子们用图画、手工、表演等方式来表达自己的道德观念和情感，以此来进一步激发他们的道德意识和情感表达能力。

三、阶段性与渐进性

学前儿童德育强调阶段性与渐进性，符合学前儿童个体发展特点和规律，注重因材施教，采取渐进法、分步教学等策略，逐步提高学前儿童道德素质、社交能力和各方面的综合能力，为学前儿童的全面健康发展打下坚实的基础。

（一）阶段性

学前儿童德育活动的阶段性是根据学前儿童的认知特点和发展阶段设计和开展德育活动，以促进其道德思维、情感认知和行为习惯的良好发展。主要包括注重情感教育、游戏化教学、模仿和感受、真实情境教学以及个性化发展等特点，这些特点有利于促进学前儿童的道德认知、情感发展和行为习惯的培养。

第一，学前阶段是情感教育的关键阶段。学前儿童处于情感发展的关键阶段，德育活动应当重点培养他们的情感认知和情绪管理能力。通过情感教育活动，学前儿童可以学会感恩、友爱、关心他人等积极的情感体验。

第二，游戏是学前阶段最基本的活动形式。游戏是学前教育阶段幼儿学习最基本的形式，也是最有效的方式。学前儿童喜欢通过游戏来认识世界和学习知识，富有趣味性和互动性的游戏活动能促进学前儿童的认知、情感、社会性等方面的发展。

第三，学前儿童的学习方式主要是通过模仿和感受来学习。德育活动应当注重学前儿童对身边人和事的模仿和感受，让孩子们在实际生活中感受到道德行为的力量。

第四，真实情境教学。学前儿童的认知主要以具体形象思维为主，他们的学习需要在真实的情境中接受德育，因此德育活动应当针对学前儿童的日常生活、游戏活动等情境展开，让他们在实际生活中感知德育的价值。

（二）渐进性

学前儿童德育活动的渐进性是在学前教育领域中，通过逐步深化和扩展的方式，让学前儿童在道德认知、情感体验和行为规范方面逐步提升和完善道德素养，建立积极的情感认知和行为习惯。

第一，学前儿童德育贯穿个体教育的始终。从学前教育开始直至入学前，教育者都应以渐进式的方式引导儿童理解道德规范、培养情感意识和正确的行为习惯。这种渐进式的德育活动有利于学前儿童循序渐进地建立道德观念和行为规范。

第二，由浅入深的道德认知。教育者应从简单的道德规范开始，逐步向学前儿童介绍更加深入的道德规范，帮助他们逐步建立积极的道德信念和行为规范。

第三，情感认知逐步丰富。教育者应通过渐进式活动，帮助学前儿童了解并逐渐体验到如何表达爱、友善、谅解和关心等积极情感，逐步培养其积极的情感表达和应对能力。

第四，行为规范由浅入深。教育者通过渐进式的引导和训练，帮助学前儿童逐步掌握基本的社会交往规范和行为准则，如与他人分享、使用礼貌用语等，使学前儿童逐渐形成积极的行为习惯和社交技能。

第五，整体渐进发展。教育者在设计德育活动时应兼顾认知、情感和行为方面的渐进发展，综合培养学前儿童的道德素养。这种渐进的整体发展有助于学前儿童在不同方面建立正确的道德认知和行为准则。

四、个性化与差异化

学前儿童德育强调个体的差异性和多样性，针对学前儿童个体差异，分析其需求，制订个性化的德育方案，根据学前儿童的不同兴趣爱好、认知水平、生长环境、人格特征等，量体裁衣，全方面、多角度地开展德育培养。

（一）个性化

学前儿童德育活动的个性化是根据每个学前儿童的个体特点和发展水平，制订德育内容和方法，以满足其个性化需求，促进其德育素养的全面提升。主要体现在因材施教、关注个体发展、引导个性表达、针对性情感辅导和考虑个体差异等方面，旨在实现对学前儿童德育需求的个性化满足，促进其全面健康发展。

第一，因材施教。教育者应根据每个学前儿童的认知水平、情感特点和行为习惯，制订德育内容和方法，因人而异，根据学前儿童的具体特点进行针对性的德育引导，使每个学前儿童都能得到个性化的德育培养。

第二，关注个体发展。教育者应关注每个学前儿童的成长轨迹和发展需求，从认知、情感和社交等多个方面进行分析，并根据其需求制订相应教育目标和个性化德育方案，促进其全面发展。

第三，引导个性表达。教育者应鼓励学前儿童充分表达自己的情感和想法，提供多样化的表达渠道和方式，帮助他们建立积极的自我认知和情感表达能力，满足其个性化的成长需求。

第四，针对性情感辅导。教育者应根据学前儿童的情感特点和需求，开展针对性的情感辅导，帮助他们解决困扰，培养积极的情感体验，促进健康的情感发展。

第五，评价的个体差异性。教育者在评估和考察学前儿童的德育水平时，应充分考虑其个体差异，避免过分标准化和简单量化评价，更加关注其个性化发展情况。

（二）差异化

学前儿童德育活动的差异化是根据学前儿童年龄、性别、家庭背景、个体差异等因素，制订德育内容和方法，以满足他们的差异化需求，为每个学前儿童提供差异化的德育服务和培养，促进他们的德育素养全面提升。

第一，年龄特点。学前儿童包含幼儿园和早期教育阶段的儿童，根据孩子的年龄特点，德育活动需要考虑到不同年龄阶段儿童的认知发展、情感需求等方面的差异，制订相应的德育内容和方法。

第二，性别特点。不同性别的儿童在认知、情感、社交等方面存在一定的差异，因此在德育活动中应该考虑到不同性别儿童的特点，灵活运用不同的教育方式和引导方法，帮助他们养成正确的品德和行为习惯。

第三，家庭背景。学前儿童来自不同的家庭，家庭背景会对他们的德育需求产生影响。一些儿童可能来自单亲家庭、外来务工人员家庭，这些家庭的孩子有可能面临不同的情感困扰和行为问题，因此德育活动需要考虑到家庭背景差异，为这些学前儿童提供差异化的情感支持和行为引导。

第四，个体差异。学前儿童个体差异非常明显，包括性格、兴趣爱好、学习方式等方面的差异。德育活动应该根据个体差异，提供德育方案和个性化的支持，帮助每个学前儿童健康成长。

第五，身心特点。学前儿童存在着身心方面的差异，这就需要德育活动考虑到其差异化需求，为他们提供特殊化的支持和服务，让他们能够参与到德育活动中，并获得适合其能力和身体特点的德育。

五、全面性和长期性

学前儿童德育内容应细致、全面。学前儿童德育的教育内容涉及学前儿童的情感、认知、语言、思维、身体、社交等各方面，并集中在学前儿童生活中的各个方面。教师需要关注学前儿童性别、地域、家庭背景等方面的差异，量身制订德育计划。学前儿童德育的教育结果影响深远，直接关系到学前儿童的性格和习惯的养成。

（一）全面性

学前儿童德育活动的全面性特点意味着教师要关注儿童的身心健康、个性发展、社会适应、艺术与情感发展等，并需要幼儿园与家庭共同合作，为儿童的全面发展提供支持和指导。

第一，身心并重。学前儿童德育活动注重促进儿童的身心健康发展，包括身体卫生、情感管理、社交技能等方面。德育活动的全面性旨在促进儿童的身心健康，培养儿童积极向上的情感和态度。

第二，个性发展。学前儿童德育活动致力于尊重每个孩子的个性特点，关注每个孩子的成长需求。活动通过多元的方式，促进儿童的个性发展，培养他们的自主性和自信心。

第三，情感教育。学前儿童德育活动应重视情感教育，培养儿童积极的情感态度和情感表达能力。通过培养儿童的情感认知和情感管理能力，帮助他们建立健康的情感世界。

第四，社会适应。学前儿童德育活动以帮助儿童适应社会为目标，教授他们尊重他人、团队合作、解决冲突等社会技能。通过德育活动，培养儿童良好的社会适应能力和人际交往技能。

第五，艺术与情感。学前儿童德育活动注重通过艺术和游戏等方式，开发儿童的情感和创造力。通过音乐、美术、手工等活动，培养儿童的审美和创造力，促进他们的全面发展。

第六，家园合作。学前儿童德育活动需要幼儿园与家庭密切合作，共同关注儿童的全面发展。家庭在儿童德育中发挥着不可替代的作用，需要与幼儿园保持密切联系，共同为儿童的全面发展而努力。

（二）长期性

学前儿童德育活动的长期性意味着需要通过持续的、反复的、循环的、全方位的方式对儿童进行道德教育，以帮助他们树立正确的人生观、价值观和行为观。主要体现在潜移默化的影响、累积的效果、周而复始的循环，家庭和幼儿园长期共同合作等几个方面。

第一，潜移默化的影响。学前儿童正处于身心发育的关键阶段，他们的行为习惯和价值观念正在逐渐形成。学前儿童德育活动通过日常生活中点滴细节的引导和教育，对儿童进行影响。长期持续的德育活动会在孩子的潜意识中形成习惯，对其行为产生深远的影响。

第二，累积的效果。学前儿童德育活动具有累积效应，通过不断重复和积累，渗透到儿童的日常行为和思维中。长期的德育活动可以促使儿童逐渐树立正确的价值观和道德观念，形成良好的行为模式。

第三，周而复始的循环。学前儿童德育活动需要通过周而复始的循环来巩固和强化成果。由于学龄前儿童的认知发展水平和情感表达方式的特点，德育活动需要在不断的实践和重复中加以巩固成果，以确保道德观念能够在他们的成长过程中被内化和应用。

第四，家庭和幼儿园长期共同的合作。学前儿童德育活动需要幼儿园和家庭共同合作，而这种合作是一个长期的过程。家庭作为孩子的第一所"幼儿园"，在儿童的德育中起着决定性的作用，幼儿园需要与家庭保持长期的联系和沟通，共同为儿童的德育工作而努力。

第四节　学前儿童德育的影响因素

学前儿童的德育活动受到家庭、幼儿园、社会、自身等因素的共同影响。了解并关注这些因素，将有利于提供更加有针对性和全面的德育，帮助学前儿童健康成长。

一、家庭环境因素

（一）家庭环境的含义

家庭环境指的是一个人日常生活所处的环境，包括家庭成员、家庭地理位置、家庭收入、家庭文化程度等因素。家庭环境对个人的成长和发展具有重要影响，其中最重要的影响因素是家庭成员，他们的态度、行为和价值观念都会在孩子成长过程中起到重要作用。

一个稳定、温馨、和睦的家庭可以促进儿童的心理健康发展，在家庭中得到关爱和支持的孩子通常比缺少关爱和支持的孩子更加自信，更具有独立性和探索精神，同时也更容易形成积极的人生态度、价值观念和行为习惯。相反，一个困难、不稳定或者冲突频繁的家庭会对儿童的成长带来负面影响。这样的环境会使儿童感到孤独、无助和不安全，影响其自尊心和自信心，进而对儿童的智力、学业、情感和社会发展产生消极影响。

（二）家庭环境各要素的影响

家庭是孩子最早接触到的社会环境，家庭环境对于学前儿童德育的影响非常重要。父母的言传身教、教育方式和家庭价值观对孩子的德育产生了直接影响。有着良好家庭环境的孩子更容易接受正面的道德价值观，并且形成良好的品德与行为习惯。

1. 家庭氛围

在一个融洽和谐的家庭中，父母为孩子树立了榜样，通过身教的方式传递了正确的价值观。父母对待他人的态度、言行举止，都会影响孩子的行为习惯和价值观念。如果家庭中存在友爱、宽容、公正等正面的家庭氛围，孩子就会在这样的环境中产生积极的心理品质，从而具备良好的道德素养。因此，良好的家庭氛围能够为孩子提供一个和谐、温暖的成长环境，培养孩子的道德品质和行为习惯。家长作为孩子的引路人，应该注重家庭教育，通过自身的言行和教育方式，为孩子树立正确的榜样，引导孩子成为品德高尚、善良友善的人。

2. 家庭关系

如果父母之间的关系和谐融洽，彼此相互尊重和理解，孩子会从中学到良好的沟通技巧。相反，如果家庭关系紧张冲突，孩子可能会感受到不满和焦虑，对待他人可能会更加冷漠和无理取闹。同样，一个温暖和睦的家庭环境能够满足孩子的情感需求，给予孩子安全感和信任感。家庭成员之间的亲密情感、关爱和支持，有助于孩子培养积极向上的情感品质，如友爱、宽容、尊重他人等。这些情感品质对于孩子的道德发展和人际关系的形成都具有重要意义。而在一个冷漠或不和谐的家庭环境中，孩子可能会缺乏情感的满足，情绪容易波动且不稳定，也更难以培养出良好的德育习惯和品质。

此外，一个有秩序、有规范的家庭可以为孩子提供明确的行为准则和规范，帮助他们养成良好的行为习惯和道德准则。父母可以通过设定家庭规则和纪律，引导孩子养成自律、遵守纪律、尊重规则等重要的道德品质。家庭关系的和谐也能够为孩子提供安全稳定的社会环境，使他们更容易理解和尊重社会规则，具有一定的社会适应能力。

3. 家庭教育方式

不同的家庭教育方式会直接影响孩子的品德发展和行为习惯。家长应该注重与孩子的沟通和互动，建立良好的亲子关系。在家庭中，家长应该给予孩子足够的关爱和支持，与孩子建立亲密的情感联系。同时，家长之间的相互关爱和尊重也是一个良好家庭教育环境的重要组成部分。家长的言行举止是孩子学习道德的最好示范。家庭成员应该积极展示良好的道德品质和行为习惯，如诚实、守信、友爱等。家长可以通过与孩子的交流和互动，引导他们正确理解和处理各种道德问题。同时，家长还要注重对孩子的行为进行正确的引导和约束，让孩子能够明确知道什么是对什么是错。此外，在家庭教育中，家长也应该给孩子适当的自主空间，让他们有机会去尝试和学习。家长可以鼓励孩子积极参与社会公益活动，培养孩子的责任心和奉献精神。同时，家长也要在家庭生活中给孩子一定的选择权，让他们学会自主思考和做出决策。这样可以培养孩子的独立性和创造力。

4. 家庭收入水平和经济状况

家庭的经济状况直接影响着孩子的成长环境、教育资源和生活条件。比如，家庭经济困难，孩子可能无法接受高质量的学前教育，无法获得优秀的师资力量和良好的学习环境。孩子在物资匮乏的环境中可能感到焦虑、不安，甚至缺乏自信和积极性。这些负面情绪和影响可能对孩子的德育发展产生不利影响。家庭经济困难可能使得父母忙于工作赚钱，无法抽出足够的时间和精力去关注孩子的教育。父母可能无法给予孩子足够的关爱和支持，无法与孩子建立良好的亲子关系。同时，家长为了解决经济问题可能会带来一些不良的行为示范，这对孩子的德育教育也会产生负面影响。

要解决家庭收入水平和经济状况对学前儿童德育发展的影响，需要社会各界的共同努力。政府可以制定并实施扶贫政策，提高低收入家庭的生活水平，改善他们的生活条件。同时，社会应该加强公益教育项目的建设，为低收入家庭提供免费或低价的教育资源，确保孩子们能够接受良好的学前教育。此外，幼儿园和社区也可以开展相关活动，为低收入家庭提供帮助和支持，帮助他们改善家庭教育环境，并提供相关的培训和指导，帮助他们更好地开展家庭教育。

5. 家庭文化

家庭文化对孩子的德育发展是潜移默化的。家庭文化包括了家庭成员的行为模式、言传身教以及家庭中形成的价值观念。孩子在成长过程中，会通过观察家庭成员的行为和态度，逐渐吸收并形成自己的行为模式和价值观念。如果家庭中存在尊重他人、关心他人的文化氛围，孩子也会在这样的环境中形成友善、关爱他人的品质。相反，如果家庭中存在着冲突、冷漠等消极文化因素，孩子也可能在这样的环境中形成消极的价值观念和行为模式。

家庭文化对孩子的道德行为和自律能力的培养起着重要作用。家庭是孩子道德观念形成的主要场所，家庭中的道德观念和规范会对孩子的行为产生直接的引导作用。如果家庭中充满注重诚实、守纪律、负责任等价值观念，孩子在这样的环境中就会形成自觉遵守规则、乐于助人的道德行为。与此同时，家规和家训也能够培养孩子的自律能力和责任感，让他们懂得自我约束和尊重他人。

二、幼儿园环境因素

（一）幼儿园环境的含义

幼儿园环境不仅包括教室和操场等实体空间，而且还包括教师、其他孩子、教学资源和教学活动等因素。幼儿园环境的设计和管理在孩子的学习、成长过程中起着至关重要的作用，它可以直接影响到幼儿的学习、情感和社交发展。

首先，幼儿园应提供安全和健康的物理空间条件。这意味着教室宽敞明亮，设施齐全，符合儿童的身体特点，有安全的玩具和器具。另外，卫生条件也非常重要，保证空气流通，维持干净整洁的环境，有利于孩子的健康成长。

其次，幼儿园应该提供丰富多彩的学习资源。这包括图书、玩具、游戏设施、艺术品和其他教学材料。这些资源可以激发孩子的好奇心和学习兴趣，促进他们的认知、语言和社交发展。

再次，幼儿园还应该营造积极的情感氛围和社交环境。教师的态度、教学方法、班级的氛围等都会对幼儿的情感和社交能力产生影响。为了营造积极的情感氛围和社交环境，教师需要关注每个孩子的情感需求，帮助他们建立友谊，培养他们的合作精神。

总的来说，幼儿园环境应该是一个有利于儿童综合发展的空间，提供安全健康的环境、丰富多彩的学习资源和积极的情感社交环境。通过精心设计和细致管理，幼儿园环境可以成为儿童快乐、健康成长的重要支撑。

（二）幼儿园环境各要素的影响

幼儿园是孩子在集体环境中接受教育的重要场所。幼儿园的德育内容和方法对于孩子的道德发展起到至关重要的作用。幼儿园可以通过德育课程、学前儿童教师的示范和引导、幼儿园文化的建设等方式培养孩子的品德素养、道德观念和行为规范。

1. 教师素质

幼儿园的师资力量是幼儿园环境的重要组成部分。幼儿园教师的专业素养、教育理念和教学方法对学前儿童的德育活动具有重要影响。好的老师可以营造和谐的教学氛围和亲和的情感支持，以身作则，有效引导学前儿童的品德发展和养成行为规范，促进儿童的健康成长和全面发展。

2. 教学资源

丰富的教学资源能够丰富学前儿童的德育活动内容，如故事书、游戏器具、艺术材料等，这些资源可以帮助学前儿童增加对道德观念的理解和感受。幼儿园需要提供各种适合儿童学习和游戏的资源，这些资源需要根据儿童的年龄和发展阶段来选择和布置，以激发他们的学习兴趣和创造力。

3. 教学环境

良好的教学环境对学前儿童的德育活动至关重要。一个宽敞明亮的教室、整洁干净的操场、美丽的园林花草都会对学前儿童的心理和行为产生积极影响。幼儿园的环境氛围应该积极向上，能够激发儿童的学习兴趣和社交情感。一方面，要创造温馨、活泼、有趣的氛围，通过布置装饰激发孩子的好奇心和探索欲望。另一方面，要注重环境的整洁和卫生，为孩子提供一个健康、安全的成长空间。

4. 同伴交往

适宜的同伴交往环境有助于学前儿童的德育活动，可以促进孩子积极的道德行为和价值观的形成，通过和同伴的互动交流，学前儿童可以学会分享、合作、互助等行为；而不良的同伴关系可能导致孩子受到消极影响，甚至出现道德观偏离或行为问题。

三、社会环境因素

（一）社会环境的含义

社会环境是指一个人所处的社会群体和社会结构所构成的整体环境。这包括了社会文化、价值观念、社会制度、社会风气、社会习俗等因素。社会环境对个体的发展和行为产生着深远的影响。

首先，社会环境对个体的认知和行为习惯具有塑造作用。个体在不同的社会环境中，会接受不同的教育，获得不同的价值取向和文化影响，从而形成不同的认知方式和行为模式。比如，一个人在传统社会环境中接受的教育和价值观念可能会与在现代社会中的人有所不同，这种差异会对其思维方式和行为习惯产生显著影响。

其次，社会环境对个体的社会交往和人际关系产生重要影响。一个人所处的社会环境中的人际关系模式、社会规范等，会影响个体自身的社会适应能力和交往方式。比如，一个人成长在开放包容的社会环境中，可能更倾向于自由平等的人际交往方式，而在保守传统的社会环境中，可能更注重尊重和服从。

再次，社会环境也会影响个体的心理健康和幸福感的获得。一个积极健康的社会环境对个体的心理成长和感知幸福力具有重要作用，而负面的社会环境则可能对个体产生心理压力和负面影响。

社会环境是个体成长和发展过程中不可或缺的因素，它在认知、行为、社会交往和心理健康等方面都会对个体产生重要影响。因此，人们需要重视和关注社会环境对个体的塑造作用，努力营造积极健康的社会环境，为每个个体的成长和发展提供有益的条件。

（二）社会环境各要素的影响

社会环境要素是孩子成长过程中不可忽视的影响因素。社会的道德风尚、道德规范和价值观会影响到孩子的德育发展。良好的社会环境能够培养孩子正确的道德观念、行为习惯和社交能力，而不良的社会环境则可能对孩子的道德发展产生负面影响。

1. 网络媒体

随着科技的发展，媒体的普及和发展给学前儿童的德育带来了新的挑战和影响。电视、网络成为孩子获取信息、接触世界的重要途径。在这些媒体渠道中所呈现的信息会对学前儿童的认知发展和价值观念产生影响。然而，媒体中存在着各种正面和负面的价值观，对学前儿童的德育产生着直接和间接的影响。因此，家长和教师需要引导学前儿童正确使用媒体，选择适宜的内容，以促进其健康成长。

2. 社区环境

社区是孩子们成长的重要场所，周围的社区环境和氛围会直接影响孩子们的价值观念和行为习惯。一个和谐、文明、互助的社区环境有利于培养孩子们的良好品德和行为习惯，促进他们形成积极的人生观和价值观。如果社区注重传统文化、尊重他人、弘扬正能量，孩子们在这样的环境中容易受到良好的熏陶，从小树立起正确的道德观念和行为准则。如果社区有良好的文化设施和资源，如图书馆、文化中心等，孩子们可以接触到更多优秀的文化作品，对他们的德育成长也会产生积极影响。此外，丰富多彩的社区活动不仅可以拓宽孩子们的眼界，还可以培养他们的合作意识、团队精神和责任感。参与志愿服务、社区义工等活动，可以让孩子们从小培养出乐于助人、乐于分享的品质，树立起公益意识。

社区资源包括社区中的各种教育机构、文化活动、公共设施以及居民的社会网络等。学前儿童在社区中可以接触到不同的文化、价值观和生活方式，这有助于拓宽他们的眼界，培养他们包容性和开放性的思维。在参与各种社区活动和文化节庆时，孩子们可以学习尊重和理解他人的重要性，培养良好的人际交往能力。在社区中，孩子们有机会结识新朋友，建立社交关系，从而增强情感交流和合作能力。通过参与志愿活动或社区服务，孩子们还能意识到自己对社会的责任和作用，培养出乐于助人、关心他人的品格。此外，拥有优质的教育机构和公共设施，学前儿童可以接受到良好的教育和医疗资源，家长在社区中能够得到支持和教育指导，这些都对学前儿童的身心健康和全面发展起着重要作用。

四、学前儿童自身的因素

（一）遗传因素

遗传因素对学前儿童德育的影响是一个复杂而深远的话题。遗传因素对于孩子的个性、行为特点、情绪和认知发展都有重要影响，而这些因素又都与德育紧密相关。

首先，遗传因素可以影响学前儿童的性格和个性特征。一些研究发现，孩子的性格特征如内向或外向、情绪稳定或不稳定等在很大程度上受到遗传因素的影响。这些特征对于德育的发展会产生影响。比如，内向的孩子可能更倾向于遵守规则和顺从权威，而外向的孩子可能更愿意与他人合作，并更容易适应社交环境。

其次，遗传因素也对学前儿童的认知和情绪发展有影响。一些研究表明，遗传因素对孩子的学习能力、专注力和情绪调节能力有一定影响。这些能力都是德育发展的重要基础，对于孩子的行为规范和价值观的形成有重要作用。

再次，遗传因素也可以影响学前儿童对道德价值观的理解和接受程度。一些研究发现，对于道德问题的认知和判断能力在一定程度上受到遗传因素的影响。这意味着一些孩子可能更容易理解和接受道德规范，而另一些孩子可能需要更多的教育和引导才能形成正确的道德观。

总的来说，遗传因素对学前儿童德育的影响是多方面的，涉及性格、认知、情绪等多个方面。家长和教育者需要在德育中充分考虑到这些遗传因素的影响，这将有助于更有效地引导和培养学前儿童的德育素养。

（二）学前儿童认知水平

认知水平是儿童的思维能力、语言表达能力、记忆能力、观察能力等方面的发展水平。这些认知能力直接影响着儿童对道德规范和行为规范的理解和接受程度，进而影响其德育发展。

首先，儿童的认知水平决定了其对道德观念的理解和接受程度。较高的认知水平意味着儿童能够更加深刻地理解道德概念，如公正、诚实、友善等，而且能够更好地理解这些道德概念对应的具体行为。这样的儿童在德育中更容易接受教师和家长的道德引导，形成良好的道德品质。

其次，认知水平还影响着儿童对自身行为的认知和自我调控能力。高水平的认知能力使得儿童能够更好地理解自己的行为对他人和环境的影响，能够更好地控制自己的冲动和任性，更容易形成积极的行为习惯和道德意识。

此外，较高的认知水平也有助于儿童与他人的交往与合作。良好的认知水平使得儿童更容易理解他人的感受和需求，更容易通过合作与他人建立良好的关系。这对儿童的道德发展和德育都具有积极的促进作用。

　　因此，儿童的认知水平对学前儿童德育的影响是非常重要的。提升儿童的认知水平，可以促进其德育的全面发展，使其更好地适应社会环境，形成积极的道德品质。因此，教育者和家长都应该注重提升儿童的认知水平，积极引导他们健康成长。

第二章　学前儿童德育活动设计的理论基础

第一节　学前儿童德育活动的概念

　　学前儿童德育活动是指设计和实施针对学前儿童的教育活动，旨在培养和促进他们积极的道德素养和良好的行为习惯的形成。这些活动通常以游戏、绘画、故事讲解、角色扮演等形式开展，以儿童为主体，创建良好的德育环境，帮助儿童认识和理解基本的道德价值观，如友善、尊重、诚实等，引导他们学会友善、尊重他人，培养他们的合作精神和乐于助人的品质，培养他们的道德感和责任意识。通过参与这些活动，学前儿童可以逐渐形成积极的道德意识和观念，养成良好的行为习惯和道德品质。此外，学前儿童德育活动也有助于提升儿童的综合素质，促进他们在社会交往、语言表达、情感发展等方面的成长。

　　学前儿童德育活动主要包括品德教育、社会适应性教育、情感教育、行为规范教育和知识普及教育等内容。

一、品德教育

　　品德教育是学前儿童德育活动的重要组成部分。品德教育旨在让孩子养成正确的价值观和行为规范，培养孩子健康的心理素质和正确的行为习惯。品德教育的重点是关注孩子的情感、道德、礼仪、责任等方面的养成，引导孩子树立正确的价值观念和行为准则，形成健康、积极的人格和品质。

（一）道德观念的养成

　　品德教育通过让孩子了解和认识道德概念，如善良、正直、友爱等，引导他们形成正确的道德观念。教师可以通过讲述故事、引导讨论等方式，激发学生对道德的思考和理解。

（二）行为规范的树立

品德教育注重培养孩子良好的行为规范和生活习惯。教育者通过示范和引导，教导学前儿童如何与人相处、如何表达情感、如何处理冲突等。同时，通过制定校规校纪等相关规范，引导学前儿童逐步形成自律、遵守纪律的良好习惯。

（三）心理素质的培养

品德教育关注孩子的情感发展和心理健康。教育者可以通过情感教育、心理疏导等方式，帮助学前儿童认识并管理自己的情绪，培养积极的心态和情绪调节能力。同时，关注学前儿童的思想发展、价值观形成等方面，引导其形成健康的人格。

（四）社会关系的建立

品德教育注重培养孩子的社会责任感和团队合作精神。通过开展团队活动、社会实践等方式，帮助学前儿童理解和尊重他人，培养良好的人际交往能力和合作意识。同时，引导学前儿童关注社会问题，通过参与公益活动等形式，培养他们的社会责任感。

（五）自律能力的培养

通过向学前儿童传递正确的行为规范和道德价值观，他们能够学会自己控制自己，并理解为什么有些行为是正确的，而有些行为是错误的。这样，他们能够在日常生活中自觉地遵守规则和道德标准。

二、社会适应性教育

社会适应性是指通过不同形式的活动，培养和促进孩子养成在社会环境中的适应能力和发展能力，教育孩子如何与他人进行交往和沟通。它旨在引导孩子了解社会文化和规则，并培养孩子具备良好的社交技巧、自我管理能力，以及解决问题的能力。

（一）社会知识和文化的教育

社会适应性教育通过教授孩子社会知识、法律法规、社会文化等方面的内容，使孩子了解社会的结构、规则和价值观。教育者可以通过讲授相关课程、展示图书和影片等方式，引导孩子认识和理解社会的多样性和复杂性，培养其对社会的认同感和归属感。

（二）人际交往和合作能力的培养

社会适应性教育注重培养孩子的人际交往技巧和团队合作意识。教育者可以通过角色扮演、合作项目等活动，引导孩子学会与他人有效沟通、建立良好的人际关系，并培养他们的合作能力。同时，鼓励孩子尊重他人的差异，培养包容性和多元化的观念。

（三）自我管理和解决问题能力的培养

社会适应性教育强调培养孩子的自我管理和解决问题的能力。教育者可以通过指导孩子制订目标、管理时间、解决冲突等方式，培养他们的自我控制和决策能力。同时，引导他们分析问题、提出解决方案，并通过实践和反思来提升他们解决问题的能力。

（四）社会责任感的培养

社会适应性教育注重培养孩子的社会责任感和公民意识。通过开展社区服务、志愿者活动等方式，教育者引导他们关注社会问题，并鼓励他们主动参与解决问题的行动。同时，教育者可以通过讲授伦理道德、社会公德等课程，引导孩子形成正确的价值观念和道德观念。

三、情感教育

情感教育是通过教授孩子正确的情感表达和情感调节方式，养成孩子积极的情感状态和情感管理能力。在学前儿童德育活动中，情感教育的重点是关注孩子的自我认知和情感表达能力，帮助孩子养成积极乐观、自信自爱的情感状态。

（一）认识和管理自己的情绪

幼儿经常经历各种情感体验，但他们可能不懂如何表达和处理这些情感。通过情感教育，幼儿可以学习识别和理解自己的情绪，从而更好地处理它们。这些技能将帮助儿童在面对挫折、压力和冲突时保持冷静和做出适当的反应。

（二）培养社交技巧

情感教育帮助孩子建立积极的人际关系，并提高他们的沟通能力。孩子们需要学会与他人分享自己的情感和需求，并学习如何倾听他人的情感。这将有助于他们与他人建立真诚的友谊，养成合作精神和团队意识。

（三）养成积极的情感态度

通过积极思考并保持乐观的态度，孩子们能够更好地应对各种情境和挑战。他们将学会珍惜和欣赏生活中的美好事物，并培养感恩之心。这将有助于他们建立自信和自尊，并获得快乐和满足感。

（四）培养理解和尊重他人情感的能力

这种理解和尊重他人情感的能力将使他们成为更好的沟通者，这也有助于培养他们的同理心和同情心，使他们能够关心他人并为他人着想。

四、行为规范教育

行为规范教育是指教育孩子遵循正确的行为规范，从而养成正确的行为习惯。在学前儿童德育活动中，行为规范教育的重点是培养孩子良好的生活习惯和行为规范，例如个人卫生、交通安全、公德心等方面的养成。

（一）学会遵守规则和纪律

幼儿需要明确知道哪些行为是被接受和赞赏的，哪些是不被接受和需要改变的。通过行为规范教育，孩子们将了解到自己应该如何在家庭、幼儿园和社交场合中表现得体。他们将学会尊重他人，并遵守基本规则，如不打闹、不欺负他人、不损坏公物等。

（二）培养自我控制能力

在幼儿阶段，孩子们常常表现出冲动和自私的行为。通过行为规范教育，孩子们将学习如何控制自己的情绪和行为，以适应不同的情境和要求。他们将学会等待、与他人共享和尊重他人的意愿。这将为他们未来的人际关系、学习和工作提供良好的基础。

（三）培养良好的沟通技巧

孩子们需要学会用言语表达自己的想法和感受，同时也要学会倾听他人的观点和意见。通过行为规范教育，孩子们将学习如何用礼貌的方式与他人交流，并学会解决冲突和团队合作。这将有助于他们建立良好的人际关系，培养合作精神和团队意识。

（四）培养社会责任感

孩子们需要明白自己的行为对他人和环境的影响。通过行为规范教育，孩子们将学会照顾和关心他人，并承担起自己的责任。他们将学会与他人分享和帮助他人，并培养出积极的社会价值观。

五、知识普及教育

知识普及教育是通过让孩子接触和了解各种知识，提高孩子的认知水平，增强孩子的社会责任感和自我发展能力。在学前儿童德育活动中，知识普及的重点包括环保、科学、传统文化等方面。

（一）了解自然和人文科学

通过简单而有趣的方式，孩子们将了解自然界的规律和人类的历史。他们将学会观察和思考，了解植物、动物和天气等自然现象的基本知识。同时，他们也将了解人类的发展和各种文化的特点，增加对世界的了解。

（二）培养基础语言和数学能力

幼儿阶段是孩子们学习语言和数学的关键时期。通过知识普及教育，孩子们将学会基本的语言表达和沟通技巧，包括语音、词汇、听说能力等。他们也将学会简单的数学概念和计算方法，如数字、形状、图形等。这为他们未来的学习奠定了坚实的基础。

（三）培养实用生活知识和技能

学前儿童将学习如何自己穿戴衣物、吃饭、洗手、刷牙等生活常识和技能。他们也将学会要注意个人卫生、保护环境，以及与他人友好相处等。这样的知识和技能将帮助他们更好地适应生活，养成健康的生活习惯。

（四）培养学习和探索的兴趣

通过知识普及教育，孩子们将建立起对学习的热爱。他们将不断探索和发现新事物，善于思考和解决问题，养成良好的学习习惯。这将为他们未来的学习和成长打下坚实的基础。

第二节　学前儿童德育活动设计的特点

一、强调以学前儿童为主体，突出其个性化体验

学前儿童德育活动设计的首要目的是帮助学前儿童全面发展，因此活动的设计必须以学前儿童为主体。活动的内容和形式必须适合学前儿童的认知、语言、情感实践水平，让学前儿童参与其中，主动探索和体验。学前儿童德育活动设计需要考虑到每个孩子的个性特点和发展需求，注重因材施教。活动设计要灵活多样，考虑到不同孩子的兴趣、能力和发展阶段，让每个孩子都能够参与其中并取得进步。

第一，学前儿童德育活动设计以儿童为主体。在设计德育活动时，需要考虑到学前儿童的年龄特点、心理发展水平和兴趣爱好。活动内容应当贴近儿童的实际生活，引起他们的兴趣并主动参与。同时，活动的难度和形式要适合儿童的认知水平，让他们能够理解和应用所学的道德观念和行为准则。在德育活动中，儿童应该扮演主导的角色，他们的积极参与和主动探索是德育活动取得成功的关键。教育者要引导儿童自觉地思考、创造和表达自己的意见和观点，激发他们发挥自主性和自我决策能力。

第二，学前儿童德育活动强调每个孩子的个性化体验。每个儿童都是独一无二的个体，他们有着不同的兴趣、爱好、特长和发展潜力。德育活动应当充分尊重和关注儿童的个体差异，个性化体验可以帮助儿童更好地参与德育活动。在活动中，教育者会根据每个孩子的兴趣和特点，设计有针对性的活动内容，确保每个孩子都能参与到德育活动中。例如，在活动设计中可以设置多样化的任务和角色，允许儿童根据自己的喜好和特长进

行选择。个性化的培养可以更好地激发儿童的学习动力和积极性，提高他们的学习效果和成长体验。

二、强调德育活动的游戏性和趣味性

游戏是学前儿童认识世界的一种重要方式，也是学前儿童德育活动设计的一种基本方式。德育活动必须抓住学前儿童的兴趣点，设计趣味性强的游戏项目，激发学前儿童参与的动力，从而有效地实现儿童德育的目标。学前儿童德育活动设计注重通过游戏的形式进行，让孩子在轻松、愉快的氛围中学习。游戏可以吸引孩子的兴趣和注意力，使他们更愿意参与德育活动。

第一，学前儿童德育活动注重营造轻松愉快的游戏氛围。教育者可以通过角色扮演、情景模拟等方式，让儿童在游戏中体验德育的乐趣，增加他们的参与度和积极性。

第二，学前儿童德育活动注重情感体验和丰富多彩的体验方式。德育活动可以通过让学前儿童与环境触摸、感知等互动方式，增加他们的情感体验；以儿童的兴趣、喜好和能力为基础进行设计，让儿童能够积极主动地参与和探索。教育者可以倾听儿童的声音，了解他们对德育活动的期待和需求，以此为依据进行活动内容的设计和调整。例如，在德育活动中，教育者可以引导儿童亲近大自然、触摸植物、感受自然的美好，以此培养他们的责任感和爱护环境的意识。

三、重视情境创造和模拟体验，突出实践性

情境创造和模拟体验是指通过场景的搭建和角色扮演等方式，让学前儿童亲身体验到德育活动所要传达的信息和价值观。在学前儿童德育活动中，情境创造和模拟体验是非常重要的，因为学前儿童学习是以具体形象性思维为主，具体、形象、生动化的场景可以加强学前儿童对价值观的理解和认同。学前儿童德育活动设计强调让孩子亲身体验，通过操作物品等

方式，让孩子能够真实地感受到德育活动的内容和意义。实践可以帮助孩子更好地理解和掌握道德观念和行为准则。

第一，学前儿童德育活动要创造情境真实的生活环境。教育者可以通过布置逼真的学习场景，例如模拟超市、模拟医院、模拟家庭等，让学前儿童在模拟的情境中体验和探索，从而引发他们的学习兴趣，让他们主动参与。通过情境的营造，儿童可以在实践中主动思考、解决问题，并应用道德观念和行为习惯，培养实际操作能力。

第二，学前儿童德育活动注重提供模拟体验的机会。通过模拟体验活动，儿童可以扮演不同的角色，亲身体验和感受不同的情境。例如，扮演店主、消费者、医生、患者等，学前儿童可以在模拟的情境中体验与他人合作、关心他人、帮助他人等行为。通过模拟体验的方式，儿童可以更深入地理解道德规范和行为准则，并将其应用到实际生活中。

四、侧重小组合作和交流，突出互动性

学前儿童德育活动设计注重培养学前儿童的小组合作和交流能力。小组合作可以培养学前儿童的合作精神和团队意识，使学前儿童在合作中取长补短，共同完成任务。而交流能力的培养则可以提高学前儿童的语言表达和倾听能力，让学前儿童更好地理解他人的观点和情感。学前儿童德育活动设计注重培养孩子的社交能力和合作意识，通过互动的方式让孩子与他人进行交流、合作和分享。互动可以促进孩子的情感交流和社交技能的提高，培养他们与他人良好相处的能力。

首先，学前儿童德育活动设计注重小组合作。这样的设计可以激发孩子的团队意识和协作精神。通过组织小组合作活动，孩子们学会倾听他人的意见，学会尊重和信任他人，并在与其他孩子共同解决问题的过程中培养解决问题的能力。此外，小组合作还能培养孩子们的领导能力和团队精神，孩子们可以互相学习、互相帮助，共同取得成功。

其次，学前儿童德育活动设计强调交流与互动。孩子们的交流和互动是他们发展社交能力和情感发展的重要途径。为了促进孩子之间的交流与

互动，活动设计可以采用让孩子们互相分享观点和经验的方式，例如小组讨论、角色扮演和团队游戏等。这样的设计可以帮助孩子们提高表达自己的能力，培养他们的沟通和表达技巧，同时也能加强他们与他人的联系和互动，建立良好的人际关系。

最后，学前儿童德育活动设计注重互动性。活动设计应该注重孩子们的参与度，让他们积极参与到活动中来，发挥主体作用。教师可以设计一些有趣且富有挑战的活动，激发孩子们的学习兴趣，增强他们的动手能力。此外，活动设计还可以结合音乐、绘画、手工等艺术元素，让孩子们通过亲身体验来感知、理解和表达，从而加深对德育内容的理解和记忆。

五、符合学前儿童认知特点和发展规律

学前儿童德育活动设计需要符合学前儿童认知规律。学前儿童认知水平有限，他们无法理解过于抽象、复杂的道德概念。因此，德育活动的内容要尽量浅显易懂，符合学前儿童认知水平，让学前儿童可以理解、接受。

首先，学前儿童德育活动设计注重以游戏为主导。游戏是学前儿童最喜欢的活动形式，也是他们主要的学习方式之一。在游戏中，孩子们可以积极探索和深度体验，获取知识和技能。德育活动设计可以结合游戏元素，利用幼儿园的各种游戏设施和材料，激发孩子们的兴趣，培养他们的观察力、思维能力和解决问题的能力。

其次，学前儿童德育活动设计注重以情感体验为核心。学前儿童的情感教育是德育活动中非常重要的一部分。情感体验不仅能够培养孩子们的情绪认知和情感表达能力，还能促进他们对他人的关心和体贴，培养他们的同理心和友善行为。德育活动设计可以设置情感体验环节，例如角色扮演、情感故事分享、亲子活动等，让孩子们在情感交流中感受到关爱、尊重和信任。

最后，学前儿童德育活动设计注重以多元智能为基础。学前儿童具有不同的智能类型，如语言智能、数学逻辑智能、身体动感智能、美感智

能等。德育活动设计应该充分考虑到孩子们的多元智能发展，提供多样化的活动内容和方式，让每个孩子都能找到适合自己的学习方式，并开发自己的潜能。例如，对于语言智能较强的孩子，可以设置口头表达和朗读比赛；对于身体动感智能较强的孩子，可以设置运动会和舞蹈表演等。

六、强调道德情感的内化和感受性

学前儿童德育活动设计注重培养孩子的道德情感和感受性。通过活动的体验和情境创设，让孩子产生共情和关爱他人的情感体验，使其能够内化道德准则并体验道德情感。通过情感体验，引导儿童体验遵守道德行为的满足感和喜悦感。此外，需要根据儿童的个体差异和感受性，提供个性化的支持，使每个儿童都能够获得满意的学习体验。

第一，德育活动设计应该注重道德情感的培养。道德情感是个体对道德行为的认同、关爱和感受。通过德育活动，可以引导儿童体验遵守道德行为的满足感和喜悦感。例如，在游戏环节中强调合作、分享和互助的道德价值，让儿童感受到相互关心和团队合作的快乐。通过情感体验，儿童可以形成积极的道德情感，愿意主动坚持道德准则，展现出友善的行为。

第二，德育活动设计应该注重个体差异和感受性的考虑。每个儿童在道德发展和情感体验方面都有自己独特的特点和需求。德育活动设计应该给予每个儿童充分的关注和尊重，根据他们的个体差异和感受性，提供包容性和个性化的支持。这样的设计可以让儿童主动参与，帮助儿童增强自信，在活动中真实地体验和感受道德情感。

七、强调德育方法的综合性

学前儿童德育活动设计除了注重道德观念和情感的培养外，还需要综合运用启发式教育、情感教育和体验式教育等方法，帮助孩子全面发展。综合性的设计可以提供多样化的学习机会，促进孩子在不同领域的综合发展。这样的设计能够激发儿童的学习兴趣和积极性，营造积极的学习氛围，使他们在德育活动中得到全面而有效的培养。

首先，德育活动设计可以运用启发式教育方法。通过引发儿童的思考和探究，让他们自主思考道德问题，从而培养他们的道德判断力和道德责任感。例如，可以设计一些情境让儿童自行解决道德难题，可以让他们发现问题、分析问题，并提出相应的解决方法。这样的设计能够激发儿童的学习兴趣和积极性，培养他们的道德思维和解决问题的能力。

其次，德育活动设计可以运用情感教育方法。情感教育是指通过培养儿童的情感来促进其道德情感的形成。在活动设计中，可以注重培养儿童的同理心和合作意识。例如，可以设计情景剧或角色扮演的活动，让儿童亲身体验和感受他人的情感和境遇，进而培养他们的共情能力和关爱他人的意识。这种情感教育方法可以让儿童从情感层面认识到道德的重要性，激发他们的道德情感。

最后，德育活动设计可以运用体验式教育方法。体验式教育是通过参与实际活动，让儿童亲身体验道德行为的内涵和意义。在活动设计中，可以采用游戏、手工制作、户外探索等方式，让儿童通过实际操作更加深入地理解道德规范，并在生活中积极地践行道德规范。

第三节　学前儿童德育活动设计的方法

一、学前儿童德育活动设计的基本要求

（一）制订明确的目标和内容

在设计德育活动的时候，首先需要确定德育的目标和所要培养的道德品质，然后结合学前儿童的年龄特点和认知水平，选择合适的德育内容。例如培养学前儿童的亲情观、友情观、分享观，就需要围绕这些主题设计相关活动，让学前儿童在活动中通过体验认识到正确的价值观和行为习惯。

（二）选择适合的教育方法

在具体的活动设计中，可以采用多种教育方法，如讲故事、情景模

拟、游戏等，并且要结合学前儿童的年龄特点和认知水平，选择适合的教育方法以丰富和活跃学前儿童的经验和参与度，让学前儿童亲身体验道德行为的价值和意义。

（三）营造积极的情感氛围

在活动设计中要注意营造积极的情感氛围，以激发学前儿童的学习兴趣。可以结合音乐、歌曲、绘画等艺术形式，让学前儿童在美的环境中感受和表达情感，培养学前儿童的情感认知和表达能力。

（四）鼓励学前儿童的合作与互动

学前儿童德育活动的设计要注重引导学前儿童参与互动与合作。可以通过小组活动、合作游戏等形式，培养学前儿童的合作意识、沟通能力和解决问题的能力。同时，鼓励学前儿童尊重他人、关心他人，并通过与他人分享和帮助他人来培养学前儿童的社会情感。

（五）提供丰富的实践机会

为了让孩子们更好地理解和接受德育，设计活动时应提供丰富的实践机会。可以组织户外探索、社区参观等实践活动，让学前儿童亲身体验社会交往和社会责任，培养他们的社会适应能力和公民意识。

（六）鼓励自主探索和反思

在活动设计中要鼓励学前儿童进行自主探索和反思。可以提供问题和挑战，让学前儿童进行思考并解决问题，帮助他们形成独立思考和自主行动的能力。同时，在活动结束后，引导学前儿童进行反思，让他们能够总结和体验所学的道德规范和行为准则。

二、学前儿童德育活动设计的方法

（一）情境引导法

情境引导法是一种通过创设适当的情境来引导儿童进行具体德育行为的教育方法。

情景引导法的主要步骤：

1. 确定目标。明确想要培养的具体道德素养，例如互助、友爱、守规矩等。

2．选择情景。选择一个适合的情景，可以是现实生活中的情景，也可以是虚构的情景，要与目标相关。

3．创设情境。根据所选择的情景，设计出一个具体的场景或故事情节，要求儿童在其中进行德育行为。

4．角色扮演。让儿童扮演不同的角色，并引导他们按照目标进行相关的德育行为。可以给儿童分配角色，也可以让他们自由选择角色。

5．引导和提问。在活动中，教师可以适时引导儿童进行思考和讨论。通过提问的方式，激发儿童关于德育行为的思考，引导他们更好地理解和应用道德规范。

6．反思和总结。活动结束后，教师可以与儿童进行反思和总结，让他们回顾并分享自己在活动中的感受和所学到的德育知识。

举例说明：

学前儿童德育活动的设计目标假设是培养儿童的友爱行为。活动情境可以是一个孩子遇到了困难，其他孩子主动伸出援手的情境。可以让儿童扮演不同的角色，通过角色扮演来体验友爱行为。教师可以引导儿童讨论，例如为什么要帮助别人、如何表达友爱的行为等。活动结束后，教师可以与儿童一起反思，总结友爱行为的重要性，并分享自己在活动中的体会和感受。

（二）示范教学法

示范教学法是一种通过教师示范具体行为及步骤和正确方式来引导儿童学习的教育方法。

示范教学法的主要步骤：

1．目标设定。明确想要培养的具体道德素养，例如尊重他人、分享、诚实等。

2．选择主题。选择一个与目标相关的德育主题，如友谊、团队合作等。

3．示范行为。教师示范具体的德育行为，例如分享玩具、尊重他人的行为等。教师应提供清晰的行为示范，并解释行为的意义。

4．解释步骤。将德育行为分解为几个简单的步骤，并用简明易懂的语言向儿童解释每个步骤的目的和意义。

5．引导实践。让儿童模仿教师示范的行为，逐步跟随步骤进行实践。教师应提供指导和反馈，帮助儿童纠正错误并改善行为。

6．角色扮演。让儿童进行角色扮演，模拟真实情境，并应用所学的德育行为。教师可以提供情境或问题，引导儿童进行角色扮演。

7．反思和讨论。活动结束后，教师应与儿童进行反思和讨论，询问他们如何理解和应用所学的德育行为。可以提出问题，引导儿童思考行为的影响和重要性。

8．实践巩固。在日常生活和课堂活动中，教师应不断提醒和引导儿童运用学到的德育行为。通过反复实践和巩固，帮助儿童养成良好的德育习惯。

举例说明：

学前儿童德育活动的设计目标假设是培养儿童尊重他人的行为。活动主题可以是"尊重他人的观点"。教师首先示范尊重他人的行为，如倾听别人的意见、不打断别人发言等。然后解释每个步骤的目的和意义。接下来，让儿童模仿示范行为，并在角色扮演实践中尊重他人的观点。活动结束后，教师与儿童进行反思和讨论，引导他们思考如何尊重他人的意见，以及尊重他人的行为对团队合作的重要性。在日常生活和课堂上，教师应该不断提醒儿童要尊重他人，帮助他们养成良好的行为习惯。

（三）互动合作法

互动合作法是一种通过学生之间的合作与互动，共同完成任务和解决问题的教学方法。

互动合作法的主要步骤：

1．目标设定。明确想要培养的具体道德素养，如友爱、团队合作、互助等。

2．组建小组。将学生分成小组，每个小组包含3~4个学生，以便他们可以相互合作。

3．活动设计。设计一个与目标相关的德育活动，例如制作手工艺品、共同完成一个任务或解决一个问题。确保活动的难度适宜。

4．分配任务。将活动的任务分配给每个小组成员，确保每个人都有参与的机会。任务可以根据儿童的兴趣和能力进行个性化的调整。

5. 合作互动。鼓励小组成员之间进行合作和互动行为。提供引导和支持，帮助他们相互交流、分享想法和解决问题的方法。

6. 角色转换。在活动过程中，可以设计一些角色转换的环节，让每个小组成员有机会扮演不同的角色，发挥他们的才能。

7. 讨论和分享。活动结束后，鼓励小组成员讨论和分享他们在活动中的经验和感受。引导他们学会互相倾听和尊重他人。

8. 总结和反思。与小组成员一起总结活动的成果和收获，引导他们思考如何将所学的德育素养应用到日常生活中。

9. 实践巩固。在日常生活和课堂活动中，鼓励和引导儿童运用学到的德育行为，帮助他们巩固和应用所学的德育素养。

举例说明：

学前儿童德育活动的设计目标假设是培养儿童的友爱和互助行为。设计一个制作手工艺品的活动，将学生分成不同的小组，每个小组有一个共同的任务。例如制作一幅拼贴画，每个小组成员负责准备不同的材料和图案。在活动中，鼓励小组成员互相帮助、分享材料和协作完成作品。活动结束后，小组成员可以分享他们的作品和互助的经历，并互相赞扬和鼓励彼此。在日常生活和课堂上，教师应不断提醒和引导儿童要团结友爱和互助，帮助他们养成良好的行为习惯。

（四）指导性讨论法

指导性讨论法是一种通过引导和组织学生参与讨论和思考的方式，旨在促进个体的思维发展和德育素养的提升。

指导性讨论法的主要步骤：

1. 主题选择。选择一个符合学前儿童德育需求并能够引发儿童学习兴趣的主题，例如友谊、分享、尊重等。

2. 问题设计。根据主题设计一系列开放性问题，鼓励学生进行探索和思考。问题可以具体明确，但要简单易懂。

3. 引导讨论。引导儿童进行小组或整体讨论，鼓励他们表达观点、分享经验和倾听他人的意见。提供适当的提示和引导，帮助他们深入思考。

4. 鼓励表达。鼓励每个儿童积极参与讨论，提供自己的观点和想法。引导他们尊重他人的意见，并学会倾听和包容不同观点。

5. 角色扮演。可以设计一些角色扮演的活动，让儿童在模拟不同场景和角色中思考和探索正确的行为方式。

6. 实例分享。引导儿童分享自己或周围人的实例，讨论在特定情境中如何表现出德育素养。

7. 分享总结。引导儿童总结讨论的结果和分享心得体会，强调讨论的重点和核心观点。

8. 活动延伸。根据儿童的讨论结果，设计进一步的德育活动或延伸学习的机会。例如，组织相关游戏或角色扮演活动。

9. 反思回顾。活动结束后，引导儿童进行反思和回顾，思考他们从讨论中学到了什么，以及如何将学到的德育素养运用到日常生活中。

举例说明：

学前儿童德育活动的设计目标假设是培养学前儿童乐于分享的行为。创设问题情境，例如小熊有好玩具但是不愿意分享，但是又想要别人分享他们的玩具，引导儿童回忆已有经验，探讨分享经历，大胆说说情境中的行为是好是坏，接受同伴的不同想法，通过扮演故事中不同的角色，体会不同角色的感受。教师引导幼儿分享扮演时的感受，然后组织幼儿开展玩具分享会等游戏。教师应注意的是，在利用指导性讨论法设计学前儿童德育活动时，要把握好问题的难度，适度引导学生思考和讨论，避免给学前儿童造成过大的压力。

（五）情感教育法

情感教育法是一种通过培养学前儿童的情感素养，帮助他们认识、表达和管理情绪的方法。

情感教育法的主要步骤：

1. 情感认知。引导儿童认识不同的情绪，并了解每种情绪对应的表情和身体反应。可以通过图片、故事或角色扮演来帮助儿童理解。

2. 情感表达。鼓励儿童表达他们的情感。可以使用绘画、手工制作、舞蹈等方式，让儿童通过创作表达自己的情感。

3．情绪管理。教导儿童如何有效地管理情绪。可以通过游戏或角色扮演来模拟情绪管理的场景，让儿童尝试用不同的方法来处理情绪。

4．情感共享。鼓励儿童分享他们的情感和经历，以及对其他人情感的感知。可以进行小组讨论、情感日记分享等活动，培养儿童的共情能力。

5．其他技巧。引导儿童学会倾听他人的情感和需要，尊重他人的感受。可以通过游戏、角色扮演等方式来锻炼儿童的倾听和同理心。

6．实践应用。提供一些在日常生活中应用情感教育的实际情境，引导儿童将所学到的情感技巧应用到实际情况中。

7．教师示范。教师在活动中充当情感管理的榜样，展示积极的情绪表达和处理方法，引导儿童学习。

8．家庭互动。鼓励教师和家长合作，共同关注儿童的情感发展，并由教师提供给家长一些在家中继续培养儿童情感发展的建议。

举例说明：

学前儿童德育活动的设计目标假设是引导学前儿童学会表达自己的消极情绪。教师可以通过故事，引导学前儿童知道用错误的方式宣泄消极情绪会给别人和自己带来不好的影响，并教会学前儿童正确宣泄消极情绪。学前儿童根据自己的经验和自己对宣泄消极情绪的理解进行讨论和分享，丰富彼此表达不同情绪的方法，并引导学前儿童在生活中学会运用。教师需要注意的是，情感教育是一个长期的过程，需要持续地关注和培养。每个儿童的情感发展都有差异，要灵活运用教学方法，根据儿童的特点和需求进行个性化的指导。

第三章　学前儿童德育活动实践案例研究

社会主义核心价值观是当代中国精神的集中体现，凝结着全体人民共同的价值追求。要以培养担当民族复兴大任的时代新人为着眼点，强化教育引导、实践养成、制度保障，发挥社会主义核心价值观对国民教育、精神文明创建、精神文化产品创作生产传播的引领作用，把社会主义核心价值观融入社会发展各方面，转化为人们的情感认同和行为习惯。

——习近平总书记在中国共产党第十九次全国代表大会上的报告

第一节　社会主义核心价值观主题教育活动设计

学前教育是国民教育的基础阶段，是学前儿童良好品德形成的关键期，同时也是为学前儿童在未来成长过程中形成良好的个性心理品质奠定基础的阶段。习近平总书记在党的十九大报告中指出要培育和践行社会主义核心价值观，强化教育引导、实践养成。在《关于培育和践行社会主义核心价值观的意见》中也强调，培育和践行社会主义核心价值观要从小抓起、从学校抓起。因此，学前期成为培育和践行社会主义核心价值观的重要阶段，学前儿童作为未来德智体美劳全面发展的社会主义建设者和接班人，自然成为学习、传播和践行社会主义核心价值观的先锋和主力军。

一、社会主义核心价值观的内涵理解

社会主义核心价值观是社会主义核心价值体系的内核，体现社会主义核心价值体系的根本性质和基本特征，反映社会主义核心价值体系的丰富

内涵和实践要求，是社会主义核心价值体系的高度凝练和集中表达。2012年11月，中共十八大报告提出了"三个倡导"，即倡导"富强、民主、文明、和谐"，倡导"自由、平等、公正、法治"，倡导"爱国、敬业、诚信、友善"，积极培育和践行社会主义核心价值观，这二十四个字是对社会主义核心价值观的最新概括，凝结了社会主义核心价值观最根本的精髓。

在本研究中，对学前儿童来说，社会主义核心价值观是抽象的、复杂的、远离自己生活的。要实现德育的目标，就需要将抽象的变为具体的、将复杂的变为简单的、将遥远的变为身边的。因此，该研究将社会主义核心价值观所凝练的二十四个字内涵以符合学前儿童身心发展的特点进行具体化、形象化、层次化和生活化的展现。如在国家层面上，"富强"侧重在引导学前儿童感受国家的繁荣与昌盛，了解我国政治、经济、文化等方面的进步，提升学前儿童的自豪感；"民主"侧重在引导学前儿童了解集体主义；"文明"侧重在引导学前儿童初步认识中华民族积累的物质文明和精神文明成果；"和谐"侧重在引导学前儿童体验人、自然、社会的关系。在社会层面上，"自由"侧重引导学前儿童主动创造、敢于表达、对自己行为负责等；"平等"侧重引导学前儿童认识到人格、尊重等概念；"公正"侧重强调利益关系的处理；"法治"侧重规则意识和能力的培养。在个人层面上，"爱国"侧重萌发学前儿童的公民意识、荣辱感；"敬业"侧重对常见职业的认识、尊重与热爱；"诚信"侧重良好行为习惯方面；"友善"侧重学前儿童与他人的合作、分享等。

二、社会主义核心价值观主题教育活动设计的意义

首先，学前教育阶段是学前儿童良好思想品德和行为习惯形成的关键时期，将社会主义核心价值观融入幼儿园课程中，构建与幼儿园、教师、学前儿童相适应的园本课程，并渗透到幼儿园日常生活活动、游戏活动和教学活动过程中，深化学前儿童的道德认知，使社会主义核心价值观贯穿个体道德认知、道德情感、道德意志和道德行为发展和统一的始终，深化德育的引导，发挥社会主义核心价值观对学前儿童德育思想的基础性引领

作用，真正实现国民教育的德育目标。

其次，党的十九大报告指出："把社会主义核心价值观融入社会发展各方面，转化为人们的情感认同和行为习惯。"认同是社会个体将外在的，环境中的标准、规则、观念等内化为心理的一种情感和信念，最后以外化为具体行为的方式表达出来的一种心理过程。学前儿童就像英国唯物主义哲学家约翰·洛克所提出的观点一样，学前儿童犹如一张白纸，人们在上面画什么，他们就会长成什么样子。学前儿童不断地探索周围的世界，在自己脑海中画画，把事物的性质、结构和特点等在大脑中进行构建，形成了一定的认知结构，而认知是情感体验的基础。社会主义核心价值观凝聚着中华优秀传统文化和新时代中国特色社会主义的价值精华，真正要将二十四字内容落到实处，则需要人们从内心深处真正认可国家层面的价值目标，深刻理解社会层面的价值取向，自觉遵守公民层面的价值准则。如果将社会主义核心价值观的基本内容融入幼儿园课程中，将二十四个字转化为具体、形象、生动的活动内容，学前儿童通过有趣的教学手段，如故事、游戏、音乐、手工等，与具体化了的社会主义核心价值观发生联系，最后转化为学前儿童最初的经验，这些经验便成为学前儿童内化的价值观念，从而形成一定的道德情感。道德情感是个体对一定的社会存在和道德认识的主观态度，个体对某种意识或者行为形成道德情感，就会积极地影响个体做出相应的道德选择，最终践行与道德情感相一致的道德行为。因此，加强幼儿园课程内容的改革，围绕社会主义核心价值观的基本内容开展活动，将社会主义核心价值观转化为学前儿童强烈的情感认同，是培育和践行社会主义核心价值观的有效途径。

再次，"少成若天性，习惯成自然"，学前教育阶段是学前儿童行为习惯形成的关键时期，培养学前儿童良好的行为习惯是学前儿童教育的重要任务。道德行为是道德认知和道德品质的外在表现，需要正确的道德认知导向。而社会主义核心价值观作为个人和社会前进的精神支柱和行动向导，在学前儿童行为习惯培养的过程中产生了非常重要的影响。作为良好行为习惯的动力，道德意志起着至关重要的作用。它是学前儿童个体自觉调节道德行为，克服内外困难，以实现一定道德目的的内部过程。将社会主义核心价值观的内容融入幼儿园课程中，强化了课程保障，促进了社会主义核心价值观对学前儿童良好行为习惯的培养。

三、社会主义核心价值观主题教育活动设计的特点

（一）社会主义核心价值观内容具体化

社会主义核心价值观所凝练出的"二十四字"对于学前儿童来说可能只是简单的符号、陌生的文字。培育和践行社会主义核心价值观要求更多地在中小学、高校中进行，对幼儿园没有具体的要求或规范。但学前教育阶段处于人生各阶段教育的基础，健全的人格、良好的个性心理品质、良好的思想道德品质都是在该阶段初步形成，也具有重要的影响。因此，社会主义核心价值观的内涵融入幼儿园课程中就需要将其内涵具体化为学前儿童明白的、可操作、可观察的内容。如主题活动中，"法治"具体化为学前儿童容易理解的"规则"，即生活规则、学习规则、活动规则、游戏规则等；"诚信"具体化为学前儿童要说到做到、不撒谎等；"和谐"具体化为学前儿童对自然和自己、社会和自己的密切联系等。让学前儿童在具体化内容学习的过程中逐步感受"二十四字"的深刻内涵。

（二）社会主义核心价值观内容生活化

美国教育家杜威提出"教育即生活""教育即生长""教育即经验的不断改造"。学前儿童学习是对社会生活的认识，也会逐步提高自身的社会适应性。因此，幼儿园课程内容应密切联系学前儿童的生活，反映学前儿童的生活，促进学前儿童经验的不断积累，从而形成一定的道德认知。社会主义核心价值观也是对社会生活的要求，目的是培养具有良好品格的公民，而不是培养只看得懂这些文字概念的人。如"敬业"，可以引导学前儿童观察父母及长辈的职业，教师设计活动帮助学前儿童了解各行各业的职业特点以及这些行业中无私奉献的工作者的精神特点；然后通过在班级里设置值日生、物品管理员、教师小助手等不同的角色，让学前儿童学会坚持和承担责任，教育学前儿童要热爱自己的工作岗位等，从而实现德育的生活化。

（三）社会主义核心价值观内容层次化

《3—6岁儿童学习与发展指南》中明确指出，学前儿童的发展是一个持续、渐进的过程，同时也表现出一定的阶段性特征，要充分理解和尊重学前儿童发展进程中的个别差异，支持和引导他们从原有水平向更高水平发展。学前教育阶段是不同教育的基础阶段，而学前教育阶段中又划分为不同年龄阶段，所呈现的阶段性特点也不同。因此，将社会主义核心价值观融入幼儿园课程需要考虑学前儿童的年龄差异性，分别在小班、中班、大班设计和组织实施不同层次的主题活动，创设不同层次的主题环境，提出不同层次的发展要求。同一个主题、同一个活动可以应用在不同年龄的阶段，但是对学前儿童的要求、所体现的难度都应有所不同。如"法治"在强调培养"规则"意识时，对小班学前儿童来说是建立生活常规，如吃饭、如厕、盥洗等，对于中班学前儿童来说是建立活动意识、初步的责任意识，而对于大班孩子来说，是建立合作意识、任务意识等。

（四）社会主义核心价值观内容主题化

主题活动就是在一段时间内，教师与学前儿童围绕具有内在脉络或价值观念的中心内容，即主题，来组织教育教学活动。主题活动打破了学科之间的界限，根据主题的中心内容确定主题展开的基本线索，依据这些基本线索确定主题的基本内容，并创设相应的教育环境，组织开展一系列教育教学活动，让学前儿童通过对主题的学习，获得与主题有关的较为完整的知识与经验。社会主义核心价值观所凝练出的十二个词语分别作为主题，由此展开健康、科学、艺术、社会和语言领域活动，将各个学科内容的相关联性结合在一起，从德智体美多方面促进学前儿童的身心全面发展。如"爱国"主题，不仅可以从品德方面培养学前儿童爱祖国的自豪之情，还可以让学前儿童知道爱国需要具备健康的身体条件，可以做一些表达爱祖国的绘画、手工等活动，还可以了解祖国科学技术发展等方面，多角度促进学前儿童形成对祖国深刻的、完整的情感。

（五）社会主义核心价值观内容游戏化

爱玩是学前儿童的天性，游戏几乎是学前儿童生活的全部。《幼儿园教育指导纲要》中指出："教育活动内容的组织应充分考虑幼儿的学习特点和认识规律……注重综合性、趣味性、活动性，寓教于生活、游戏之中。"因此，游戏是幼儿园的基本活动方式，幼儿园课程教育游戏化是在幼儿园课程中自然融入学前儿童游戏活动。对于学前儿童来说，社会主义核心价值观的内容是抽象的，要引导学前儿童形成相关的意识和践行相应的行为就需要将其具体的内容以有趣的方式进行呈现，结合学前儿童年龄、生活和学习的特点，将游戏融入社会主义核心价值观的课程实施中。教师在实施社会主义核心价值观课程内容的过程中，要尊重学前儿童的游戏意愿与心理特点，深入挖掘幼儿园课程中的游戏元素，想方设法为学前儿童创设一个宽松、自由、适宜的学习环境，让社会主义核心价值观的内涵成为有趣的学习内容，学前儿童在与环境互动中成为学习的主体，发掘社会主义核心价值观的价值。

（六）社会主义核心价值观内容故事化

故事教学在学前儿童教育中常常用到。教师应根据学前儿童的年龄选择合适的故事，这种教学方法的意义在于培养学前儿童对语言的领悟能力，提高学前儿童对语言的运用能力，锻炼学前儿童对事物的模仿能力，提升学前儿童的想象能力以及帮助学前儿童形成良好的习惯。教师可以选择一些有教育意义的故事讲给学前儿童听，使学前儿童能从教师讲解的故事中了解到一些生活礼仪，养成一些良好的习惯，形成对祖国、家乡崇敬、自豪等情感，也可以模仿故事中的行为，让学前儿童形成一定的道德认知、道德情感、道德意志和践行道德行为。

四、社会主义核心价值观主题教育活动设计方案

幼儿园课程是有目的、有计划、有组织地制定和实施的，贯穿着幼儿园一日生活活动、教学活动和游戏活动的始终，是对学前儿童施加积极教育影响的重要载体。因此，在幼儿园课程开发与内容选择的过程中，应积极而有效地将社会主义核心价值观的内容融入进去，有计划、有组织地开展活动，发挥主流价值观的基础性引领作用，真正培育和践行社会主义核心价值观，实现德育目标。而主题活动是幼儿园课程中一种很重要的表现

形式，它打破了学科之间的界限，围绕健康、科学、艺术、语言和社会五大领域开展活动内容，让学前儿童通过主题学习，获得与主题有关的完整的知识和经验。

社会主义核心价值观的主要内容可以分别作为十二个活动主题，从健康、社会、语言、科学、艺术五大领域分别思考与主题紧密相关的活动课程，而每个活动课程都有各自的活动目标，可以更具有针对性地根据学前儿童的年龄阶段、兴趣特点、发展规律等设计和实施具体的活动方案。

（一）"富强"主题教学活动之"祖国真厉害"

"富强"，民富国强，即人民富裕、国家强盛。它是社会主义核心价值观国家层面的价值目标，与每一个中国人息息相关。在培育和践行社会主义核心价值观过程中，如何引导学前儿童认识到"富强"的内涵，则需要将国强民富具体到国家经济、科技、文化、农业、教育、医疗、军事等方方面面，引导学前儿童发现祖国的强大，感受人民的富裕，萌发对祖国的热爱、崇敬。因此，为实现这些目标，该课题以"祖国真厉害"为主题开展健康、社会、语言、科学、艺术五大领域活动。

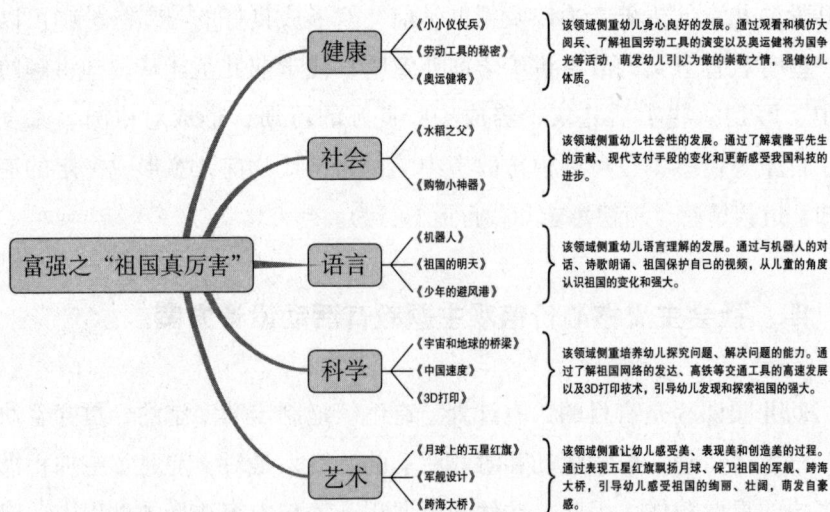

图1 社会主义核心价值观之"富强"主题活动网络图

健康领域设计有《小小仪仗兵》《劳动工具的秘密》《奥运健将》等活动。活动《小小仪仗兵》：国庆大阅兵展现一个国家武装力量建设的成就，学前儿童通过观看国庆等大阅兵的直播或视频，初步认识大阅兵中不同的兵种、武器，感受来自不同方队带来的震撼，初步树立自信心、自豪感。教师将学前儿童分组，通过简单动作的设计进行模仿、训练，完成学前儿童的"大阅兵"，在强健体质、训练动作协调性的同时初步建立民族自豪感。活动《劳动工具的秘密》：社会生产的变化和发展始终是从生产力的变化和发展开始的，生产工具的内容和形式是随着经济和科学技术的发展而不断发展变化的。教师设计活动，让学前儿童操作和感受早期的石器、牛耕等陈旧生产方式，然后再认识和感受科学技术发展后自动化机器等设备的使用，在操作中、活动中逐步感受国家科学技术的成就。活动《奥运健将》：奥运会是竞技体育运动员展示自己的最高舞台，奥运冠军是每个运动员的最高荣誉象征，是每个国家的英雄。学前儿童通过部分项目如羽毛球、举重、跑步、跳马等让学前儿童认识到奥运健将为国争光、为民争荣的付出和艰辛，明白强健的身体、良好的体质是多么重要。

社会领域设计有《水稻之父》《购物小神器》等活动。活动《水稻之父》：袁隆平是杂交水稻研究的开创者和带头人，致力于杂交水稻技术的研究、应用和推广。教师通过图片、故事、讨论等方式让学前儿童了解袁隆平老爷爷在农业科研上的辛勤耕耘，不懈探索，为人类运用科技手段战胜饥饿带来绿色的希望和金色的收获，进而让学前儿童形成良好的生活习惯，节约粮食、热爱食物。活动《购物小神器》：现代社会的支付手段更新迅速，尤其是支付宝、微信等支付手段运用广泛。学前儿童通过生活中常见的支付手段，了解社会发展的日新月异，发现人们大多使用手机进行支付，人民生活富足，感受社会发展的稳定、人民生活的愉悦。

语言领域设计有《机器人》《祖国的明天》《少年的避风港》等活动。活动《机器人》：机器人，尤其是智能机器人，是国家科学技术发展的重要表现。虽然社会中机器人的使用不太广泛，但是人工智能在学习、工作中的应用还是比较常见的。教师通过让学前儿童模仿机器人说话，激发学前儿童探究机器人的兴趣，引导学前儿童发现人工智能在生活中的运用，感受科技的进步和强大。活动《祖国的明天》：该活动主要通过创编诗歌（已有诗歌），在节奏轻快、有韵律感的朗诵中逐步理解和表达对祖国的热爱，感受祖国的强大、人民生活的富裕。活动《少年的避风港》：现有的影视作品中有许多保卫家乡、保卫人民的情节，学前儿童在观看这些情节丰富、情感深刻的视频后，可以讨论和分享自己在强大的祖国怀抱，深受祖国关爱的细节和感受。

科学领域设计有《宇宙和地球的桥梁》《中国速度》《3D打印》等活动。活动《宇宙和地球的桥梁》：学前儿童的科学学习是在探究具体事物和解决实际问题中，尝试发现事物间的异同和联系的过程。学前儿童对自然界、社会中的具体事物充满好奇，思考、分析和解决问题的过程是科学领域的核心目标。现代生活中，手机改变了人们的生活方式，学前儿童对手机很感兴趣，教师可以激发学前儿童对手机的探索欲望，如手机怎么连接信号进行通话的，从而带领学前儿童共同探究人造卫星和手机之间的联系。活动《中国速度》：交通改变了人们的生活方式，轨道交通发展迅速，要引导学前儿童认识到中国交通的迅速发展，教师设计活动，通过比较普通火车和高铁的快慢，认识速度的差异，从而让学前儿童感受中国速度。活动《3D打印》：3D打印是一种以数字模型文件为基础，运用粉末状金属或塑料等可黏合材料，通过逐层打印方式来构造物体的技术。由于该内容新颖，学前儿童兴趣很浓，教师设计具体的操作方式引导学前儿童设计他们感兴趣的物品，从而感受科学技术的神秘。

艺术领域设计有《月球上的五星红旗》《军舰设计》《跨海大桥》等活动。活动《月球上的五星红旗》：宇宙浩瀚，探索艰辛，当五星红旗插上月球的那一刻是多么让人激动。对于学前儿童，通过一系列活动设计，引导学前儿童画一幅插在月球上的五星红旗。在了解在月球插上五星红旗的不易的基础上更能明白历经挫折"上九天揽月"实现梦想，中国跻身世界航天强国的成就。活动《军舰设计》：海陆空有各自的护卫军队，在海上，军舰就是保卫祖国最强有力的保障。让学前儿童了解军舰的种类及其功能后通过设计军舰，逐步感受军舰的壮阔、气势，从而萌发自豪之情。活动《跨海大桥》：跨海大桥，尤其是港珠澳大桥代表着中国桥梁的又一成就，该活动先让学前儿童在水中构建大桥，学前儿童在操作中会发现跨"海"不易，在教师的指导下，学前儿童掌握初步的"造桥技术"，构建自己的跨海大桥。

教学活动设计案例：大班社会领域活动《厉害的中国》

【学前儿童学习与发展特点】

大班幼儿认知发展迅速，拥有一定的语言表达能力，具备记忆能力和掌握逻辑思考能力，能够更好地理解周围的环境。幼儿的认知基于具体形象思维，教师应多利用游戏等形式，引导幼儿多观察，丰富孩子们的认知，引导他们做出正确的判断和选择，提高孩子们的认知发展水平。

【设计来源】

国家富强不仅体现在国家的经济、科技、国防实力的强大上，同时也体现在文化软实力、文化创新力和民族凝聚力的强大上。只有富强，国家才会受到尊敬、人民才会享受幸福。社会主义初级阶段是现阶段发展中国特色社会主义的总依据，改革开放以来我国各项事业取得了举世瞩目的巨大成就，正是对我国不断富强的国家实力的最好验证。引导幼儿了解富强的内涵，认识中国的重大成就，知道它们给我们的生活带来的便利，感知祖国的快速发展，从而萌发强大的自豪感，产生浓烈的爱国之情。

【活动目标】

1. 初步认识中国的重大成就，感知祖国的快速发展。

2. 了解中国车、中国路、中国桥以及它们给我们的生活带来的极大便利。

3. 感受祖国的强大与美好，萌发作为中国人的自豪感和增强爱国主义情怀。

【活动准备】

1. 物质准备：《厉害了我的国》视频片段；港珠澳大桥、绿皮火车和高铁、地铁的图片，中国公路视频；以前生活和现在生活的图片。

2. 经验准备：幼儿对中国车、中国路、中国桥等中国制造产品有一定的了解。

【活动过程】

1. 幼儿观看视频，初步感受祖国的发展与变化。

（1）教师播放短片《厉害了我的国》，并提问：

"小朋友们,在这个视频中你们看到了什么?"

(2)教师小结:在国家主席习近平的领导下,我们的中国车、中国路、中国桥在全世界都有非常大的影响。

2.分组讨论中国制造,进一步感受祖国的发展与变化。

(1)幼儿自主交流,分享中国制造。

(2)教师提问:"你们知道哪些中国制造?""它们和我们有什么关系?"

(3)教师小结:其实我们知道的这些中国制造,它们就在我们的身边,为我们生活、工作和学习带来了很多便利。

3.观看视频片段,初步了解中国桥、中国路、中国车的飞速发展。

(1)了解中国车的发展。

①出示地铁图片,教师提问:"知道这是什么车吗?"

②出示高铁、绿皮火车图片,教师提问:"它们有什么不一样?哪一个速度更快,坐起来更舒服?"

③教师小结:随着科学技术的发展,我们的火车不断进行改进,从以前的普通火车到"和谐号"动车,再到现在的"复兴号"动车、地铁,速度越来越快,坐起来也越来越舒适。

(2)了解中国桥的发展。

①出示港珠澳大桥图片,知道跨海大桥的作用。

②教师提问:"小朋友们知道这是什么吗?""为什么要在海上建大桥呢?"

③小结:这是港珠澳大桥,我国修建跨海大桥能缓解陆地交通的压力,使城市交通更加畅通,节约出行时间。现在香港、珠海、澳门三地间的距离将大大缩短,我们驾车从香港到珠海、澳门,将从原来的3小时缩短到现在的45分钟。

(3)了解中国路的发展。

①教师播放视频,并提问:"视频中这些公路都建在哪里?"(戈壁沙漠、雪山、大山里。)"这些公路给人们的生活带来了什么改变?"

②小结:中国路让山里的人们也可以走出来,看到外面的世界,外面

的人也可以看见山里面的风景。

4.教师提供对比图,帮助幼儿了解中国发展前后的变化,感受中国富强的现状。

(1)逐一出示中国路、中国桥、中国车过去的图片和发展后的图片。

(2)幼儿自由讨论发展前后的差异。

(3)教师小结:我们现在所拥有的一切,都是因为我们的国家越来越强大了,这些中国桥、中国路、中国车的变化与发展,都展现了我们国家综合实力的强大,我们才能生活得平安幸福。作为中国人,我们感到骄傲和自豪!

【活动延伸】

家园合作,放学回家后请家长带幼儿观看纪录片《厉害了我的国》,进一步了解我国的更多发展和变化。

【活动反思】

党的二十大以来,我国在改善民生、加强国防等领域取得了开创性的成就,各阶层、各领域的民众都从中国梦中体会到自身利益、地位、前途与国家命运紧密关联,从而更加积极主动地投身于社会主义改革开放事业中,推动国家进一步走向富裕强大。幼儿对这些内容的理解是很难的,需要将富强的抽象概念转化为幼儿能认识的具有载体的具体形象事物,帮助幼儿更好感受"富强"的内涵,树立起对祖国的崇敬与热爱之情。

(二)"民主"主题教学活动之"我和班集体"

"民主",是人民的民主,核心是人民当家作主。民主涉及的政治内涵对于学前儿童来说很抽象。要让学前儿童明白民主的内涵,需要转化为具体的、靠近学前儿童生活的内容,具体可以侧重在民主方法、民族融合平等、集体主义等方面。因此,为实现这些目标,该课题以"我和班集体"为主题开展健康、社会、语言、科学、艺术五大领域活动。

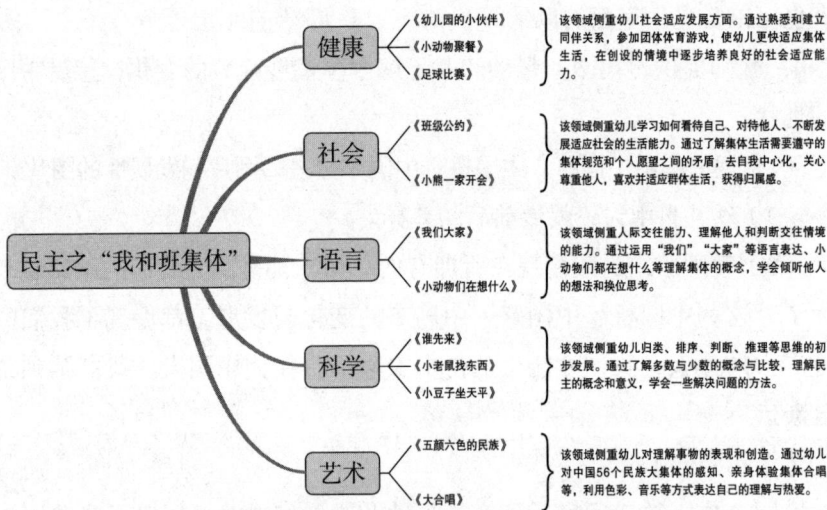

健康	《幼儿园的小伙伴》《小动物聚餐》《足球比赛》	该领域侧重幼儿社会适应发展方面。通过熟悉和建立同伴关系，参加团体体育游戏，使幼儿更快适应集体生活，在创设的情境中逐步培养良好的社会适应能力。
社会	《班级公约》《小熊一家开会》	该领域侧重幼儿学习如何看待自己、对待他人、不断发展适应社会的生活能力。通过了解集体生活需要遵守的集体规范和个人愿望之间的矛盾，去自我中心化，关心尊重他人，喜欢并适应群体生活，获得归属感。
语言	《我们大家》《小动物们在想什么》	该领域侧重人际交往能力、理解他人和判断交往情境的能力。通过运用"我们""大家"等语言表达、小动物们都在想什么等理解集体的概念，学会倾听他人的想法和换位思考。
科学	《谁先来》《小老鼠找东西》《小豆子坐天平》	该领域侧重幼儿归类、排序、判断、推理等思维的初步发展。通过了解多数与少数的概念与比较，理解民主的概念和意义，学会一些解决问题的方法。
艺术	《五颜六色的民族》《大合唱》	该领域侧重幼儿对理解事物的表现和创造。通过幼儿对中国56个民族大集体的感知、亲身体验集体合唱等，利用色彩、音乐等方式表达自己的理解与热爱。

图2 社会主义核心价值观之"民主"主题活动网络图

健康领域设计有《幼儿园的小伙伴》《小动物聚餐》《足球比赛》等活动。活动《幼儿园的小伙伴》：学前儿童从家庭走入幼儿园，身边的同伴发生了变化。他们需要经历从别人围着我转到我和大家都是平等的观念转变。教师要通过设计活动引导学前儿童感受到关爱、体验和谐的集体氛围。活动《小动物聚餐》：教师设计集体的活动，利用聚餐，激发学前儿童参加集体游戏的兴趣，从而培养学前儿童的社会适应性，使学前儿童在聚餐的过程中逐步感受到集体活动带来的快乐。活动《足球比赛》：教师可根据学前儿童的运动能力设计相应的足球比赛活动，将学前儿童进行分组，在比赛过程中实现学前儿童对活动的需要，在结果中让学前儿童体验成就感以及在团体合作中感受到合作的意义。

社会领域设计有《班级公约》《小熊一家开会》等活动。活动《班级公约》：幼儿园中存在许多常规的问题，因此需要建立班级常规。要让学前儿童形成遵守的意识和形成能遵守规则的能力，可通过教学活动即建立班级公约的形式让学前儿童参与进来，增强学前儿童的兴趣，同时培养学前儿童能在幼儿园一日生活中顺利地开展集体活动，能尝试通过如少数服从多数、投票的方法来解决问题。活动《小熊一家开会》：在家庭中，学前儿童属于"唯我独尊"的状态，所有成人围着自己转。因此该活动通过小熊一家开会，商量解决问题的对策，帮助学前儿童理解"民主"的内涵，学会尊重别人的意见。

语言领域设计《我们大家》《小动物们在想什么》等活动。活动《我们大家》：要引导学前儿童感受集体、热爱集体，则需要教师引导学前儿童进行语言上的影响，设计如"我们……""大家一起……"等表达方式，逐步摆脱学前儿童"我要……""你必须……"等较为自我中心的表达方式。活动《小动物们在想什么》：教师创设情境，引导学前儿童主动思考别人在想什么、怎么想的，在集体环境中去了解他人、理解他人，知道在集体环境中应如何与他人和谐相处。

科学领域设计有《谁先来》《小老鼠找东西》《小豆子坐天平》等活动。活动《谁先来》：民主在学前儿童的认识领域中主要侧重在学前儿童能够用民主的方式来解决日常中的矛盾、冲突等。因此，教师创设矛盾场景："哪位小朋友先来？"引导学前儿童去发现和解决问题，最终得出可以民主推选的方式，这也是建立班级常规应注意的方面。活动《小老鼠找东西》：教师创设情境为老鼠群太饿了，要去找东西，可是不知道推选谁去，引导学前儿童发现投票的民主推选办法，从而逐步形成少数服从多数的意识，学会运用这种方法来解决问题。活动《小豆子坐天平》：通过设计活动比较多少，学前儿童直观感受少数与多数的差别，为少数服从多数的班级常规意识奠定基础。

艺术领域设计有《五颜六色的民族》《大合唱》等活动。活动《五颜六色的民族》：学前儿童基于对不同民族服饰、生活习惯、语言、饮食等知识的学习，通过绘画等方式来表达自己对各少数民族的热情，逐步感受祖国丰富多彩的民族文化，培养各民族融合的集体主义感。活动《大合唱》：学前儿童要感受来自集体的力量、热爱自己的班集体，可通过让学前儿童感受不同人数合唱的效果来体验集体的力量，从而萌发对集体的热爱之情。

教学活动设计案例：中班社会领域活动《好好说》

【学前儿童学习与发展特点】

中班幼儿的语言表达能力逐渐增强，能够用简单的语言表达自己的意思，并能理解他人的信息。他们开始学习使用更复杂的词汇、句子结构和语法规则来进行表达。他们能够更好地理解他人的语言信息，并能够通过听取他人的表达来获取信息。他们能够理解简单的指令、故事和问题，并能够做出适当的回应。他们的语言应用开始扩展到不同的场景和任务中。他们能够在角色扮演、游戏和故事讲述中运用语言进行沟通，并能够理解教师的指令。

【设计来源】

家庭里的民主，就是尊重幼儿的想法与行动，不将自己的想法与期盼强压给幼儿，尊重幼儿的身心发展规律。平等的家庭气氛，对子女是一种润物无声、潜移默化的民主教育，对孩子的成长、成才起到至关重要的作用。这个活动也可以让幼儿家长意识到民主的家庭氛围对于幼儿各方面发展都是比较有利的。

【活动目标】

1. 初步知道民主的沟通方式就是倾听和表达。

2. 能尝试主动和父母沟通，表达自己的想法。

3. 愿意和父母沟通，并能体验到沟通带来的喜悦。

【活动准备】

1. 物质准备：一个小猫玩偶、一个兔子玩偶、背景音乐、PPT。

2. 环境准备：幼儿园指导家长如何沟通。

【活动过程】

1. 故事导入，引出主题。

（1）教师展示两个玩偶，引出主题。

（2）教师："最近小猫遇到一些困惑，它找到它的好朋友——小兔，想请她帮忙出主意。让我们来听一听小猫遇到什么困惑了。"

2. 教师利用玩偶讲述故事，幼儿初步感知什么是民主。

（1）教师讲述故事，幼儿认真倾听，尝试理解故事内容。

故事内容：小猫特别喜欢画画，而且画得还不错。特别想去找一位专业的老师好好教教它。可是，小猫的爸爸妈妈特别希望它学习跳舞，希望它以后成为一位舞蹈家。小猫特别不喜欢跳舞，可是又不敢跟爸爸妈妈说自己的想法，于是每天都不得不去舞蹈班学习跳舞。小猫很不开心。

（2）教师提问幼儿，帮助幼儿回顾故事内容。

①"小猫遇到了什么困惑？"

②"它为什么不敢跟自己的爸爸妈妈说说自己的想法？"

（3）教师："如果是你们遇到这样的问题，会怎么办？"

（4）幼儿讨论回答。

（5）教师小结：我们应该认真地倾听别人的意见，也应该大胆地表达自己的看法。

3. 教师播放背景音乐，幼儿分享自己与爸爸妈妈的相处情况。

（1）教师："小朋友们，可以跟老师分享你们平时怎么跟爸爸妈妈表达自己的想法吗？"

（2）教师："小朋友平时有没有认真听过爸爸妈妈的意见？"

（3）教师小结：我们和爸爸妈妈相处的时候，如果我们对爸爸妈妈有意见，应该大胆地、温和地和他们表达自己的想法；但是，我们也要认真思考爸爸妈妈给我们的建议。我们要通过民主沟通的方式来解决问题。

4. 教师鼓励幼儿和同伴沟通自己的想法，进一步感受民主沟通的快乐。

（1）教师创设一些主题，如换座位、玩玩具等，激发幼儿沟通的想法。

（2）幼儿自由沟通和讨论，教师进行观察和及时指导。

（3）幼儿说说自己沟通的感受，以及说说自己沟通时遇到的困难。

（4）教师引导幼儿一起讨论幼儿们遇到的困惑并给予指导。

【活动延伸】

1. 幼儿回家和爸爸妈妈说说民主沟通的方法，尝试和父母说说自己的想法。

2. 家长向幼儿园教师进行反馈，了解幼儿沟通的情况。

【活动反思】

鼓励家长参与幼儿活动并提供相关建议。介绍一些可以在家中开展的活动，让家长与幼儿互动，促进幼儿的发展。记录幼儿对每个活动的反馈和喜好、在活动中的参与度和兴奋程度，以及他们反应积极的方面和需要改进的地方。在与父母沟通幼儿活动时，要保持积极、客观和具体的描述，以便父母能够全面了解幼儿在各项活动中的表现和发展情况。与父母讨论未来的活动计划，并征求他们的建议，可以询问他们希望看到哪些方面的改进和提出活动建议。

（三）"文明"主题教学活动之"文明你我他"

"文明"，从国家层面来讲，文明是指国家发展的状态，即国家创造的物质财富与精神财富的总和；从社会层面来讲，文明是社会秩序的确立；从人的层面来讲，文明则是指人的教养和开化状态。文明是国家发展的灵魂，是推动国家发展稳定的精神力量，它能够产生深刻的认同感，形成强大的国家凝聚力；它是国民的精神家园，是国民心灵深处的记忆和生命的烙印；它能够产生深刻的责任感，成为发展的精神动力。总之，文明是国家发展的灵魂，是推动国家发展稳定的精神力量。因此，该研究以"文明你我他"为主题，把文明所表达的具体的、细节的内容渗透到五大领域活动中。

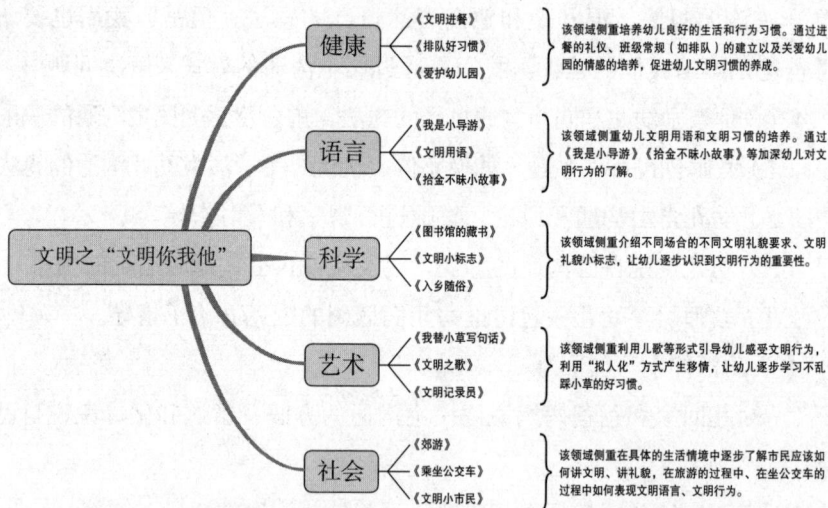

图3　社会主义核心价值观之"文明"主题活动网络图

健康领域设计有《文明进餐》《排队好习惯》《爱护幼儿园》等活动。活动《文明进餐》：学前儿童文明习惯的养成其中一个重要的表现就是要养成良好的进餐习惯。该活动通过图片、学前儿童熟悉的用餐情境导入主题，引导学前儿童了解用餐过程中如食不言、不剩饭、不挑食、饭前洗手等文明用餐行为。在活动实操部分，则利用学前儿童进食午饭时强化学前儿童的行为，进一步加强学前儿童的文明进餐意识。活动《排队好习惯》：学前儿童在幼儿园洗手、吃饭、游戏等时候常常会涉及要排队的情况，该活动利用教学活动为学前儿童建立班级常规意识，引导学前儿童学会排队、不插队等好习惯并应用到日常生活中。活动《爱护幼儿园》：该活动是通过激发学前儿童对幼儿园的热爱而萌发对幼儿园所有的人、物、事等产生关心、关爱的情感，基于此情感，学会主动帮助他人、学会收拾整理、学会爱护玩具等好习惯。

语言领域设计有《我是小导游》《文明用语》《拾金不昧小故事》等活动。活动《我是小导游》：该活动中，学前儿童扮演导游带着"游客"去"旅游"，教师创设情境，游客在美丽的景区刻上乱七八糟的图案，学前儿童在美景和受到破坏的景色对比中感受不文明的旅游行为，从而引导学前儿童萌发爱护旅游资源的情感。活动《文明用语》：文明习惯的一个表现就是外化的语言。学前儿童在该活动中通过不同语言场景的对话、小故事里使用不文明的语言导致的后果，来逐步强化学前儿童知道文明礼貌用语，愿意说文明礼貌用语。活动《拾金不昧小故事》：教师利用拾金不昧的传统小故事展开活动内容，了解丢东西的人会着急、捡到东西不归还不是好孩子该做的，让学前儿童逐步践行拾金不昧的行为。

科学领域设计有《图书馆的藏书》《文明小标志》《入乡随俗》等活动。活动《图书馆的藏书》：该活动旨在引导学前儿童了解图书馆的特殊性，知道在图书馆要保持安静，不能打扰别人。另外，在图书馆里有许多藏书，这些书籍是公共资源，非常珍贵，不能弄坏、撕坏书籍。活动《文明小标志》：日常生活中会有许多文明小标志，如不随地吐痰、不乱踩花丛、不大声说话、不随地乱扔纸屑等，该活动主要通过小游戏的方式来识别不同的文明标志。活动《入乡随俗》：每个少数民族、每个国家都有自己的风俗习惯、人情礼仪，该活动的首要目标就是要培养学前儿童对不同民族、国家风俗习惯差异的意识，其次是初步了解常见民族、国家的不同习惯，如握手礼、拥抱礼、筷子、刀叉等，再次是引导学前儿童尊重不同民族、国家的习惯，入乡随俗。

艺术领域设计有《我替小草写句话》《文明之歌》《文明记录员》等

活动。活动《我替小草写句话》：该活动设计的目标是培养学前儿童爱护花草树木，不乱摘、不踩踏的文明习惯，利用拟人性的学习特点，通过创意绘画，把小草的"心声"表现出来，萌发对小草的喜爱之情。活动《文明之歌》：该活动利用教师和学前儿童共同创编的儿歌，配上音乐旋律和动作来学习文明礼仪，将外化的语言表达内化为学前儿童的内在心理活动。活动《文明记录员》：该活动主要引导学前儿童记录自己和同伴日常的文明行为，通过设计的卡片、墙面环境，把学前儿童认为的文明行为记录下来再进行评价，强化学前儿童的文明行为。

社会领域设计有《郊游》《乘坐公交车》《文明小市民》等活动。活动《郊游》：教师创设情境出去郊游，引导学前儿童发现人们的不文明行为，如野餐后不收拾垃圾，然后共同讨论如何做一个文明人。教师和学前儿童一起郊游、野餐，最后验证学前儿童是否能践行讨论的内容，从而真正认识到文明行为的重要性。活动《乘坐公交车》：教师利用图片、视频以及学前儿童生活经验引导出乘坐公交的情境，教师创设问题情境，如坐车不把脚放在椅子上、给老弱病残孕让座等，引导学前儿童分析问题、解决问题。活动《文明小市民》：该活动旨在引导学前儿童意识到自己是社会中的一员，社会的美丽也需要自己的小小力量，因此，教师引导学前儿童去发现自己能做什么、不能做什么，学前儿童之间进行讨论、分享，从而培养学前儿童做文明市民的意识。

教学活动设计案例：中班社会领域活动《文明宣传员》

【学前儿童学习与发展特点】

中班幼儿开始逐渐理解和接受规则，并能够按照规则行事。他们会逐渐学会遵守班级的规定和老师的指导，明确自己的行为边界。他们开始主动与他人进行交流和互动，能够主动与其他幼儿进行玩耍、分享玩具，并逐渐学会与他人友好相处。他们能够注意他人的情感和需要，并试图理解和满足他人的需求。

他们开始认识到团队合作的重要性，能够在小组活动中与其他幼儿一起进行合作，共同完成任务。他们开始意识到与他人合作可以取得更好的效果，学会分享和倾听他人的意见。总体而言，中班幼儿的行为意识和行为习惯逐渐从无意识和以自我为中心发展为有意识和关注他人的过程。这一阶段的特点需要家长和教师给予引导和教育，帮助幼儿养成良好的行为习惯，并逐步形成积极健康的行为模式。

【设计来源】

文明是社会进步的重要标志，也是社会主义现代化国家的重要特征。我们要从幼儿周围的人、事物入手，从幼儿的生活入手，让幼儿能够对周围的事物感兴趣，愿意去探索文明体现在生活的哪些地方，怎样培养文明的生活方式与良好的文明卫生习惯，注意去观察周围并主动进行学习。通过设计"文明宣传员"这一大班幼儿社会活动，旨在培养幼儿的社会责任感和公民意识，引导他们学习和传承传统文化，为践行社会主义核心价值观奠定良好的基础，并通过角色扮演和亲身实践，培养幼儿的表达能力和团队合作意识。

【活动目标】

1. 观看公益广告，强化对文明正确行为的认知，了解小小宣传员要宣传的内容。

2. 制作文明宣传卡，大胆地向周围人宣传文明的行为。

3. 通过小小文明宣传员活动，锻炼幼儿积极主动的交往能力并体验做宣传员的快乐。

【活动准备】

1. 物质准备：公益广告（成人的文明行为）、图片（幼儿的文明行为）、歌曲"讲文明、懂礼貌"、不同造型的小纸卡、彩笔。

2. 经验准备：知道什么样的行为是不好的。

【活动过程】

1. 播放视频歌曲"讲文明懂礼貌"，引出活动主题。

（1）教师："视频里你听见了什么？""看见了什么？"

（要爱护公共物品，看见了小熊把垃圾扔进垃圾桶里。）

（2）教师提问："你觉得它做得对不对？"（它所做的是文明行为）

2. 观看公益广告视频，初步认识文明行为。

（1）教师："现在老师邀请小朋友们一起来观看几个视频，看看他们都做了什么？"

视频1：男士把地上的垃圾捡起来放进了垃圾桶里。

视频2：女士在公交车上给老奶奶让座位。

（2）小朋友们自由讨论，分享自己看到这些文明行为的感受。

（3）教师小结：叔叔把地上的垃圾捡进垃圾桶里，阿姨给老奶奶让座，他们爱护环境，帮助他人，他们都是我们应该喜欢的人，是我们的榜样。

3. 出示幼儿文明行为图片，进一步认识幼儿文明行为。

（1）教师依次出示图片，请幼儿认真观察；

（2）教师提问："从图片里看到了什么？""图片中的小朋友是怎么做的？""如果是你会怎么做？""你想向谁学习？"

（3）邀请小朋友说一说：身边文明的行为和不文明行为。并说说他们是怎样做的？

（4）教师小结：我们身边有很多讲文明的人，他们爱护环境、帮助他人、排队等候；但我们身边也存在一些不文明的行为，比如乱插队、乱扔垃圾、不讲交通规则、乱涂乱画等。

4. 共同讨论，得出方案。

（1）教师提问："为了让我们的生活变得更美好，我们小朋友可以做些什么呢？"

（2）教师引导幼儿大胆表达。（自己不做不文明行为，可以向别人宣传多做文明行为。）

5. 制作文明宣传卡，进一步引导幼儿讲文明。

（1）发放工具，引导幼儿自选组员进行分组，用不同形式图文并茂地制作文明行为宣传卡。

（2）教师：小朋友们刚才提出我们要向别人宣传文明行为，那我们也不能光靠嘴巴说，我们现在一起来制作一张宣传卡片，帮助别人学习文明行为吧。

（3）小朋友相互作为宣传对象，进行练习（可尝试跨班）。

6. 向他人宣传文明行为，体验做宣传员的快乐。

（1）小朋友们带上自己制作的宣传卡向别人宣传文明行为，锻炼幼儿积极主动交往的能力。

（2）幼儿分享自己宣传文明行为的感受和成果。

【活动延伸】

1. 幼儿走进自己居住的社区，向亲人等宣传文明行为，争做文明小天使。

2. 制作文明宣传墙。

3. 发现并记录身边的文明，为期一周。

【活动反思】

通过扮演"文明宣传员"，幼儿亲身经历到宣传、普及、展示文明行为的重要性，培养他们的社会责任感和对社会的贡献意识。活动中引导幼儿了解中国的传统文化，通过制作展板、图片展示等形式，让幼儿展示自己学习到的文明小知识和文明行为；活动中倡导幼儿主动表达自己对文明行为的理解和见解，通过担任文明宣传员的角色，引导幼儿表达自己的观点、感受和呼吁，培养他们的表达能力和自信心。幼儿分成小组，共同制作文明宣传展板，并组织展览和分享活动。通过合作分享，促进幼儿之间的团队合作和互助精神的培养，提高他们的合作能力和沟通能力。

图4　幼儿制作的宣传卡（来源于贵阳市观山湖第二幼儿园）

图5　幼儿制作宣传卡（来源于贵阳市观山湖第二幼儿园）

（四）"和谐"主题活动之"我和身边的故事"

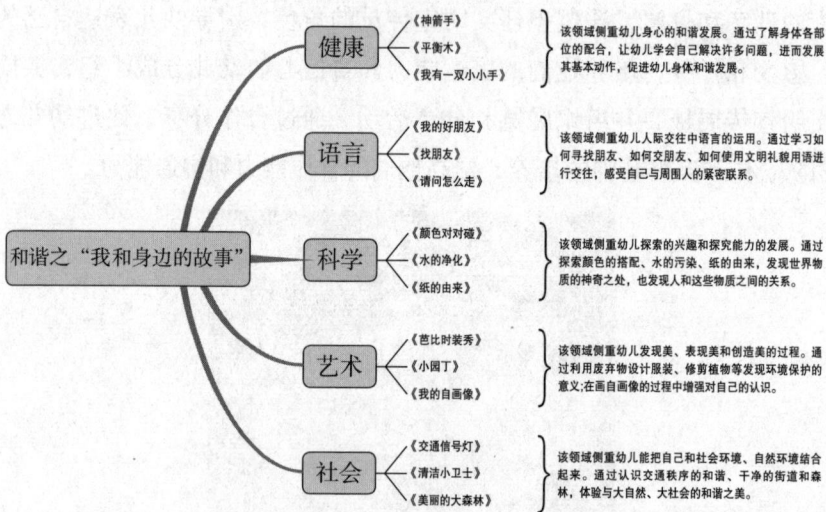

图6　社会主义核心价值观之"和谐"主题活动网络图

"和谐"，反映着"人与人""人与社会""人与自然""人与自身"等"四对关系"的状态。和谐是中国传统文化的基本理念，集中体现了学有所教、劳有所得、病有所医、老有所养、住有所居的生动局面，是社会主义现代化国家在社会建设领域的价值诉求，是经济社会和谐稳定、持续健康发展的重要保证。在学前儿童教育方面，主要是针对引导学前儿童感受这"四对关系"的和谐，从细微处、隐蔽处去探讨和谐。因此，为实现这些基本目标，该研究以"我和身边的故事"为主题，开展五大领域活动。

健康领域设计有《神箭手》《平衡木》《我有一双小小手》等活动。活动《神箭手》：学前儿童需要了解自己身体部位并能协调合作完成相应的动作技能，该活动通过设计射箭的活动，引导学前儿童发现射箭需要的技能技巧，从而发现身体手和眼要配合才能完成任务，从而感受身体的和谐。活动《平衡木》：学前儿童在走平衡木的过程中容易掉下来，有些学前儿童会无意识地伸开双臂帮助自己保持平衡。因此，通过该活动设计，帮助学前儿童发现双手打开保持自我平衡的"奥秘"，了解自我身体的和谐。活动《我有一双小小手》：该活动也从身体出发，发现小手的许多功能，如自己整理床铺、穿衣服，能帮助他人等，感受自己双手与外部世界的联系，从而萌发学前儿童主动探索世界、维护和谐氛围的情感。

语言领域设计有《我的好朋友》《找朋友》《请问怎么走》等活动。活动《我的好朋友》：同伴关系是学前儿童在幼儿园阶段很重要的人际关系，良好的同伴关系不仅可以促进学前儿童社会性的交往，而且对学前儿童的认知、情感都有积极的作用；此外，学前儿童的好朋友也许是"拟人的"，洋娃娃、小铅笔等都可能成为学前儿童的情感依赖，因此，该活动以儿歌为切入点，通过引导学前儿童发现自己喜欢的"好朋友"，了解"好朋友"的喜好、特征，从而萌发与朋友的友谊，学会分享、学会帮助、学会合作，从而促进学前儿童的人际交往关系，达到人与人、人与物体之间的和谐。活动《找朋友》：该活动编写了找朋友的儿歌，教师通过引导学前儿童念儿歌、表演儿歌、熟识儿歌，然后利用儿歌中教的办法去寻找新的朋友，该活动可跨过班级、学段，实现真正地"找朋友"。活动《请问怎么走》：该活动以学前儿童和陌生人的接触为切入点，引导学前儿童学会主动地以正确方式向他人寻求帮助，感受来自他人帮助的友善，从而萌发去帮助人的情感，进而实现身心的和谐发展。

科学领域设计有《颜色对对碰》《水的净化》《纸的由来》等活动。活动《颜色对对碰》：色彩鲜艳常常能引起学前儿童的无意注意，在科学领域中将颜色的变化作为导入，激发学前儿童的探索兴趣，尤其是学前儿童通过感受不同颜色搭配后演变出的新颜色来感知事物（颜色）的融合，从而感受来自颜色的协调性。活动《水的净化》：水的存在是有限的，该活动通过水的循环利用、水的多种用途等内容展开人与自然的和谐相处，萌发对环境的保护意识。活动《纸的由来》：该活动的思路同水的净化类似，也是通过活动设计，认识和体验纸的由来，从而让学前儿童了解大自然给予人类的财富，人类对自然资源的利用。

艺术领域设计有《芭比时装秀》《小园丁》《我的自画像》等活动。活动《芭比时装秀》：该活动旨在通过利用废旧物品如报纸，来创作衣服等引导学前儿童感受来自大自然的馈赠，也感受人类所浪费的资源，从而萌发热爱和保护大自然的情感。活动《小园丁》：该活动设计主要侧重让学前儿童去感受整个城市规划、管理等方面的具体表现，如城市园林方面，引导学前儿童感受我们城市的美丽是来自人们辛勤的工作，是园林设计师和园丁们美化了我们的城市，感受社会的和谐。活动《我的自画像》：和谐在学前儿童身上主要表现在他们能对自己的身体、心理有明确的自我认识、自我体验，所以艺术领域设计了画自己的内容，帮助学前儿童了解自己的特征和身体，实现自我的和谐统一。

社会领域设计有《交通信号灯》《清洁小卫士》《美丽的大森林》等活动。活动《交通信号灯》：该活动主要针对人与社会的和谐，了解交通信号灯和交通规则、交通秩序的关系，激发学前儿童的社会适应性和遵守基本社会道德规范的意识，从而感受社会在有序进行的和谐之美。活动《清洁小卫士》：该活动是学前儿童扮演清洁工，感受凌晨天未亮清洁工人就工作的艰辛，从而萌发对城市干净、整洁来自人类与社会和谐发展的情感。活动《美丽的大森林》：建立人与自然的和谐相处、协调发展关系，实现人类与自然界关系的全面、协调发展是人类生存和发展的必由之路。该活动的设计主要是教师带着学前儿童到身边的自然环境中，引导学前儿童发现美；然后通过观察和对比，了解美丽的自然环境。最后实现学前儿童了解人与自然和谐相处的意义。

教学活动设计案例：中班语言领域活动《地球妈妈生病了》

【学前儿童学习与发展特点】

幼儿在语言学习过程中会受到家庭、社交环境等多方面的影响，因此他们接触到的语言形式和内容会非常多样化。幼儿学习语言的方式主要是通过模仿和重复，他们会不断模仿周围的人说话，并通过反复练习来掌握语言能力。幼儿在语言学习过程中会通过自然的方式来习得语言，而非像成人那样通过学习来掌握语言。

【设计来源】

和谐是世界万物存在的根据和发展的动因，追求和谐是中华民族的优秀传统。习近平总书记强调，人与自然应和谐共生。当人类友好保护自然时，自然的回报是慷慨的；当人类粗暴掠夺自然时，自然的惩罚也是无情的。我们要深怀对自然的敬畏之心，尊重自然、顺应自然、保护自然，构建人与自然和谐共生的地球家园。该活动旨在帮助幼儿了解地球的重要性并激发他们热爱地球的情感，初步明白人与自然的和谐关系是多么重要。

【活动目标】

1. 理解人与自然和谐相处的意义以及它能够带来的好处。

2. 能主动进行调查小活动，努力约束自己的行为保护地球环境。

3. 感受人与自然和谐相处的美好，愿意宣传保护地球的方法。

【活动准备】

1. 物质准备：短视频、图片、记录卡、笔等。

2. 经验准备：对事物的因果关系有一定的理解和认识。

【活动过程】

1. 音乐导入，激发幼儿兴趣。

（1）听音乐、看图片，感受大自然的和谐美，激发幼儿对自然的喜爱之情。

（2）播放大自然的照片，让幼儿欣赏。图片里有温暖的阳光、五颜六色的鲜花、绿油油的草地、茂密的森林、潺潺的流水、广阔的大海、可爱勤劳的动物们等。

（3）教师小结："我们每个人都应该感谢大自然，感谢阳光给予我们温暖；感谢森林给予我们清新的空气；感谢河流给予我们生命的源泉；感谢小鸟给我们带来动听的歌声；感谢花朵为我们装扮生活等等，人和自然和谐共存，相互依赖。"

2. 教师展示对比图，引导幼儿感受现实生活中地球遭遇的环境危机。

（1）展示地球遭到污染的系列图片，教师询问幼儿。

"可是，我们的地球妈妈最近好像生病了，你们看看它怎么了。"

（2）教师切入图片。

a. 没有了小动物们的地球（掠杀鲸鱼、杀象取牙、猎杀野生动物等）

b. 湖水被污染的图片（污水排放、海洋垃圾等）

c. 灰色的天空（雾霾等）

d. 没有绿植的地球（浪费水、乱砍滥伐树木等）

（3）教师提问，幼儿思考和讨论。

"地球妈妈到底生什么病了？"

3. 引导幼儿思考自己的行为和地球污染之间的关系。

（1）幼儿探讨自己或身边的人对地球造成的危害。

"你曾经看到过有什么伤害地球妈妈的行为吗？"

"我们曾经做过什么事情伤害了地球妈妈吗？"

"这些行为是怎么伤害地球的？"

（2）教师给幼儿分发记录卡，幼儿可以带着卡片询问幼儿园教师、其他班级幼儿，调查记录人类做些什么事情会导致地球"生病"。

（3）幼儿分享调查结果，教师协助将其统计并列出来。

4. 教师和幼儿就调查结果进行讨论和分析，进一步引导幼儿多做正确的事以保护地球。

（1）教师将结果整理和归纳，找出问题最多的几组。

（2）引导幼儿逐个讨论每一种行为都为什么不对，要怎么做才能改善等。

（3）教师鼓励和指导幼儿画出解决或改善的办法，贴在"保卫地球妈妈"宣传栏上。

5. 活动总结。

大自然是天然的资源，我们与大自然彼此之间应该互相尊重，保持珍惜和爱惜的心态，适度地使用自然资源，不再让大自然遭到破坏，使生活环境更美好。假如我们持续破坏、污染环境，不再维护自然生态，一旦生态被破坏、自然资源即将殆尽，居住环境就会严重地恶化，如同我们的生命遭受威胁一般，这些现象甚至会蔓延至整个地球村，所以，我们要与自然和谐相处。

【活动延伸】

1. 幼儿在日常生活中观察哪些行为是不对的，会让地球妈妈生病，并将之记录下来，以照片或绘画的方式贴在宣传栏上。

2. 小朋友们相互监督，争当保护地球妈妈的好孩子。

3. 幼儿思考，如果地球妈妈生病了，我们会发生什么事情。

【活动反思】

为了进一步引导幼儿了解与大自然和谐相处、与同伴和谐相处的意义，体验到同伴之间共同完成游戏的成就感与愉悦感，我们在设计活动的时候，要为幼儿的探索学习充分创造条件和机会。在大自然和社会生活中，萌发幼儿对美的感受和体验。在丰富其想象力和创造力的同时，教师应对幼儿的自主探索给予充分的尊重和理解，以此令幼儿的身心发展更加健全完善。

图7 幼儿园楼道环境创设（来源于安顺市第一幼儿园）

图8 幼儿园走廊环境创设（来源于安顺市第一幼儿园）

（五）"自由"主题教学活动之"自由变化的世界"

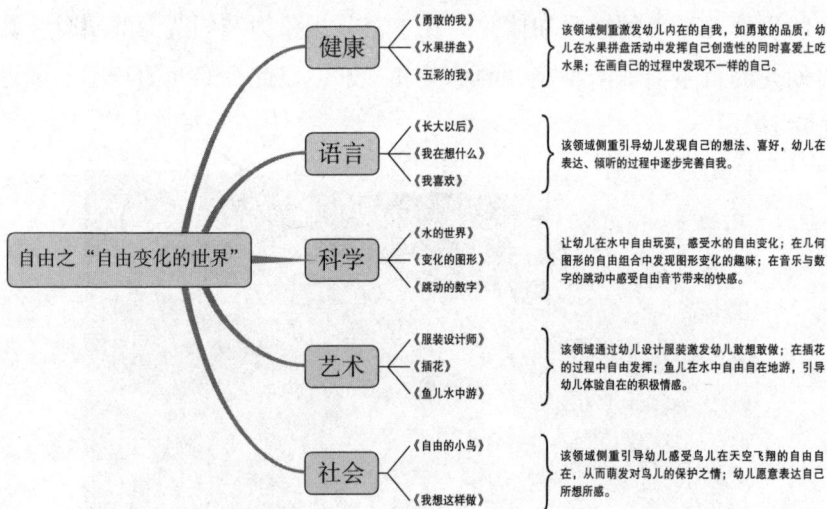

健康	《勇敢的我》《水果拼盘》《五彩的我》	该领域侧重激发幼儿内在的自我，如勇敢的品质，幼儿在水果拼盘活动中发挥自己创造性的同时喜爱上吃水果；在画自己的过程中发现不一样的自己。
语言	《长大以后》《我在想什么》《我喜欢》	该领域侧重引导幼儿发现自己的想法、喜好，幼儿在表达、倾听的过程中逐步完善自我。
科学	《水的世界》《变化的图形》《跳动的数字》	让幼儿在水中自由玩耍，感受水的自由变化；在几何图形的自由组合中发现图形变化的趣味；在音乐与数字的跳动中感受自由音节带来的快感。
艺术	《服装设计师》《插花》《鱼儿水中游》	该领域通过幼儿设计服装激发幼儿敢想敢做；在插花的过程中自由发挥；鱼儿在水中自由自在地游，引导幼儿体验自在的积极情感。
社会	《自由的小鸟》《我想这样做》	该领域侧重引导幼儿感受鸟儿在天空飞翔的自由自在，从而萌发对鸟儿的保护之情；幼儿愿意表达自己所想所感。

自由之"自由变化的世界"

图9 社会主义核心价值观之"自由"主题活动网络图

"自由"，自由是指人的意志自由、存在和发展的自由，是人类社会的美好向往，也是马克思主义追求的社会价值目标。自由是人类的天性，不分出身、种族、文化背景、贫富、性格等，是人全面发展的前提，也是人类创造幸福、生命尊严的基础和源泉。自由是个人从外界种种的束缚中解放出来，具有自觉、自愿、自主的意志与行为自由，能够按照自己的意愿、兴趣和爱好，发展自己多方面的才能，充分展示和发展自己的个性。因此，我们要更加侧重学前儿童个性的发展，让学前儿童想说、敢说、愿意说，想做、敢做、愿意做，能按照自己的意愿、兴趣和爱好发展自己的个性。

健康领域设计有《勇敢的我》《水果拼盘》《五彩的我》等活动。活动《勇敢的我》：主题"自由"从学前儿童的角度出发主要是通过激发学前儿童内在的自觉性、自主性、自愿性。该活动创设过关卡的情节，结合大型器械设备激发学前儿童勇敢的内在品质，引导学前儿童发现自己的勇气，敢尝试、主动完成任务。活动《水果拼盘》：学前儿童在教师组织的水果拼盘活动中发挥创造性，利用不同的水果创造不同的作品，体验创作的乐趣，并喜欢上吃水果。活动《五彩的我》：学前儿童有很强的好奇心，对新鲜事物总会产生各种兴趣，但是学前儿童的自我意识发展不够成熟，注意不到自己兴趣、爱好、性格的变化，教师设计该活动，引导学前儿童发现不一样的自己，肯定自己，逐渐发展自我意识，形成正确的自我认识、自我评价，激发学前儿童的内在自我。

语言领域设计有《长大以后》《我在想什么》《我喜欢》等活动。活动《长大以后》：教师通过提问学前儿童"长大后要做什么？"引发学前儿童思考，教师引导学前儿童回答并共同编成儿歌，在不同的答案中找寻自我。活动《我在想什么》：学前儿童常常不知道如何表达自己的想法，只能通过有限的行为方式来表达无限的想法。因此，该活动设计的目标是让学前儿童学会表达自己内心的想法，畅所欲言，感受语言表达的自由。活动《我喜欢》：教师设计活动帮助学前儿童表达自己的喜好，如"我喜欢吃什么？""我喜欢做什么？"以此来发掘心中的自我。

科学领域设计有《水的世界》《变化的图形》《跳动的数字》等活动。活动《水的世界》：孩子很喜欢玩水，水的低结构性正是引起多种变化的原因。因此，教师可以利用水开展活动，学前儿童在玩耍的过程中感受水的形态、颜色等。活动《变化的图形》："自由"除了自身的自由以外，还包括不同事物的自由变化、组合。该活动利用几何图形如三角形、圆形、正方形等引导学前儿童进行不同的组合，发现组合的图形与生活中实物的关系。活动《跳动的数字》：该活动利用数字道具装扮学前儿童，当教师呈现不同的节奏，扮演不同数字的学前儿童就要随教师的音乐节奏和前面学习的动作进行跳动。教师的节奏和速度可以越来越快、越来越多变。

艺术领域设计有《服装设计师》《插花》《鱼儿水中游》等活动。活动《服装设计师》：学前儿童利用废旧物品进行服装设计，把自己对废旧物品再循环的理解自由地表达在自己的作品中，并加上自己的创造。活动《插花》：该活动的目标与服装设计一样，引导学前儿童在不同花束自由搭配的过程中感受不同的创作带来的不同感受。活动《鱼儿水中游》：学前儿童观察鱼儿在水里自由自在地遨游，教师引导学前儿童将自己理解的自由自在画下来，从而萌发对鱼儿的喜爱，理解鱼儿对自由的渴望。

社会领域设计有《自由的小鸟》《我想这样做》等活动。活动《自由的小鸟》：该活动先让学前儿童观察笼中的鸟儿，然后引起学前儿童讨论鸟儿的想法，最后引出主题，让鸟儿回归天空，自由飞翔。活动《我想这样做》：学前儿童常常不敢表达自己的想法，或者不知道该怎样做，该活动的目标是引导学前儿童把自己的想法表达出来，学会思考做事的方法。教师鼓励创设问题情境，学前儿童尝试分析问题，提出解决问题的方法——"我想这样做"。

教学活动设计案例：大班语言领域活动《鱼缸里的鱼》

【学前儿童学习与发展特点】

大班幼儿更擅长处理具体的操作问题，而不太擅长抽象的推理和思维。他们更喜欢通过实际操作和观察来解决问题。他们的记忆力还不够强大，理解抽象概念需要经常重复和巩固。教师可以通过重复性的游戏、歌曲和故事来帮助幼儿巩固对抽象概念的理解。为了帮助大班幼儿理解抽象概念，教师可以通过具体的示例和比喻来解释。

【设计来源】

人的自由问题实质上是实践问题。实践的生成也就是自由的生成，实践是获得自由的根本途径，自由就是创造性活动本身，自由的本质在于人的生活实践。幼儿时期是品德形成的关键期，德育对孩子的成长非常重要。"自由"是社会主义核心价值观在社会层面上的价值取向。如何与孩子探讨"自由"，让幼儿理解"自由"的内涵，也是我们德育的一个重要课题。

【活动目标】

1. 了解故事中的内容，初步感知自由的含义。

2. 能大胆地表达自己的想法和观点，能尝试站在小鱼的角度思考。

3. 会因为小鱼得到了自由而开心。

【活动准备】

1. 物质准备：故事内容、鱼缸、小鱼等。

2. 经验准备：知道小鱼生活的环境。

【活动过程】

1. 实物导入，激发幼儿的兴趣。

（1）教师出示一个小鱼缸，里面有一条小鱼。

（2）教师提问："小朋友们喜不喜欢小鱼，有没有养过小鱼？"

（3）幼儿根据自己的已有经验，说说自己养鱼的感受。

2. 教师引导幼儿思考：小鱼会有什么感受。

（1）教师看着鱼缸里的小鱼，若有所思地提问幼儿。

① "小朋友们，你们养鱼的时候很开心，欣赏着鱼缸里游来游去的小鱼时，你们在想什么？"

② "如果你们是这条小鱼，你们认为它在想什么呢？"

（2）幼儿尝试从小鱼的角度来描述感受。

（3）教师引导幼儿尝试用以下句子来表达，说说鱼缸里小鱼的感受。

"我是这个鱼缸里的小鱼，我看到了……我听到了……我想……"

3. 教师利用绘本故事《渴望自由的小鱼》，帮助幼儿初步理解故事中的内容。

故事的内容：一个小女孩，抓到了一条小鱼，她把它养在鱼缸里。小女孩每天都给这条小鱼喂好吃的。可是小鱼很不开心，天天流泪，也不愿意摆尾巴了。小女孩以为小鱼无聊了，又抓了一条小鱼来陪它。可是小鱼还是在流泪，而且两条小鱼还一起流眼泪，在鱼缸里一动不动地。小女孩以为鱼缸不够漂亮，给小鱼缸增加了许多漂亮的小玩具。可是小鱼连看都不看一眼。小女孩也不知道为什么会这样，也很不开心。

（2）教师提问幼儿：

①"小女孩对小鱼好不好？为什么？"

②"为什么小鱼有好吃的还是会流泪？为什么小鱼有漂亮的玩具还是会流泪？为什么小鱼有朋友陪着还是会流泪？"

（3）幼儿自由讨论，思考：原来小鱼流泪并不是因为无聊，不是因为没有伙伴，不是因为没有好吃的，更不是因为想要有个伙伴。

（4）教师进一步提问："如果你们是这鱼缸里的小鱼，猜猜它到底在想什么？"

（5）鼓励幼儿大胆想象并且说出来。

幼儿尝试说出："鱼儿有点想家了，鱼儿有点想朋友了，鱼儿想小河了，鱼儿想蓝天白云了，鱼儿想出去玩，鱼儿不想被关在小小的鱼缸里……"

4. 教师将故事的结局讲述给幼儿听，初步感知自由的意义。

故事内容：小鱼每天都很伤心，不愿意吃东西，越来越瘦。小女孩没办法，只好带着鱼缸里的小鱼来到河边。她轻轻地用双手捧着小鱼把它放进了河里。就在小鱼进入水里的那一瞬间，小鱼笑了，扑腾着尾巴转圈圈。它很感激地望了望小女孩，然后朝着远方游去了。小女孩开心极了。她终于知道，小鱼在鱼缸里想些什么了。

（1）幼儿思考并表达出：

①"小女孩为什么很开心？"

②"她说她知道小鱼在想什么了。到底小鱼在想什么呢？"

（2）教师小结：小鱼向往外面的世界，无论小女孩给小鱼多少好吃的、好玩儿的，小鱼都不开心。因为那不是它追求的。自由才是小鱼真正向往的，才是小鱼真正追求的！小女孩终于明白了，给了小鱼自由，自己也会跟着快乐。

5. 教师鼓励幼儿说说对自由的认识，然后一起把鱼缸里的小鱼放到幼儿园附近的小河里。

【活动延伸】

1. 鼓励孩子到绘画区画出今天的故事情节，并用一些简单符号记录今天的心情。

2. 教师投放绘本到图书区，幼儿可经常翻阅。

【活动反思】

教师应在教育过程中，充分给予儿童自由，让儿童能够走进大自然，通过自己观察，主动发现问题、思考问题，并在教师的引导下能够解决问题，从另一个角度诠释自由的内涵。

（六）"平等"主题教学活动之"一样的我们"

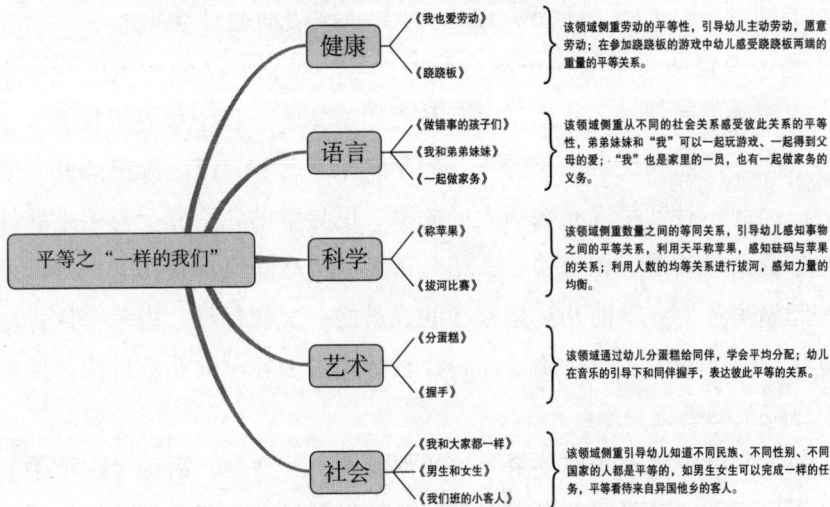

| | 健康 | 《我也爱劳动》《跷跷板》 | 该领域侧重劳动的平等性，引导幼儿主动劳动，愿意劳动；在参加跷跷板的游戏中幼儿感受跷跷板两端的重量的平等关系。 |

平等之"一样的我们"

	语言	《做错事的孩子们》《我和弟弟妹妹》《一起做家务》	该领域侧重从不同的社会关系感受彼此关系的平等性，弟弟妹妹和"我"可以一起玩游戏、一起得到父母的爱；"我"也是家里的一员，也有一起做家务的义务。
	科学	《称苹果》《拔河比赛》	该领域侧重数量之间的等同关系，引导幼儿认知事物之间的平等关系，利用天平称苹果，感知砝码与苹果的关系；利用人数的均等关系进行拔河，感知力量的均衡。
	艺术	《分蛋糕》《握手》	该领域通过幼儿分蛋糕给同伴，学会平均分配；幼儿在音乐的引导下和同伴握手，表达彼此平等的关系。
	社会	《我和大家都一样》《男生和女生》《我们班的小客人》	该领域侧重引导幼儿知道不同民族、不同性别、不同国家的人都是平等的，如男生女生可以完成一样的任务，平等看待来自异国他乡的客人。

图10　社会主义核心价值观之"平等"主题活动网络图

"平等"，指的是社会主体在社会关系、社会生活中处于同等的地位，具有相同的发展机会，享有同等的权利。包括人格平等，即人们之间尽管存在性别、民族、职业、经济状况、生活等方面的差别，但应当具有相同的价值和尊严，处于相同的社会地位；包括机会平等，即每个人都有创造物质财富和精神财富的潜在能力，必须清除各种人为的障碍，制止任何人对各种机会的垄断和特权，使人的潜能和实现具有同等的机会和环境；包括权利平等，即人们在法律面前同等地享受权利、平等地承担义务，任何人不得具有超越法律之上的特权。对于学前儿童来说，平等的概念也是抽象的，"平等"具体表现为与同伴的关系、与家人的关系、与动物的关系、与自然的关系以及事物之间的平等关系。因此，该活动以主题"一样的我们"开展五大领域活动。

健康领域设计有《我也爱劳动》《跷跷板》等活动。活动《我也爱劳动》："平等"的一个表现方面是劳动的平等权。学前儿童在家常常是被疼爱的，很少参与劳动。教师创设劳动的情境，引导学前儿童主动参加劳动、愿意参加劳动。活动《跷跷板》：教师设计体育活动，通过不同人数的对比，感受跷跷板的平衡状态，从而理解游戏中平等概念。

语言领域设计有《做错事的孩子们》《我和弟弟妹妹》《一起做家务》等活动。活动《做错事的孩子们》：该活动通过绘本故事，引导学前儿童认识到做错事的孩子都会受到批评、惩罚，从而初步感受来自法律、规则等方面的平等。活动《我和弟弟妹妹》：孩子都渴望长大，又渴望像成人一样照顾比自己小的人，但是在家常常和自己的弟弟妹妹争吵、争爱。因此，教师呈现兄妹两人的故事，引导学前儿童感受与弟弟妹妹在一起享受父母关爱、相互关心、相互帮助、分享玩具和食物的平等。活动《一起做家务》：学前儿童是家庭的成员之一，和父母、祖辈一样都应为家庭付出自己的力量。在该活动中，教师通过引导学前儿童讨论，逐渐得出家庭成员的平等关系。

科学领域设计有《称苹果》《拔河比赛》等活动。活动《称苹果》：教师利用天平、砝码和苹果激发学前儿童的兴趣，在不断尝试后发现砝码上的数字和苹果数量的关系，在教师指导下自主地发现天平的特征，突出主题目标。活动《拔河比赛》：教师组织拔河游戏，利用不同人数进行不均衡的拔河，引导学前儿童发现不均衡的原因，提出解决问题的办法，突出主题。

艺术领域设计有《分蛋糕》《握手》等活动。活动《分蛋糕》：学前儿童先在教师的指导下利用橡皮泥制作蛋糕，教师引导学前儿童学会分享，把蛋糕平均分给其他小朋友，在多次尝试后能基本找到平均分配的方法。活动《握手》："平等"的关系在学前儿童年龄特征下主要表现在外在的行为上，学前儿童在该活动中表达自己与他人关系时，学会用握手的方式。

社会领域设计有《我和大家都一样》《男生和女生》《我们班的小客人》等活动。活动《我和大家都一样》：学前儿童的自我意识尚在发展中，尤其在家中被长辈疼爱，常常觉得其他同伴都应该围绕自己转，都要听自己的。因此，该活动的目标是让学前儿童明白自己和其他同伴都是一样平等。活动《男生和女生》：该活动是通过设计男女生都能完成的小任务，引导学前儿童不怕艰难，不分男女，努力完成任务。活动《我们班的小客人》：教师"邀请"外国的小朋友（图片），引导学前儿童发现外貌上的差异，然后分享该小朋友家乡的风貌、人情风俗，激发学前儿童的求知兴趣。在充分讨论后，引导学前儿童与该小朋友做好朋友，大家都是一样的人，大家都是平等的。

教学活动设计案例：大班幼儿社会领域活动《我们都一样》

【学前儿童学习与发展特点】

幼儿对他人的情感有更强的敏感度，能够观察并感受同伴的情绪。他们具备一定的共情能力，能够给予安慰和支持。幼儿开始展现独立性的特点，他们愿意自己尝试完成一些日常活动，如穿衣、系鞋带等。同时，他们也更加喜欢与同伴一起玩耍，享受与朋友们的互动。开始对社会角色有较好的认知和理解。他们能够较清晰地辨别角色的不同，如家庭角色、职业角色等，并对自己的角色有更强的认同感。

【设计来源】

《幼儿园教育指导纲要》中提到："教育活动内容的组织应充分考虑幼儿的学习特点和认知规律。"幼儿对于"平等"的认知只停留于表面，且大班幼儿活动特征具有主动性和自主性，抽象逻辑思维初步萌芽。所以我们在此基础上开展系列活动引导幼儿探索新知识与新经验，逐渐完善幼儿的正确价值观体系。开展与平等相关的活动不仅可以巩固幼儿已有经验，让幼儿培养平等价值观的态度，树立平等意识，同时还可以让幼儿学会自主探索与学习。

【活动目标】

1. 对残疾人的概念具有初步的认识，知道残疾人和普通人是平等的，能够尊重接纳残疾人。

2．学习残疾人自强不息、坚强勇敢的精神，建立我们都一样的平等意识。

3．愿意参与游戏，体验残疾人行动的不易。

【活动准备】

1．物质准备：残奥会视频、照片、眼罩、彩色纸和白纸、画笔。

2．经验准备：知道残奥会、奥运会等基本知识。

【活动过程】

1．小游戏导入，引出主题。

（1）教师分发眼罩，在安全的环境下，鼓励幼儿进行蒙眼游戏。

（2）教师询问幼儿蒙眼走路、完成任务的感受。

（3）幼儿分组完成单脚跳、单手运东西的游戏。

（4）幼儿分享游戏的体验。

2．教师播放残奥会视频，引导幼儿学会尊重和接纳特殊的群体。

（1）教师："有一个群体，他们的身体有缺陷，这些特殊群体生活得非常不容易。他们有的眼睛看不见，有的耳朵听不见，有的身体有缺失。但是，他们却有着勇于拼搏、不怕困难、迎难而上的精神。"

（2）教师播放残奥会视频，幼儿初步感受残疾人的精神。

（3）教师提问幼儿：

①"这些运动员和我们平时看到的运动员有什么不一样？"

②"他们在奥运会上的表现怎么样？"

③"我们可以向他们学习什么？"

（4）教师小结：虽然这些运动员在身体上和我们不一样，但是他们的精神值得我们去学习，我们都是一样的，都有梦想，都在努力。

3．教师讲述残疾人励志故事，进一步激发幼儿的敬佩之情。

（1）教师依次出示何军权、刘翠青的图片，引导幼儿了解他们获得冠军的不易和成就。

（2）教师介绍何军权："这位叔叔没有双手可是他却被人们称为'无臂飞鱼'。"

（3）教师提问："你们猜他是什么运动员？"

教师继续讲述："他是一名游泳健将，他曾在雅典残奥会中一口气拿了四枚金牌，三次打破了世界纪录，他虽然没有双手，但是他游泳游得比鱼还快，所以被人们尊称为'无臂飞鱼'。他的成功来得可不容易，为了在奥运会上给祖国争光，每天都要训练五个多小时。因为他没有双手，只能用头去碰终点计时板，就算头上被碰出包和血都不放弃。"

（4）刘翠青：她是一名田径运动员。她在里约残奥会、东京残奥会上都夺得了金牌。为了给祖国争光，她每天都要训练很长时间，因为看不见，总是跌伤、撞伤。但是，她克服了一切障碍，获得了很好的成绩。

4. 幼儿玩"破茧成蝶"游戏，邀请幼儿分享游戏体验，感受残疾人员行动的不易。

（1）教师："两位运动员，他们一个没有双手却能够游得飞快，一个眼睛失明了却能够跑得飞快，这是多么不容易啊！为了体验他们的不容易，老师设计了一个游戏叫作'破茧成蝶'。"

（2）介绍游戏玩法，鼓励幼儿参与游戏。

游戏玩法：四个小朋友一组，每个人都把双手背在身后，戴上眼罩，通过摇晃的吊桥，穿过障碍物到终点，谁先到终点就是谁赢，赢了的小朋友会得到彩纸。

（3）幼儿进行游戏，游戏后分享游戏体验。

（4）邀请幼儿分享自己想对这些运动员说的话，并用绘画的方式表达对残奥运动员的崇敬之情。

5. 教师总结："小朋友们，我们的游戏是不容易的，它让我们体会到了残疾人行动的不方便，但是我们的困难只是在玩游戏的这段时间里，还有很多像何军权叔叔和刘翠青阿姨这样的人，他们的困难、不容易是每天都在持续的。尽管他们是这样的不容易，可是他们还是保持着一颗努力顽强的心活着，不断训练去参加比赛还拿到了冠军，是不是非常令人敬佩呀。我们应该像他们一样，要有坚韧不拔的勇气面对困难，勇往直前。"

【活动延伸】

1. 了解更多的残奥会知识，了解更多自强不息的运动员。

2. 家园合作：引导幼儿不用异样的眼光来看待残疾人，要学会尊重他们。

【活动反思】

这个活动的设计目的是增强幼儿对残疾人的理解和尊重，培养他们的包容性和同理心。通过参与互动、观察和讨论，幼儿可以认识到残疾人和我们一样是普通人，他们也有自己的权利、感受和需求。此外，该活动还可以促进幼儿的社交技能、语言发展和合作精神。在活动的过程中，我们采用了多种方法来让幼儿参与和思考。通过观察和讨论残疾人的图片、故事或视频，我们帮助幼儿了解残疾人的生活和挑战。角色扮演活动让幼儿亲身体验残疾人的生活和困难，并鼓励他们帮助他人。通过这次活动，幼儿对残疾人有了更深入的了解，他们表现出了尊重和关心的态度。然而，活动中可能存在一些改进的地方。例如，可以提供更多具体的例子和故事，让幼儿更容易理解残疾人的生活和挑战。另外，可以邀请一些残疾人作为客座老师或嘉宾，与幼儿互动，分享自己的经历和故事，以加深幼儿的理解和参与度。总的来说，这个活动为幼儿提供了一个体验残疾人日常生活的机会。通过多种活动形式，幼儿可以增强对残疾人的理解和尊重，培养包容性和同理心。活动也为幼儿的社交技能、语言发展和合作精神提供了支持。在今后的活动设计中，应进一步改进方法和教学策略，以更好地促进幼儿的学习和成长。

（七）"公正"主题教学活动之"公平正义伴我行"

"公正"，即社会公平和正义。公平包含公民参与经济、政治和社会其他生活的机会公平、过程公平和结果分配公平。正义包括社会正义、政治正义和法律正义等。社会主义社会公正是社会主义制度的本质要求和体现，是社会主义社会的根本原则，贯穿于社会主义经济、政治、文化、社会等各个方面，因此，它能够有效地保障社会主义社会价值目标在社会各方面得到切实有效的贯彻和实施。对于学前儿童来说，公正侧重于引导学前儿童认识到一分耕耘一分收获，学会做一名正直、讲正义的人。在社会生活中，学前儿童初步理解买卖公平、参与社会合作的每个人承担着他应承担的责任，得到他应得的利益等。在该研究中以"公平正义伴我行"为主题开展五大领域活动。

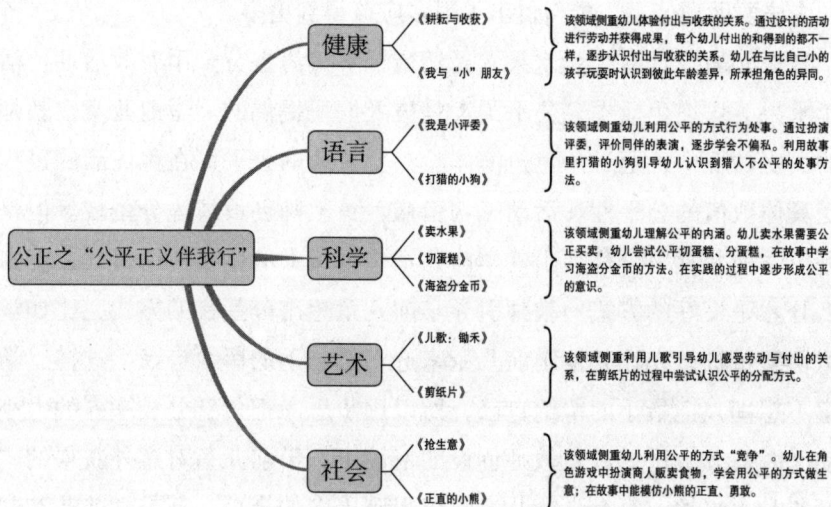

图11 社会主义核心价值观之"公正"主题活动网络图

健康领域设计有《耕耘与收获》《我与"小"朋友》等活动。活动《耕耘与收获》：公正对于学前儿童来说，最基本的认识是要区别公正与平等的差异。在教师设计的劳动课程中，勤快的学前儿童会完成更多的劳动任务，因而会获得更多的劳动果实；偷懒或者动作比较慢、注意力不集中的学前儿童劳动时间不多，收获的劳动果实就会少。由此，引导学前儿童认识到一分耕耘一分收获、多付出多收获的简单道理。活动《我与"小"朋友》：学前儿童在日常生活和游戏活动中会逐步发现教师的"偏心"，如教师会多抱抱其他的学前儿童、会多给某个小朋友点心、会让某个小朋友多玩一会等。通过该活动引导学前儿童发现学前儿童之间是有差异的，教师会"多"照顾年龄小的孩子。学前儿童在教师设计的情境中也会逐步认识到年龄小的孩子需要更多的照顾与关爱。

语言领域设计有《我是小评委》《打猎的小狗》等活动。活动《我是小评委》：教师设计朗诵诗歌的比赛，赛前教师轮流请学前儿童扮演评委，并且引导学前儿童在评分的过程中需要遵守公平公正的原则，逐步理解公平的概念和践行公平的简单行为。活动《打猎的小狗》：教师讲解故事，故事内容是猎人带着猎狗去打猎，每次回来就把猎物分给在家没有做事的小猫吃，猎狗很难过。通过该故事，学前儿童认识到，如果自己是猎人，应该要做到公平，猎狗付出了很多应该得到更多。

科学领域设计有《卖水果》《切蛋糕》《海盗分金币》等活动。活动《卖水果》：在生活中，公平买卖是被人们所提倡的。学前儿童在教师设计的买卖情境中，通过角色扮演体验买卖关系的公平，在称商品的过程中感受具体数值的公平性。活动《切蛋糕》：教师创设情境分蛋糕。但是不管哪位学前儿童来分都会出现学前儿童想把最大的蛋糕留给自己，不知道怎么分才是最好的方式。教师引导学前儿童想出分蛋糕的方式，比如学前儿童切完蛋糕，先让其他学前儿童来选，选剩下的留给自己。这样，学前儿童不想别人把最小的留给自己，所以逐步思考把蛋糕分成一样的大小。活动《海盗分金币》：在教师创设的情境中，学前儿童对意外获得的"金币"非常感兴趣，每个学前儿童都想得到更多的金币，但是学前儿童却没有掌握公平分金币的方法。所以教师引导学前儿童利用各种方式分金币，看看哪种方式是最好的。

艺术领域设计有《儿歌：锄禾》《剪纸片》等活动。活动《儿歌：锄禾》：该活动是利用教师创编的《锄禾》儿歌，引导学前儿童理解儿歌的内容，感受一分耕耘一分收获，能产生主动劳动的情感。活动《剪纸片》：该活动通过手工操作，在剪切纸片的过程中，按照教师设计的要求画出和剪切不同大小的纸片，在不同的分配任务中逐步感受"公平"。

社会领域设计有《抢生意》《正直的小熊》等活动。活动《抢生意》：教师利用角色游戏活动中学前儿童"做生意"的场景，利用"抢生意"的情节引导学前儿童思考如何使用公平的竞争方式挣钱，知道社会中"公平"无处不在。活动《正直的小熊》："公正"的概念很抽象，对于学前儿童来说除了明白公平的道理以外，还需要把握正直的内涵，因此，该活动通过讲故事，引导学前儿童产生移情，感受"小熊"的情感，争做正直的人。

2. 教学活动设计案例：大班语言领域《分豆豆》

【学前儿童学习与发展特点】

大班幼儿开始能够观察和模仿成年人和同伴的行为，从中学习道德方面的知识和技能。发展初步的自我意识：他们开始认识到自己的行为和他人之间的关系，有初步的自我意识和责任感。大班幼儿开始理解抽象概念，能够理解一些简单的道德概念，如公平、正义等，并且开始表现出关心和体谅他人的情感。

【设计来源】

公正是社会公平和正义，公正作为社会主义核心价值观社会层面的核心内容，对于大班孩子来说有些深奥，教师需要结合幼儿身心发展特点施以教育，将公正作为一个主题组织开展五大领域一系列活动，使幼儿初步了解公正的含义，并且内化于心外化于行，做一个公正的好孩子。幼儿之间的相互交往，幼儿与成人之间的交往也处处都需要公正来支持，在幼儿时期就对他们进行公正的教育，可以让幼儿在未来的时间里与人交往，都能处处公正，不偏私不包庇，以公正的态度对待每一件事和每一个人。

【活动目标】

1. 明白故事的内涵，初步了解公正的含义。

2. 能大胆正确地表述故事的内容和自己的观点。

3. 愿意做一个不偏私、维护正义的人。

【活动准备】

1. 物质准备：图片、课件。

2. 经验准备：对事情的好坏有基本的辨别能力。

【活动过程】

1. 故事导入，引起幼儿的兴趣。

（1）教师讲故事：秋天到了，又是丰收的季节。每只小动物都很努力地种豆子，于是动物村庄里收获了满满的豆子。山羊村长正在思考怎么分配豆子呢，门突然响了。咚咚咚，小狐狸来了。它说："山羊村长，您是最善良的村长，长得最好看的村长，您可以多分点豆子给我吗？"山羊村长开心地说："好好好！"小狐狸刚刚走，小熊又来了，它说："山羊村长，我的肚子那么大，需要很多的豆子，您多分点豆子给我吧！"山羊村长想了想，说："好好好！"小熊刚走出门，小猫带着小鱼干来了，它说："山羊村长，我有好多好吃的小鱼干送给您，您可以多分点豆子给我吗？"山羊村长开心地连说："好好好！"

（2）教师提问："小朋友，你们猜猜，山羊村长最后怎么分豆子的？""它会把豆子多分给谁呢？"

（3）幼儿自由讨论和分享自己的观点和看法。

2. 教师出示山羊村长和几个空筐、一堆豆子的图片，引导幼儿思考。

（1）教师提问，激发幼儿进行思考：

"因为小狐狸夸了山羊村长，所以它应该得到更多的豆子吗？"

"因为小熊特别能吃，所以它应该得到更多的豆子吗？"

"因为小猫送了很多小鱼干给山羊村长，所以它应该得到更多的豆子吗？"

（2）幼儿继续听故事，看看山羊村长怎么做的。

故事内容：山羊村长想了想，把豆子平均分成了很多筐，每位小动物都有一筐，但是其中有三筐的豆子比别的多了一些。

（3）教师提问："你们猜猜，山羊村长准备把这三筐更多的豆子给谁？为什么？"

（4）幼儿自由猜测。

4. 教师讲完故事，引导幼儿明白公正的道理。

（1）教师继续讲故事：山羊村长并没有把这三筐多的豆子给了夸它的小狐狸、喜欢多吃的小熊和送它小鱼干的小猫咪。而是把它们分别给了种豆子非常努力的小狗、小鸡和小猪。山羊村长认为，所有动物都非常努力地种豆子，而它们三只小动物早起晚归，比别人努力了一些，值得拥有更多的豆子。

（2）教师："所以，山羊村长是根据什么理由分发这些豆子的？""山羊村长这样的做法合适吗，为什么？""如果你是山羊村长，你会怎么样分发豆子？"

5. 教师总结：山羊村长做事情很公正。公正就是公平和正义。公平是得到自己该得的，分担自己该做的，意味着处理事情合情合理，不偏袒哪一方或某个人。正义是维护公共利益和他人正当权益的行为，都是正义行为。

【活动延伸】

1. 家园合作：和家长一起思考，哪些事情需要我们公正地对待。

2. 幼儿尝试进行分豆子。

【活动反思】

故事导入，激发了幼儿的兴趣，幼儿积极参与活动，愿意主动表达自己的想法并主动和他人交流。活动结束后，教师观察到幼儿会继续探讨山羊村长的行为，延伸了公正的话题。幼儿能够更流利地表达自己的意思、理解并回答问题。教师应考虑活动设计是否新颖有趣，是否能够吸引孩子的注意力，让他们在愉快的氛围中发展语言能力。活动可以帮助孩子培养语言表达能力、丰富词汇量、提高听说能力、激发对语言的兴趣。活动的设计应该结合幼儿的兴趣和特点，通过生动有趣的游戏和活动引导孩子进行语言交流，丰富他们的词汇量，提高他们的听说能力和表达能力。

图12 幼儿进行分豆子（来源于贵阳市观山湖第二幼儿园）

（八）"法治"主题教学活动之"生活中的小秩序"

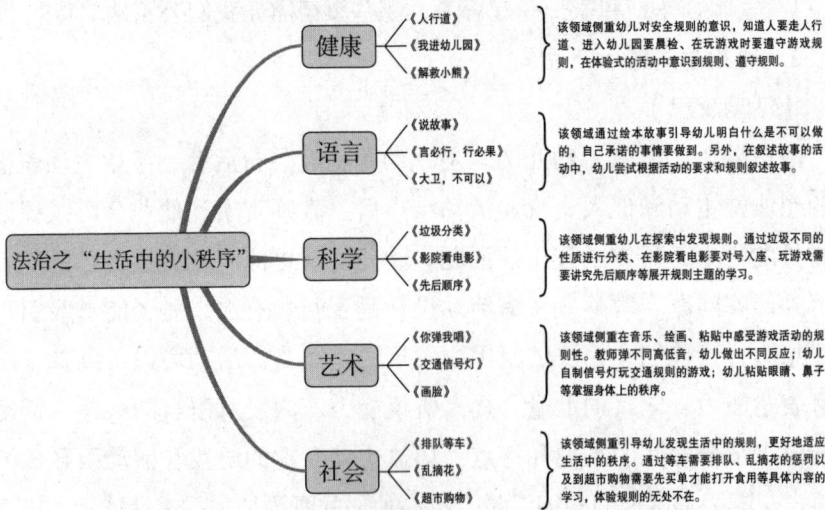

健康	《人行道》 《我进幼儿园》 《解救小熊》	该领域侧重幼儿对安全规则的意识，知道人要走人行道、进入幼儿园要晨检、在玩游戏时要遵守游戏规则，在体验式的活动中意识到规则、遵守规则。
语言	《说故事》 《言必行，行必果》 《大卫，不可以》	该领域通过绘本故事引导幼儿明白什么是不可以做的，自己承诺的事情要做到。另外，在叙述故事的活动中，幼儿尝试根据活动的要求和规则叙述故事。
科学	《垃圾分类》 《影院看电影》 《先后顺序》	该领域侧重幼儿在探索中发现规则。通过垃圾不同的性质进行分类、在影院看电影要对号入座、玩游戏需要讲究先后顺序等展开规则主题的学习。
艺术	《你弹我唱》 《交通信号灯》 《画脸》	该领域侧重在音乐、绘画、粘贴中感受游戏活动的规则性。教师弹不同高低音，幼儿做出不同反应；幼儿自制信号灯玩交通规则的游戏；幼儿贴贴眼睛、鼻子等掌握身体上的秩序。
社会	《排队等车》 《乱摘花》 《超市购物》	该领域侧重引导幼儿发现生活中的规则，更好地适应生活中的秩序。通过等车需要排队、乱摘花的惩罚以及到超市购物需要先买单才能打开食用等具体内容的学习，体验规则的无处不在。

图13　社会主义核心价值观之"法治"主题活动网络图

"法治"，法治是治国理政的基本方式，依法治国是社会主义民主政治的基本要求。它通过法治建设来维护和保障公民的根本利益，是实现自由平等、公平正义的制度保证。人类政治文明的重要成果，是现代社会的一个基本框架。大到国家的政体，小到个人的言行，都需要在法治的框架中运行。对于现代中国，法治国家、法治政府、法治社会一体建设，才是真正的法治。对于学前儿童来说，该主题太抽象，转化为学前儿童熟悉的内容，便是引导学前儿童了解生活中的规则、秩序，知道做错事会有惩罚、知道要遵守规则等。因此该研究以"生活中的小秩序"为主题，从家庭、社会、幼儿园等多角度并展五大领域活动。

健康领域设计有《人行道》《我进幼儿园》《解救小熊》等活动。活动《人行道》：教师通过视频、图片等方式创设问题情境，引起学前儿童讨论人们为什么要走人行道，从而培养学前儿童走人行道的意识。活动《我进幼儿园》：学前儿童从入园开始就要接受晨检，在幼儿园中需要遵守一日活动的各项要求。通过该活动，学前儿童逐步意识到从入园到离园有许多要遵循的规则并能遵守规则。活动《解救小熊》：游戏是有规则的，教师创设情境解救小熊，学前儿童需要按游戏规则完成任务。

　　语言领域设计有《说故事》《言必行，行必果》《大卫，不可以》等活动。活动《说故事》：教师叙述故事，学前儿童创编故事，但是学前儿童需要按设计的语言要求续接故事，理解语言表达中的隐形规则。活动《言必行，行必果》：该活动的目标是引导学前儿童认识到自己承诺的事情必须去做，从而形成良好的品质。活动《大卫，不可以》：该活动是利用绘本故事展开活动，告诉学前儿童生活中有什么可以做，有什么不可以做。在故事中逐步形成社会规则意识。

　　科学领域设计有《垃圾分类》《影院看电影》《先后顺序》等活动。活动《垃圾分类》：学前儿童在学习如何进行垃圾分类的过程中逐步意识到生活中也有规则，需要按照社会要求进行垃圾分类。活动《影院看电影》：教师创设情境去影院看电影，但是看电影的小兔子和工作人员吵起来了。原因是小兔子没有按票上的座位入座，它以为是随便坐的。教师引导学前儿童认识票上的座位序号，再实际操作，让学前儿童意识到不同场所的规则。活动《先后顺序》：该活动创设买东西结账的情境，引导学前儿童遵守先来后到的规则，再引导学前儿童讨论在什么地方也要遵守先来后到的规则，不断强化学前儿童的规则意识。

　　艺术领域设计有《你弹我唱》《交通信号灯》《画脸》等活动。活动《你弹我唱》：教师弹奏不同的音符，学前儿童根据教师弹奏的音符进行相应的反应。在音乐小游戏中，学前儿童需要遵守规则，如果违反规则将停止游戏。学前儿童在有趣的音乐游戏中感受游戏的规则。活动《交通信号灯》：该活动的目标也是培养学前儿童的交通规则意识，利用自己创作的信号灯开展交通小游戏。活动《画脸》：教师呈现大脸的轮廓，学前儿童蒙着眼把眼睛、鼻子、耳朵、嘴巴、眉毛贴到大脸相应的位置，在游戏中逐步认识到身体成长的规则。

　　社会领域设计有《排队等车》《乱摘花》《超市购物》等活动。活动《排队等车》：教师利用幼儿园排队喝水的生活场景导入主题，引导学前儿童认识到生活中的其他场景也需要进行排队，最后创设场景坐车，鼓励学前儿童排队等车。活动《乱摘花》：学前儿童喜欢大自然，遇见喜欢的花儿、草儿就会顺手摘下来。该活动通过乱摘花，花儿会难过的拟人性学习特点激发学前儿童爱护花草的情感，形成爱护花草的规则意识。活动《超市购物》：学前儿童去超市看到喜欢的实物就想立即食用，该活动旨在引导学前儿童认识到买东西需要先付账的规则。

教学活动设计案例：中班语言领域活动《小老鼠偷东西》

【学前儿童学习与发展特点】

中班幼儿可以初步理解法律的存在和重要性，他们知道法律是一种规则，可以保护人们的权益，维护社会秩序。他们在法律公正认识上更加关注自己的利益和权益，他们可能会注意到当自己受到不公正待遇时，会产生不满和不公平感，希望他人公平对待自己。幼儿在规则意识上逐渐成熟，开始懂得遵守各种法规和规则，也会对其他人是否遵守法律规定有一定的观察和意识。他们开始模仿大人的行为和角色扮演，可能会通过扮演法官、警察等角色来进一步认识和理解法律公正的概念。

【设计来源】

在幼儿阶段学习社会主义核心价值观法治理念不仅能培养幼儿讲礼貌、守纪律的良好品德行为和习惯，还能让幼儿知道他们拥有一个强大的法治国家，所以才有了如今安定的生活，从小就培养幼儿的自豪感和自信心，以及热爱祖国的情怀。开展与社会主义核心价值观法治理念相关的活动不仅可以巩固幼儿已有的良好的行为习惯，树立正确的价值观，同时还能让幼儿在今后的学习生活中学会积极主动地探索。

【活动目标】

1. 学习"勿以恶小而为之，勿以善小而不为"的基本内涵。

2. 能在角色扮演过程中讲述清楚故事的内容。

3. 感受法律的权威性，愿意宣传法律小知识。

【活动准备】

1. 物质准备：黑猫警长玩偶、老鼠玩偶、课件、图片等。

2. 经验准备：对法官是做什么的、法律是什么有一定的认识。

【活动过程】

1. 故事导入，激发幼儿兴趣。

（1）教师出示小老鼠玩偶，讲述故事内容。

"有一天，小老鼠在大街上闲逛。突然看到有一户人家的院子里种了一棵苹果树，树上长满了红红的大苹果。小老鼠眼睛瞪得大大的，流着口水，它太想吃了。于是爬到院子里摘了一个吃了起来。"

（2）教师出示苹果树的图片，提问幼儿："你们想吃吗？""你们会像小老鼠一样爬进去摘一个吃吗？"

（3）幼儿自由讨论。（引导幼儿回答，不能偷偷爬进去摘）

2. 教师继续讲故事，引导幼儿了解小老鼠的行为是不正确的。

（1）教师出示另一只小老鼠玩偶（老鼠爸爸），继续讲述故事内容。

"小老鼠吃完苹果开开心心地回家了。它把吃苹果的事告诉了老鼠爸爸。老鼠爸爸听说以后，很生气。"

（2）教师提问幼儿：

①"小老鼠的爸爸为什么很生气呀？"（小老鼠偷苹果吃）

②继续讲故事："小老鼠好伤心，不知道爸爸为什么那么生气。爸爸说：'它不应该偷偷爬进去摘苹果，那种行为是不正确的。'可是小老鼠认为，自己只是吃了一个苹果，没什么大不了的。"

③"小朋友们，你们赞同小老鼠的观点吗？吃一个苹果没什么大不了的？"

④幼儿根据自己的认知进行判断和讨论。

（3）教师出示黑猫警长玩偶，继续讲故事。

"就在小老鼠想不通，觉得委屈的时候，咚咚咚，门响了。黑猫警长来了。警长告诉小老鼠爸爸和小老鼠，苹果树的主人丢失了一个苹果报警了。经过警察们的调查，发现是小老鼠偷的。小老鼠好害怕，它认为自己只是偷了一个小苹果，没什么大不了的，可是现在黑猫警长告诉它，它违法了，因为它没有经过苹果树主人的同意私自爬进院子里摘了苹果。"

（4）教师展示小老鼠被黑猫警长带走的图片，强化幼儿对违法行为的感知。

（5）幼儿自由讨论和分享感受。

3. 教师引导幼儿根据已有经验讨论"小恶""小善"。

（1）教师出示图解图片"勿以恶小而为之，勿以善小而不为"。

（2）教师解释这句话的意思：不要因为是件较小的坏事就去做，不要因为是件较小的好事就毫不关心。

（3）结合小老鼠的故事，说说"勿以恶小而为之"。（小老鼠偷了一个苹果，虽然只是一件小事情，但却是错误的行为。）

（4）教师依次展示"小善"行为图片，引导幼儿说说"勿以善小而不为"。

（5）教师引导幼儿讨论：如果没有黑猫警长来维持正义，会发生什么事情。

（6）教师小结：我们的国家需要法律来维护我们的权益。如果没有黑猫警长来维持社会秩序，那么那户人家的苹果就会被许多小老鼠给偷吃掉，那户人家就没有苹果了，会很难过，经济上也会受到损失。我们不能因为一件事情非常小，即使是错的也去做，这样不仅伤害了别人，还会触犯法律。

4. 幼儿角色扮演游戏，进一步感受法律的公正。

（1）教师分发服饰小道具：兔子法官、黑猫警长、小老鼠、小老鼠爸爸等。

（2）幼儿轮流扮演不同的角色，学会公正地用法律来维持秩序。（幼儿尝试扮演兔子法官对小老鼠的行为进行判定）

（3）教师观察和指导，及时做出价值澄清。

5. 幼儿分享游戏的感受，以及对整个故事的认识。

【活动延伸】

1. 回家后与父母分享"勿以恶小而为之，勿以善小而不为"的意思。

2. 学做法律宣传员，可在宣传栏上贴上自己画的宣传画。

【活动反思】

社会主义核心价值观法治理念贯穿于整个社会，国家层面上有法律制度、司法条例等等。社会层面，有打击非法分子、维护社会治安的部门等。个人层面要有法治意识，做到不知法犯法。幼儿园里的小朋友们集体活动的时候，规则意识不强，遵守规则的能力也不强。因此，需要将法治的抽象内涵转化为幼儿生活中的具体内容，通过游戏活动、生活活动来实现法治观念的教育。

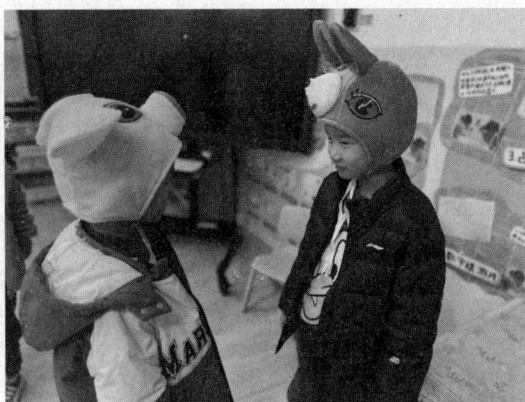

图14   幼儿进行角色扮演（来源于贵阳市观山湖第二幼儿园）

（九）"爱国"主题教学活动之"我爱我的祖国"

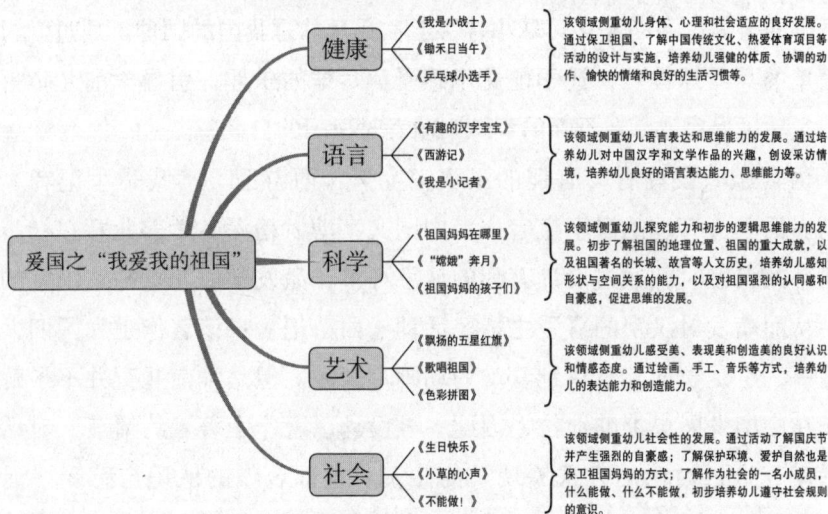

图15   社会主义核心价值观之"爱国"主题活动网络图

"爱国"，是公民最基本的价值准则，是社会主义核心价值观的基础。由爱国而沉淀、凝结、传承的爱国主义，则是社会主义核心价值观中公民道德的旗帜，是中华民族文化和精神的精髓。爱国，就是热爱祖国。一个人，是社会的人，是国家的公民、祖国大家庭的成员，他（她）必须处理与国家、与社会的关系，履行自己对祖国、对社会的义务和责任。中国人民有自己的民族自尊心和自豪感，以热爱祖国、贡献自己的力量建设祖国为最大光荣，以损害祖国利益、尊严和荣誉为最大耻辱。在学前儿童期应初步培养爱祖国、爱家乡的情感，这也是为践行社会主义核心价值观的爱国价值观奠定良好的基础。因此该研究以"我爱我的祖国"为主题开展五个领域活动。

健康领域设计有《我是小战士》《锄禾日当午》《乒乓球小选手》等活动。活动《我是小战士》：学前儿童一般很少接触到边疆战士、特警等保家卫国的角色。通过该活动，引导学前儿童初步了解保家卫国的战士们的英姿飒爽、坚持与奋进，从而萌发对他们的尊敬之情；通过角色体验，感受做一名小战士的光荣、自豪，在体验中锻炼学前儿童的体能。活动《锄禾日当午》：该活动以节约粮食为切入点，以图片、诗歌等形式引导学前儿童发现劳动人民的智慧、辛勤，从而萌发对农民伯伯的尊敬与爱戴，感受他们为祖国做出的努力。活动《乒乓球小选手》：乒乓球是我国的国球。通过学习一些简单的乒乓球技巧，让学前儿童感受乒乓球的乐趣，引导学前儿童喜欢玩、主动玩乒乓球，在不断的训练中萌发对祖国的自豪感。

语言领域设计有《有趣的汉字宝宝》《西游记》《我是小记者》等活动。活动《有趣的汉字宝宝》：中国文字博大精深，学前儿童在初步认识简单的汉字时，通过设计有趣的认字环节，激发学前儿童探索汉字的欲望，从而萌发对汉字的喜爱之情。活动《西游记》：该著作是我国四大名著之一，也是学前儿童特别喜欢的动画片来源。但是学前儿童并不了解该著作在中国发展史上的地位，因此，该设计以著作中著名的情节、对话开展活动，通过讨论的方式展现学前儿童对这部著作的认识与感受。活动《我是小记者》：中国地大物博，对学前儿童来说，脚所及之处有限、认识也有限。因此，该活动以角色扮演的形式，学前儿童扮演小记者，游历山川，介绍祖国比较著名的名胜古迹，感受来自祖国的雄伟。

科学领域设计有《祖国妈妈在哪里》《"嫦娥"奔月》《祖国妈妈的孩子们》等活动。活动《祖国妈妈在哪里》：该活动设计的目的是引导孩子探索祖国在世界上的位置。教师利用世界地图拼图，把抽象的概念转为直观的教具，引导孩子直观地感受中国的地理位置、大小、形状等，从而获得最直观的感性认识。活动《"嫦娥"奔月》：祖国科学技术日益发展，但对学前儿童来说是抽象的。教师通过嫦娥的故事引出"嫦娥"升天的科技，了解祖国的强大，了解祖国对外太空的探索，引发学前儿童对科学技术研究的兴趣。活动《祖国妈妈的孩子们》：祖国地大物博，该活动的目标是引导学前儿童发现祖国的山川河流等，通过具体对长城、长江、珠穆朗玛峰等特殊物质文明和精神文明的认识，感受祖国的壮阔，从而萌发对祖国的热爱之情。

艺术领域设计有《飘扬的五星红旗》《歌唱祖国》《色彩拼图》等活动。活动《飘扬的五星红旗》：教师设计画五星红旗的活动，引导学前儿童了解五星红旗是祖国的国旗、是祖国的标志，能发现五星红旗的特征并能准确地画出来。活动《歌唱祖国》：教师利用《义勇军进行曲》引出中国的国歌，然后再通过创编歌唱祖国的诗歌、歌曲萌发学前儿童对祖国的喜爱之情。活动《色彩拼图》：教师提供不同的拼图素材，学前儿童可创造性地根据不同颜色的图片进行拼图，把教师所描述的祖国、把学前儿童自己理解的祖国创作出来，感受祖国的五彩斑斓。

社会领域设计有《生日快乐》《小草的心声》《不能做！》等活动。活动《生日快乐》：教师利用国庆节的契机，开展学前儿童对祖国进一步认识的活动，通过设计给祖国过生日，了解祖国成立的日子并初步感受这一天的重要性，通过参与过生日而增强自己对祖国的认同。活动《小草的心声》：在前期的活动中基本了解了"祖国的孩子们"，该活动主要引导孩子了解"祖国的孩子们"需要被保护，即使是一棵小草，也是祖国妈妈的孩子，需要我们去爱护，所以利用拟人的方式，引导学前儿童产生移情，用自己小小的力量去保护祖国妈妈。活动《不能做！》：学前儿童是社会中的个体，需要了解在祖国的怀抱下，有什么是可以做的，有什么是不可以做的。该活动通过对具体的社会规则的学习，培养学前儿童初步的社会规则意识，感受讲秩序的满足感，理解维护秩序的意义和价值。

教学活动设计案例：中班社会领域活动《飘扬的五星红旗》

【学前儿童学习与发展特点】

幼儿在幼儿园的集体生活中，他们与成人、同伴的交往使他们道德感指向的事物或对象不断增多，范围不断扩大，由近及远，由较直接到较间接，由具体、个别的行为到一些比较概括、比较抽象的行为规则和道德准则，道德情感也不断丰富起来。由于幼儿道德感指向的事物的变化，特别是事物性质的变化，使幼儿情感逐渐由比较肤浅、不稳定发展到深入和稳定。

【设计来源】

爱国主义教育是人生的必修课，更是校园、课堂不可或缺的重要内容。爱国主义教育应从幼儿阶段抓起，成为幼儿教育的主旋律，对幼儿来说，不但要爱幼儿园、家乡、伟大的祖国，也要爱祖国的一切。中华人民共和国国旗是五星红旗，是中华人民共和国的象征和标志，标志着一个幸福、强大、奋发向前的中国。引导幼儿认识自己祖国的国旗，知道它的意义，在幼小的心灵里埋上爱国的种子，对他们进行爱国主义教育。激发幼儿从小发奋图强，努力学习，为祖国的未来而奋斗。

【活动目标】

1. 知道五星红旗是中华人民共和国的象征和标志。

2. 升国旗时能保持正确的姿势，能持注目礼。

3. 能感受到升国旗时的庄严氛围，初步产生对国旗的敬重之情。

【活动准备】

物质准备：《义勇军进行曲》《五星红旗迎风飘扬》音频、天安门升旗仪式视频、手工材料若干。

【活动过程】

1. 歌曲导入，引出主题。

（1）教师播放《义勇军进行曲》《五星红旗迎风飘扬》音频，手里挥舞着五星红旗。

（2）播完歌曲后，教师向幼儿提问："歌曲里唱的是什么在飘扬？"（五星红旗）

（3）教师提供几面不同国家的国旗，请幼儿尝试选出"五星红旗"。

2. 教师介绍五星红旗的知识，引导幼儿了解国旗的内涵。

（1）教师出示五星红旗的图片，并提问幼儿。

① "五星红旗是什么形状的？"

② "五星红旗是什么颜色？"

③ "五星红旗上面有什么？"

④ "每一颗五角星都一样大小吗？"

⑤ "这五颗五角星是怎么排在一起的？"

（2）幼儿认真观察，根据教师的提问逐一回答。

（3）教师小结：五星红旗是长方形，旗面为红色，旗面左上方缀黄色五角星五颗。一星较大，居左；四星较小，环拱于大星之右。四颗小五角星各有一尖正对着大星的中心点，表示围绕着一个中心而团结。

3．教师播放视频，帮助幼儿理解国旗的象征意义。

（1）教师播放天安门升国旗仪式的视频，并要求幼儿站立观看，不能嬉戏。

（2）教师提问，幼儿认真观察视频：

① "军人叔叔们在干什么？"（升国旗）

② "国旗是什么样子的？"（和刚刚认识的五星红旗一样）

（3）教师小结：五星红旗是中国的国旗，是中国的标志和象征，是我们每一名中华儿女精神和信念的最高寄托。看到迎风飘扬的国旗，我们就要想到现在的幸福生活来之不易，是那些英勇革命战士用鲜血和生命换来的。

4．教师结合幼儿已有经验，引导幼儿进一步了解国旗。

（1）教师提问幼儿，并根据幼儿的回答提供相对应的图片。

（2）"你在哪里见过国旗？"（幼儿园的旗杆上……）

5．幼儿作画，强化对五星红旗的认识。

（1）教师提供各种颜色彩笔，幼儿进行正确的选择。（指导幼儿选择红色、黄色来画）

（2）教师可以提供国旗的图片、实物供幼儿参考，幼儿进行作画。

（3）教师针对幼儿画的内容及时指导，对错误的内容进行纠正。

6．幼儿举着自己画的国旗，感受升国旗仪式的庄严。

（1）教师再一次播放天安门升国旗仪式的视频，幼儿站立，行注目礼。

（2）教师再次提醒观看时的要求。

【活动延伸】

1．幼儿可到手工区剪贴五星红旗，进一步了解五星红旗的外观特征。

2. 利用阅读区、媒体资源，感受五星红旗出现的场景，如革命战士震撼人心的英勇事迹。

【活动反思】

幼儿学习的内容来源于生活中观察到的事物，而中国国旗作为中华民族的标志，应该被幼儿所认识，并能产生敬重之情。孩子们比较感兴趣，都愿意积极参与到活动中去，收到了预期的效果。教师应引导幼儿认真观察身边的五星红旗，并提出毁坏、踩踏国旗的行为是不正确的，逐渐培养幼儿的爱国情怀。幼儿观察能力是智力发展的重要内容，幼儿认知过程依赖教师对幼儿的悉心指导，教师要帮助幼儿学习观察身边事物的意识和能力，注重能力较弱的孩子发展的特殊需求。

（十）"敬业"主题教学活动之"多变的职业"

"敬业"，是一个道德的范畴，是一个人对自己所从事的工作负责或不负责的态度。敬业就是人们在某项工作当中，严格遵守职业道德的工作态度。具体来说，敬业就是在职业活动领域，树立主人翁责任感、事业心，追求崇高的职业理想；认真踏实、恪尽职守、精益求精的工作态度。因此，在该主题活动中，侧重引导学前儿童感受社会不同的职业特征、工作职责，从而萌发对这些职业的认同感、尊重以及逐步形成坚守、奉献的道德感。

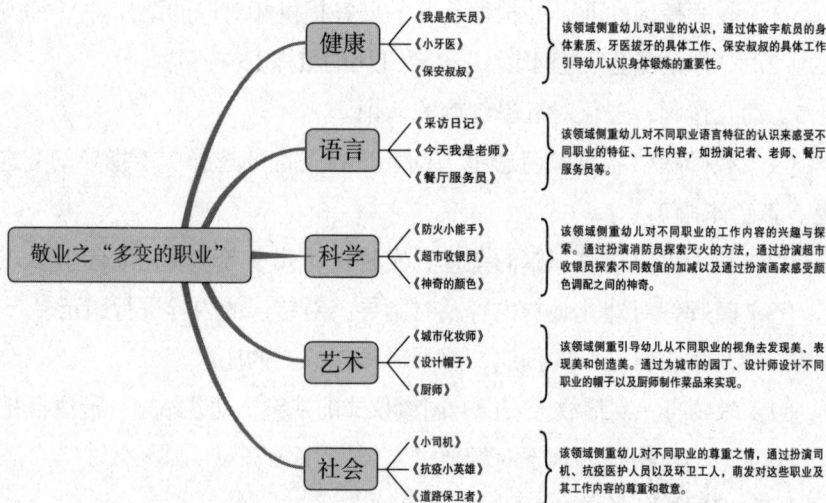

图16　社会主义核心价值观之"敬业"主题活动网络图

健康领域设计有《我是航天员》《小牙医》《保安叔叔》等活动。活动《我是航天员》：教师以学前儿童对航天的兴趣为切入点，激发学前儿童对航天员职业的探索欲望，在活动中逐步了解航天员的工作、生活，在扮演航天员的过程中锻炼自己的身体素质。活动《小牙医》：学前儿童爱吃糖、不爱刷牙，在该活动中，学前儿童进行角色扮演，教师引导学前儿童发现爱护牙齿、保护牙齿的方法。活动《保安叔叔》：保安这个职业角色常常出现学前儿童的生活中，活动中创设情境，引导学前儿童意识到保安应具有强健的体质，从而萌发对保安的尊重，在扮演该角色时体验到身体活动带来的满足感。

语言领域设计有《采访日记》《今天我是老师》《餐厅服务员》等活动。活动《采访日记》：该活动以小记者的角色导入活动，除了感知小记者的语言特征外，在采访家庭成员、幼儿园工作人员过程中逐步了解职业的多样性，在记录中逐渐积累对社会角色的认识。活动《今天我是老师》：幼儿园中的师幼关系很重要，该活动的目的是通过师幼角色的互换，让学前儿童了解教师的工作内容，尝试模仿教师的语言给"教师"小朋友"上课"，从而萌发对教师职业的尊重，以及在以后的生活中形成良好的行为习惯，帮助教师、帮助同伴。活动《餐厅服务员》：餐厅服务员也有自己的语言特征，学前儿童在教师创设的餐厅用餐的情境中，扮演服务员的学前儿童要尝试用餐厅服务员的语言风格来进行活动，在点餐的过程中，逐步了解餐厅工作人员的工作内容。

科学领域设计有《防火小能手》《超市收银员》《神奇的颜色》等活动。活动《防火小能手》：学前儿童应该学会简单的防火小技巧，教师设计了消防员的角色，在学前儿童感兴趣的模仿中逐步了解简单的防火方法，提升自我保护能力。活动《超市收银员》：教师设计超市购物结账的情境，学前儿童尝试给"顾客"结账，在认识收银员工作任务、职责的同时感受商品数量、价钱的关系。活动《神奇的颜色》：该活动对职业的认识是从画家的角度出发的，学前儿童扮演画家，在教师的指导下发现不同颜色混合后变成其他颜色的神秘，激发学前儿童绘画的兴趣。

艺术领域设计有《城市化妆师》《设计帽子》《厨师》等活动。活动

《城市化妆师》：该活动以园丁为切入点，利用各种修剪过的植物造型激发学前儿童参与活动的兴趣，再引出城市的美丽是由专门的"化妆师"——园丁来设计的。学前儿童在扮演园丁的过程中尝试给植物修剪造型，感受来自不同职业角色的独特性。活动《设计帽子》：艺术领域强调学前儿童表现美、创造美的目标，该活动让学前儿童扮演设计师，在基于对不同职业服饰的观察后为不同职业的工作人员设计帽子，培养学前儿童动手操作的能力。活动《厨师》：学前儿童喜欢玩结构材料，该活动以厨师的身份为切入点，为聚餐准备丰盛的晚餐，"小厨师"们利用面粉进行创作，感受该角色的职业特征，萌发愿意帮助父母做菜的情感。

社会领域设计有《小司机》《抗疫小英雄》《道路保卫者》等活动。活动《小司机》：学前儿童年龄小，但是对成人生活具有好奇、模仿的心理，因此，学前儿童通过扮演司机师傅，在教师的活动设计下，逐步认识自己应该遵守交通规则，学会区分左右、前后，感受快慢。活动《抗疫小英雄》：该活动的目标是让学前儿童认识到，面对生死攸关的时刻，是无数的"英雄"走在我们的前面，他们不怕牺牲、不怕危险，去拯救危在旦夕的人们。教师利用图片、视频让学前儿童直观地感受，激发学前儿童的崇敬之情。活动《道路保卫者》：教师利用图片对比，引导学前儿童发现道路洁净是有人在黑夜里默默地付出与守候，引出角色的主体"环卫工人"。学前儿童在了解环卫工人日常工作的内容、时间后，扮演环卫工人去打扫幼儿园的角角落落，感受该角色工作的辛苦。教师最后引导学前儿童讨论"怎样才能减少环卫工人的工作量"，引导学前儿童得出"爱护环境、不乱扔垃圾"的结论。

教学活动设计案例：大班社会领域活动《小小活动室管理员》

【学前儿童学习与发展特点】

大班幼儿对于新事物充满好奇心，他们会不断尝试和探索，直到解决问题或者满足好奇心为止。幼儿开始展现出自己独立的个性和意愿，他们会坚持自己的想法和做法，表达自己的想法和需求。他们会努力尝试克服困难，直到达成目标。幼儿对于自己感兴趣的事物会表现出较高的专注力，他们会长时间地投入某项活动中。幼儿会在一定程度上表现出执行力，他们会尽力完成自己的任务和责任。

【设计来源】

中华民族历来有"敬业乐群""忠于职守"的传统，敬业是中国人民的传统美德。敬业精神是一种基于热爱基础上的对事业全身心忘我投入的精神境界，其本质就是奉献的精神。通过角色扮演幼儿园活动室管理员，让幼儿体验管理者的责任和重要性，培养他们的责任感和尊重他人工作的意识。引导幼儿在角色扮演游戏中学会合作、协商和有效沟通，培养他们的协作能力。通过模拟管理者的角色，让孩子们学会整理活动室、清理玩具并合理安排活动用具，培养他们的管理能力和自理能力。在角色扮演游戏中，孩子们可以学会与他人合作、分享和尊重他人，增进他们的社交技能。

【活动目标】

1. 了解和尊重社会中的各种职业，进一步增进对管理者角色的认知和理解。

2. 在游戏中逐渐提升责任感，体验管理员职业的不易。

3. 在游戏中能尝试整理和管理物品。

【活动准备】

1. 物质准备：相关形象道具，如小制服、小帽子、小胸牌等，确保有足够的玩具和活动用具，以便幼儿进行模拟活动室管理员的角色扮演。

2. 经验准备：对幼儿园活动室管理员的工作内容有大致的了解。

【活动过程】

1. 谈话导入，调动幼儿已有经验。

（1）教师提问幼儿日常教师在活动室里都做些什么工作。

（2）幼儿根据日常的观察和了解，说出自己的看法。

（3）教师向幼儿简单介绍自己的工作内容和责任，让幼儿对教师活动室管理员这个职业有初步的认识。

①玩具的整理及人员分工安排。

②日常物品的摆放及人员分工安排。

③活动室卫生整洁及值日安排等。

2. 教师鼓励幼儿扮演管理员角色，增进对角色的认知和理解。

（1）师幼共同讨论每日活动室管理员的日常工作内容和责任，并以图画的方式记录下来。

（2）教师引导幼儿讨论每项工作内容的基本要求，如整理活动室、清点玩具等。

（3）教师协助幼儿进行分组，轮流做管理员。

（4）教师协助确定评优的方法，如获取小红花的数量等。

3. 教师创设管理活动室的情境游戏，让幼儿的管理工作变得丰富。

（1）教师创设情境，如玩具摆放不正确，活动室角落有积水等。

（2）教师和幼儿一起讨论活动室管理员的工作内容和责任，激发幼儿对管理者角色的认识和理解。

4. 活动评价

（1）教师肯定幼儿们的工作积极性，并对部分幼儿坚守岗位、认真勤奋进行表扬。

（2）请幼儿说说自己的工作感受，说一说工作中的困难，体会该工作的不容易。

5. 活动总结

教师对幼儿进行肯定和鼓励，让他们感受到管理者的重要性，并提醒他们要在日常生活中承担自己的责任，并尊重他人的工作。

【活动延伸】

教师可以在日常活动中穿插扮演活动室管理员的元素，让幼儿在游戏中继续体验管理者的责任感，并与其他幼儿一起合作管理活动室的物品和玩具。

【活动反思】

活动设计围绕着培养幼儿责任感、协作能力、管理能力和社交技能展开。这样的活动设计让幼儿通过扮演活动室管理员的方式，体验管理者的责任和重要性。通过这个活动，幼儿也能学会整理活动室、清理玩具，并懂得有效沟通和合作。这样的活动让幼儿在游戏中学习社交技能和尊重他人，促进他们的成长和发展。在活动中，我们还观察到幼儿的责任感和自理能力得到了培养和提高。这个活动体现了幼儿园教育的特点，让幼儿在玩耍中学习，通过生活化的角色扮演活动，培养更多的品质和技能。

图17　幼儿承担本班菜食分发工作（来源于贵阳市观山湖第二幼儿园）

（十一）"诚信"主题教学活动之"诚信好孩子"

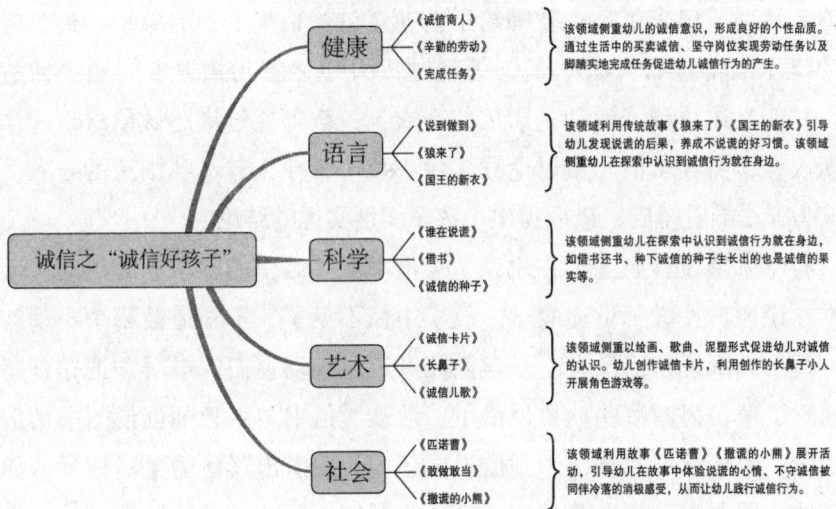

图18　社会主义核心价值观之"诚信"主题活动网络图

"诚信"，即诚实守信，是中华民族千百年传承下来的道德传统，也是社会主义道德建设的重点内容，它强调诚实劳动、信守承诺、诚恳待人。诚实劳动要求人们在工作中，不投机取巧、偷奸耍滑，在自己的工作岗位上恪尽职守、辛勤劳动，实现自己的价值。信守承诺要求人们在生活中遵守诺言和契约，反对违背诺言的行为。诚恳待人要求人们在社会交往中真诚，反对虚伪和欺骗。因此，该研究以"诚信好孩子"为主题，通过故事法、游戏法等展开五大领域活动。

健康领域设计有《诚信商人》《辛勤的劳动》《完成任务》等活动。活动《诚信商人》：该活动引导学前儿童从商人的视角发现问题，商人卖过期的、变质的食物给顾客，顾客会吃坏肚子、会生病，因此，不能做违背诚信的事。活动《辛勤的劳动》：教师创设任务情境，引导学前儿童坚持完成任务，完成任务的过程不能投机取巧，一定要脚踏实地。活动《完成任务》：教师创设任务情境，设计多重困难与障碍，学前儿童需要完成该任务。该活动的目标是引导学前儿童坚持完成任务，不轻易放弃。

语言领域设计有《说到做到》《狼来了》《国王的新衣》等活动。活动《说到做到》：教师引导学前儿童编写儿歌"我说，我做"，歌词来源于家庭、幼儿园、社会中的各种小事，在朗朗上口的儿歌中感受诚信的价值。活动《狼来了》：教师给学前儿童讲《狼来了》的故事，通过提问"故事里的羊是否被狼吃了"等问题，引导学前儿童思考问题、回答问题，并能复述故事。活动《国王的新衣》：教师通过讲述诚信故事《国王的新衣》，引导学前儿童讨论故事中小孩子为什么看不到国王的新衣，其他人为什么能看得到，最后得出小孩子实话实说的结论。

科学领域设计有《谁在说谎》《借书》《诚信的种子》等活动。活动《谁在说谎》：教师讲述故事，故事中糖不见了，不知道被哪个小动物吃了，每个人都说自己没有吃，学前儿童通过小动物们的申辩和证据判断是谁偷吃了糖，揭露哪些动物说谎了。活动《借书》：教师创设图书馆借书的情境，引导学前儿童认识到借书要还，从而引出其他的生活情景，如借了其他小朋友的玩具也要遵守诺言还给同伴。活动《诚信的种子》：学前儿童喜欢探索，教师鼓励学前儿童大胆探索，把普通的种子埋在土里，学前儿童负责照顾种子直至发芽，教师鼓励学前儿童耐心、细心、踏实地给种子浇水、晒太阳等。

艺术领域设计有《诚信卡片》《长鼻子》《诚信儿歌》等活动。活动《诚信卡片》：教师引导学前儿童制作卡片，设计"诚信墙"，把自己和同伴的诚信行为和承诺进行记录，强化学前儿童的诚信行为。活动《长鼻子》：基于对《匹诺曹》故事的认识，学前儿童利用橡皮泥、泥巴等结构材料创作"长鼻子"小人，学前儿童在创作的过程中不断牢记《匹诺曹》故事的主题。活动《诚信儿歌》：学前儿童喜欢儿歌，儿歌有韵律、节奏，朗朗上口，教师利用诚信童谣展开活动，突出诚信主题。

社会领域设计有《匹诺曹》《敢做敢当》《撒谎的小熊》等活动。活动《匹诺曹》：这是一个关于诚信的故事，学前儿童爱听故事，容易在故事中产生移情，因此，该活动利用故事中的说谎角色，使学前儿童感同身受。活动《敢做敢当》：学前儿童常常因为做错事怕被惩罚就会把责任推给别的小伙伴，通过该活动，引导学前儿童形成敢做敢当的良好品质。活动《撒谎的小熊》：小熊经常撒谎，其他的小动物都不喜欢它，都不愿意和它做朋友，教师引导学前儿童分析小动物不愿意和小熊做朋友的原因。

教学活动设计案例：大班语言领域活动《国王的牡丹花》

【学前儿童学习与发展特点】

大部分时候幼儿不愿意说实话是因为不想承担太多的责任，倘若说实话父母肯定会责怪自己，因为害怕受到责骂或批评而逃避说实话带来的后果。其实这样的想法和心态也和父母的教育方法有很大的关系。父母是孩子最好的榜样。如果父母习惯于承诺孩子却又不实现自己的诺言，这样会让孩子逐渐对父母失望，认为父母说话可以不算数，那自己也可以，于是认为撒谎是一件无所谓的小事，从而逐渐失去了诚实守信的品质。

【设计来源】

核心价值观，承载着一个民族、一个国家的精神追求，体现着一个社会评判是非曲直的价值标准。诚信是个人层面的社会主义核心价值之一。个人诚信的基础，是要从小培养诚实守信的行为。"言行一致""身体力行"，以老老实实的态度来履行道德规范的要求。《幼儿园工作规程》指出，将诚实作为培养幼儿良好的品德行为和习惯的任务之一，根据孩子的年龄特点，我们将培养诚信定位在呵护孩子的诚信，使孩子了解什么是诚信，不说谎，勇于承认错误，培养孩子一定的自控能力，从而不受干扰，做个诚实的孩子。

【活动目标】

1．知道故事中小男孩诚实守信的良好品质。

2．愿意与同伴愉快地讨论问题。

3．能在理解故事内容的基础上续编故事情节。

【活动准备】

1．物质准备：PPT课件。

2．经验准备：知道煮熟的种子不会发芽。

【活动过程】

1．提问导入，引起幼儿对故事的兴趣。

（1）教师讲述故事前段并提问，引发幼儿思考：

在很久以前，有一个很漂亮的国家，国王把国家治理得很好。但是，国王没有孩子，所以国王决定要从民间挑选一个王子，小朋友们猜猜国王会挑选一个什么样的小朋友做王子呢？

（2）幼儿积极讨论。

2．播放PPT课件，继续讲述故事，引导幼儿大胆表达自己的观点。

（1）教师继续讲述故事中段，幼儿倾听并思考。

国王给候选者每人一颗牡丹花种，看谁种的花最漂亮、花朵最多。到了评比的时候，几乎所有的小孩都捧着鲜艳漂亮的牡丹花相互争奇斗艳，只有一个小男孩捧着一个空花盆伤心落泪，他没有种出花来。但是，恰恰他被选中了。

（2）教师提问：

"别人种出花来了吗？"

"小男孩种出花来了吗？"

（3）教师："小男孩没有种出花朵，但是他为什么会被国王选中呢？"

（4）幼儿自由讨论，并积极回答。

（5）教师给出答案：因为国王给大家的种子都是煮熟了的。

3．师幼共同讨论故事的情节，引导幼儿认识到诚信的重要性。

（1）教师：

"煮熟的种子能种出花吗？"（不能）

"为什么国王要给大家一颗煮熟了的种子呢？"

"为什么国王要选中没种出花的小男孩呢？"

（2）教师小结："国王想要选一位有诚信的王子，它用一颗煮熟的种子来试验继任者的品质，只有小男孩真实告知国王自己种不出来花，其他人为了被选中，撒谎自己种出了美丽的花朵。这个故事告诉我们，要做一位讲诚信的好孩子。"

4. 幼儿续编故事，进一步认识诚信的内涵。

（1）教师："国王选到了王子，后来这个被选到的王子会怎样治理国家呢？"

（2）教师："这个国家又变成了什么样子？"

（3）教师小结："这个小男孩成了优秀的王子，并且在国王去世后，凭着诚实守信的品质和能力把国家治理得很好。"

【活动延伸】

回家后和父母分享《国王的牡丹花》故事，并告诉父母国王这样选择的原因。

【活动反思】

活动中注重幼儿的接受能力和反映情况，适时地调整教学方法和手段。此外，要加强与幼儿之间的互动，保证他们全过程都能有效地参与；通过提问，提醒幼儿集中精神倾听，吸引幼儿的注意力。模仿是幼儿学习的方式之一，教师可通过赞扬正确的行为促使幼儿实现替代强化，学习模仿他人做正确的行为。

（十二）"友善"主题教学活动之"友善乖宝宝"

"友善"，即与人为善，要求人们善待亲友、他人、社会、自然。善待亲人以建立和谐的家庭关系，善待朋友以凝结牢固的友谊，善待他人以构建和谐的人际关系，善待自然以形成和谐的自然生态。友善是公民优秀的个人品质，是构建和谐人际关系和社会关系的道德纽带，更是维护健康良好社会秩序的伦理基础。因此，该主题以友善对待自然、对待小动物、对待劳动成果、对待老师和同伴等为切入点开展五大领域活动。

健康领域设计有《最美的微笑》《受伤的小猫》《辛苦的农民伯伯》

等活动。活动《最美的微笑》：学前儿童的行为是心理的外化表现，该活动通过引导学前儿童用正确的表情表达自己的感受以及理解别人的表情所表达的感受，发现微笑可以让自己和他人心情愉快，从而愿意微笑，微笑待人。活动《受伤的小猫》：教师创设小猫受伤的情境，学前儿童需要通过重重关卡才能送小猫去看病。学前儿童在坚持、合作中成功把小猫送到医院，治好了小猫，学前儿童产生强大的满足感、成就感，激发了学前儿童对小动物的喜爱、关心之情。活动《辛苦的农民伯伯》：教师通过图片、视频以及故事导出主题，引导学前儿童发现自己经常浪费的食物是农民伯伯辛苦种出来的粮食，然后在实践操作中体验劳作的辛苦，萌发对劳动果实的珍惜，对劳动的尊重之情。

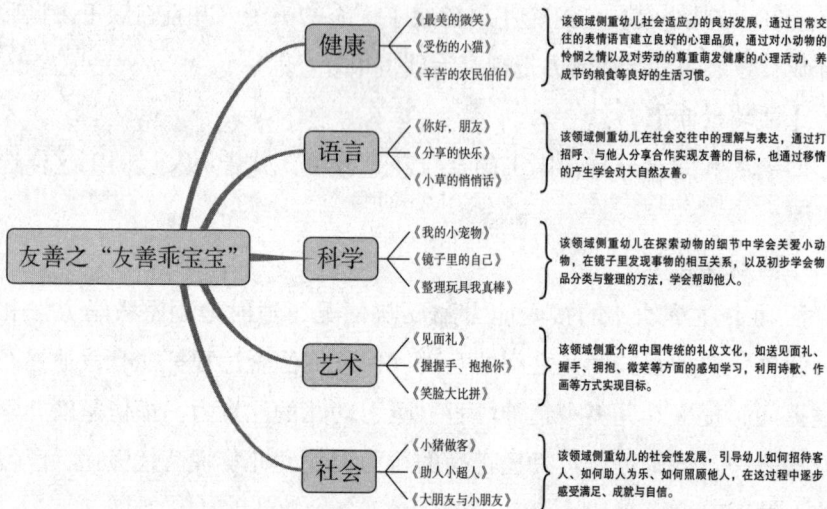

图19　社会主义核心价值观之"友善"主题活动网络图

语言领域设计有《你好，朋友》《分享的快乐》《小草的悄悄话》等活动。活动《你好，朋友》：友善的对象包括同伴、长辈、陌生人，因此该活动通过不同的语言场景设计，教给学前儿童友善的人际交往技巧，学会打招呼、学会感谢、学会分享等。活动《分享的快乐》：学前儿童有与同伴交往的内在需要，但是往往缺乏交往的技巧而容易产生各种冲突。因此该活动利用"分享"这一技巧引导学前儿童提升交往技能，在分享玩具的过程中体验良好同伴关系带来的快乐感受。活动《小草的悄悄话》：该活动侧重对自然界的友善，利用小草的"心里话"，引导学前儿童产生移情，从而发现小草也是生命，不能随意踩踏。

科学领域设计有《我的小宠物》《镜子里的自己》《整理玩具我真棒》等活动。活动《我的小宠物》：该活动主要是通过学前儿童对小宠物的喜爱而学会照顾宠物的方法与应该注意的问题，如小狗不能吃巧克力等。在学习照顾动物的方法中不断萌发对动物的喜爱之情。活动《镜子里的自己》：学前儿童在教师指导下了解镜子成像，即自己做什么，镜子里的"人"就会对自己做什么。学前儿童对镜子里的自己微笑，镜子里的"自己"也会对自己微笑，反之，镜子里的"自己"会对自己生气。教师通过设计学前儿童面对面玩镜子的游戏，引导学前儿童感受自己对别人友善，别人才会对自己友善。最后在讨论中引导学前儿童发现生活中自己对别人的态度和别人对自己不同态度的原因。活动《整理玩具我真棒》：日常活动结束后，学前儿童会在教师的指导下收拾玩具，但是学前儿童未必发现整理玩具所体现的情感关系。该活动强调帮助教师、帮助同伴整理玩具，是一种好的行为，是对别人友善的行为，要主动帮助他人，在帮助他人的同时自己会体验到快乐。

艺术领域设计有《见面礼》《握握手、抱抱你》《笑脸大比拼》等活动。活动《见面礼》：该活动利用去别人家做客的情境，引导学前儿童为主人家设计一个小礼物，学前儿童利用教师准备好的材料进行自由创作，引导学前儿童感受"礼物虽轻，情谊深重"的情感。活动《握握手、抱抱你》：教师和学前儿童共同创编握手和拥抱的儿歌，在理解儿歌歌词的基础上，配合握手、拥抱的动作，引导学前儿童感受来自肢体语言的温暖与友善。活动《笑脸大比拼》：学前儿童收集同伴、家长、教师或者陌生人的笑脸（照片或画），看看哪位小朋友收集的笑脸多，鼓励学前儿童大胆说出这些笑脸背后的故事。该活动的目标是让学前儿童在尝试搜集笑脸的过程中主动发现别人的友善，感受别人的快乐。

社会领域设计有《小猪做客》《助人小超人》《大朋友与小朋友》等活动。活动《小猪做客》：教师创设有朋友来家里做客的场景，教学前儿童如何去招待这位小客人，在语言的模仿、动作的再现中逐步形成礼貌待人的好习惯。活动《助人小超人》：学前儿童都梦想成为超人去帮助他人，但是又深知自己并不是超人。学前儿童在想拯救他人和现实能力之间找不到契合点。于是教师设计了该活动，引导学前儿童发现，帮助他人的内容很多，有时候就是举手之劳的小事情，帮助学前儿童建立良好的认知。活动《大朋友与小朋友》：学前儿童渴望长大，在小朋友中总想充当领导者。该活动利用学前儿童的这种心理，让他们和其他年龄段的小朋友相互交往，在大朋友的角色里主动、积极地帮助小朋友，帮助教师照顾小朋友，从而培养他们的友善品格。

教学活动设计案例：大班健康领域活动《好好相处》

【学前儿童学习与发展特点】

大班幼儿开始表现出更强的社交能力，能够主动与他人合作、分享和互动。他们愿意和其他孩子一起玩耍，建立起友好的关系，可以通过语言和肢体表达自己的需求和意愿。他们开始学会通过寻求帮助、交流沟通、寻找方法解决冲突。他们能够更好地处理与同伴之间的矛盾和争执，学会倾听他人意见，提出自己的观点，实现相互理解与和谐。

【设计来源】

社会主义核心价值观的个人层面——友善，是中华民族的优良传统，是公民基本道德规范之一。《幼儿园教育指导纲要（试行）》中说道，幼儿要学习互助、合作和分享，有同情心。引导幼儿亲近社会，亲近自然，爱护动植物，保护环境。因此，通过孩子现年龄阶段的心理特点，逐步引导幼儿学会互帮互助、合作分享，关心爱护周围事物，从而培养幼儿友善的行为和积极的道德情感。

【活动目标】

1. 知道友善是一种什么行为，学会用正确的方式与人相处。

2. 能使用正确的方式发泄负面情绪，不会让负面情绪影响他人。

3. 感受正确表达情绪带来的积极效果，愿意与他人友好相处。

【活动准备】

1. 物质准备：情绪表情卡片、课件、绘本等。

2. 经验准备：知道什么是负面情绪。

【活动过程】

1．教师出示情绪表情卡，引出主题。

（1）教师："小朋友们，今天老师带来了几位'情绪小朋友'和大家认识一下。"

（2）教师依次出示卡片，引导幼儿观察和识别。

"你们都认识这是什么表情吗？""遇到什么样的事情时会产生这样的表情？"

（3）幼儿自由回答并分享。

（4）教师小结："这些表情有哭、笑、伤心、愤怒……"

2．结合幼儿已有经验，探讨愤怒时会做些什么事情以及可能造成的后果。

（1）教师提问幼儿："你们愤怒的时候会做什么？"（吼叫、摔东西）

（2）教师出示图片，介绍图片中小熊愤怒伤人的故事。

故事主要内容："这天，小熊它很生气很愤怒，因为，它储存了很久的蜂蜜丢了，找了好久也没找到。在去上学的路上，它越想越生气，就踢打旁边的植物和物品，把别人家路口的信箱、花盆都踢碎了。到了幼儿园，小狗和它说话，它不管小狗说了什么就生气地打了小狗一拳，小狗摔在了地上……"

（3）教师提问幼儿："小熊这样做，对不对？""那些植物、信箱、花盆，还有小狗可怜吗？""小熊很愤怒，一直憋在心里行不行呢？"

（4）教师继续讲故事："其他的小动物见到这个情况纷纷指责小熊。他们认为，大家要友好地相处，小熊欺负别人，是不对的。于是都不理小熊了。小熊也知道自己错了，跑回家，自己憋着，很快就生病了。"

（5）教师小结："我们生气愤怒时做的行为可能会对别人造成伤害，这种伤害也会影响到我们。如果不好的情绪一直憋在心里，我们会生病的。我们一起做个小实验，看看憋久了会怎么样。"

3．带领幼儿玩愤怒的气球游戏，让幼儿感受积压不良情绪可能导致的不良结果。

（1）教师分发气球和胶带，交代注意事项。

①小朋友们要把充好气的气球粘在桌面上。

②扎破气球的时候要注意安全，不要扎到其他小朋友。

③跟随老师说的愤怒程度充气。

（2）幼儿进行游戏，并分享感受情绪"爆炸"的危害。

①教师讲述不同的场景，幼儿根据场景愤怒的程度给气球加气。

②教师："小朋友们都有什么感受呀？""不发泄情绪会导致什么事情呢？"（幼儿自由发言）

③教师小结："当我们有愤怒、伤心等情绪时，如果我们不发泄，堆积在心里，愤怒情绪的程度就会越来越高，最后就会像气球一样爆炸，伤到自己和别人。"

4. 幼儿表达自己发泄情绪的方法，体验快乐情绪。

（1）教师引导幼儿分享自己的经历，说说自己是如何宣泄自己的负面情绪的。

①"你们平时是怎样发泄不良情绪呢？"

②"你们发泄后有什么感觉呢？"（幼儿自由回答）

（2）教师小结："看电视、敲打东西、哭等，发泄后感觉很快乐很舒畅。但是，小朋友们一些宣泄负面情绪的办法可能会伤害到自己，或者伤害别人。我们应该要选择一些合适的方式来宣泄。让我们一起去看看有哪些表达和发泄不良情绪的正确方法吧。"

5. "我是情绪小卫士"讨论，幼儿掌握友善相处的方法。

（1）教师提供多种宣泄负面情绪的办法（好办法和不好的办法）。

（2）幼儿一起讨论方法合适还是不合适，原因是什么，思考更多的办法。

（3）教师总结："大家要友好地相处，对别人友善，别人才会对我们友善。人和人才能和谐相处，在一起友好地玩耍。如果我们把自己的不良情绪带给别人，就会伤害自己和别人，损人不利己。"

【活动延伸】

1. 幼儿可以和其他幼儿继续讨论如何才能和别人友好地相处，哪些行为是不好的。

2. 幼儿阅读绘本内容《小乌龟上幼儿园》，进一步感受友善的力量。

【活动反思】

教师提供了一些合作和分享的活动，以促进幼儿与其他孩子之间的合作并增进友谊。在活动中，教师观察到了幼儿之间的交流和互动，帮助这些孩子更好地融入集体活动，并与同伴建立良好的关系。教师应引导幼儿学会与他人合作和分享，给予幼儿鼓励和正面反馈，帮助他们建立合作意识和互助精神；同时，为幼儿创造一个友好的环境，让他们愿意与他人互动和共享。在活动中，教师应和家长积极沟通，共同关注幼儿的社交发展，帮助幼儿与同伴建立良好的关系，帮助幼儿学会友善相处，培养他们的社交技能和创造力。让他们在艺术领域中享受合作、分享和交流的乐趣。

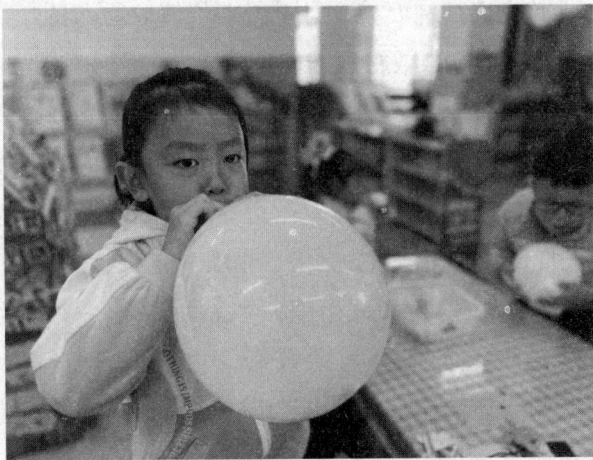

图20 幼儿吹气球（来源于贵阳市观山湖第二幼儿园）

第二节 幼儿园劳动教育主题活动设计

《中共中央 国务院关于全面加强新时代大中小学劳动教育的意见》指出，要把劳动教育纳入人才培养的全过程，贯通大中小学各学段，贯穿家庭、学校、社会各方面，与德育、智育、体育、美育相融合，紧密结合经济社会发展变化和学生生活实际，积极探索具有中国特色的劳动教育模式，创新体制机制，注重教育实效，实现知行合一，促进学生形成正确的世界观、人生观、价值观。因此，学前教育作为人才培养的基础教育阶段，自然需要发挥其基础作用，为人才培养奠定良好的基础。

一、幼儿园劳动教育主题活动设计的背景

2020年3月发布的《中共中央 国务院关于全面加强新时代大中小学劳动教育的意见》指出，中国特色社会主义教育制度的一个重要内容就是劳动教育，充分指出要通过劳动教育帮助和引导学生树立正确的劳动观，崇尚劳动，在劳动意识的培养下逐步建立尊重劳动成果和劳动人民的感情，培养学生成为具有良好精神面貌、科学劳动价值取向和良好劳动技能的社会主义建设者和接班人，报效祖国，投身于社会主义的建设。2020年7月印发的《大中小学劳动教育指导纲要（试行）》重点回答和解释了什么是劳动教育、怎么教、教什么等问题。在具体的劳动教育内容上提出了有关要求，提出对各阶段劳动教育要加强专业指导。劳动教育强调劳动观念的建立，树立中国优良传统文化，弘扬勤俭、奉献、劳动最美等劳动精神。

我国著名的教育家陶行知先生强调"教学做合一"的教育思想，认为劳动教育贯穿各种教育实践中。习近平总书记在全国教育大会上指出："要在学生中弘扬劳动精神，教育引导学生崇尚劳动、尊重劳动，懂得劳动最光荣、劳动最崇高、劳动最伟大、劳动最美丽的道理，长大后能够辛勤劳动、诚实劳动、创造性劳动。"习近平总书记强调了劳动教育的重要性，也为劳动教育的开展奠定了基础。冯颜利认为，劳动教育是对人们尤其是对学生进行热爱劳动和劳动人民的教育，珍惜劳动成果，树立正确的劳动态度，通过日常生活培养劳动习惯和技能的教育活动，有助于人们实现个性及能力的全面发展，有助于人们树立正确的理想信仰。杜作润教授认为，劳动和自然界一起，是一切财富的源泉，是人类生存的基本条件，劳动创造了人类本身，肯定了劳动价值。王秀玲认为，劳动教育既是教育系统不可缺少的部分，又是跨接社会大系统与教育系统最直接的节点。劳

动教育促动教育目标的实现，也发挥了社会目标实现所要求的教育功能。

二、幼儿园劳动教育主题活动设计的意义

为深入贯彻习近平总书记关于教育的重要论述，全面贯彻党的教育方针，落实《中共中央　国务院关于全面加强新时代大中小学劳动教育的意见》，加快构建德智体美劳全面培养的教育体系，本书坚持立德树人，坚持培育和践行社会主义核心价值观，把劳动教育纳入人才培养全过程。

劳动教育是国民教育体系的重要内容，是人成长的必要途径，具有树德、增智、强体、育美的综合育人价值。实施劳动教育重点是在系统的文化知识学习之外，有目的、有计划地组织学生参加日常生活劳动、生产劳动和服务性劳动，让学生动手实践、出力流汗，接受锻炼、磨炼意志，培养学生正确劳动价值观和良好劳动品质。学前教育是国民教育的基础阶段，幼儿的知情意行等良好个性心理品质、行为习惯等都是在此阶段形成的。通过劳动教育，幼儿能够理解劳动最光荣、劳动最崇高、劳动最伟大、劳动最美丽的观念；体会劳动创造美好生活；认识到劳动不分贵贱，热爱劳动，尊重普通劳动者，培养勤俭、奋斗、创新、奉献的劳动精神；具备满足生存发展需要的基本劳动能力，形成良好劳动习惯等。

三、幼儿园劳动教育主题活动设计方案

根据教育部《大中小学劳动教育指导纲要（试行）》等相关文件精神的具体内容和要求，在幼儿园主题活动课程的基础上，将劳动教育纳入到幼儿园一日生活当中，有目的、有组织、有计划地组织学前儿童参加日常生活劳动，进行简单的生产劳动和服务性劳动，促使学前儿童形成劳动意识，让学前儿童在动手实践、出汗体验的过程中产生强烈的愉悦感和成就感，形成对劳动的认同，在劳动教育活动实施过程中，接受锻炼，培养意志，热爱劳动，珍惜劳动果实，尊重劳动人民，为形成正确的劳动价值观和良好劳动品质奠定良好的基础。

针对幼儿园教育阶段，应根据上述的指导精神，对幼儿园阶段的劳动教育做出具体的要求。学前儿童阶段是国民教育的基础阶段，是社会个体形成科学世界观、人生观、价值观的关键时期，是培养学前儿童良好行为习惯和社会规范的重要阶段，是提高学前儿童劳动精神和劳动实践能力的重要时期。学前儿童德育、智育、体育、美育目标的实现依赖于劳动教育内容的实施。但是，幼儿园阶段的劳动教育异于其他教育阶段的劳动教育，在内容的选择上、内容的实施途径上、教学方法的选择上、劳动的强度和难度上等都需要进行有针对性的计划、组织和实施。教育的发展是连续性和延续性的，学前阶段是教育的启蒙时期，是学前儿童良好个性品质和生活习惯形成的重要阶段。所以，劳动教育可以以符合学前儿童身心发展特征的方式融入幼儿园课程中，为其他阶段的劳动教育奠定良好的基础，培养学前儿童良好的个性心理品质和生活习惯。

（一）教学活动设计案例：中班社会领域《劳动的人》

【学前儿童学习与发展特点】

中班学前儿童已能把注意力集中在听故事、做游戏等活动上，对于他们感兴趣的活动，能较长时间保持注意力。另外，学前儿童的注意力分配也开始发展。与同伴游戏时，不仅可以自己玩，还可以关心照顾到同伴。学前儿童能集中注意力的时间在十分钟左右，但如果教师设计的活动得当，有意注意的时间会更长。一切鲜明、具体、生动的形象和新异多变的刺激物都能引起学前儿童的注意。因此，教育活动的玩教具必须是颜色鲜明、形象生动、新颖多变的。

【设计来源】

五一国际劳动节是世界上大多数国家的劳动节，是全世界劳动人民的共同节日。它的意义在于劳动者通过斗争，用顽强、英勇不屈的奋斗精神，争取到了自己的合法权益，是人类文明民主的历史性进步。该活动拟通过社会调查、观看图片、实践活动等形式，帮助学前儿童了解劳动节的由来，学习中华民族的优秀传统文化，并在活动中感受劳动的快乐。

【活动目标】

1. 知道五月一日是国际劳动节，了解生活中有各种各样的劳动者。

2．能够做力所能及的事情，积极主动进行劳动。

3．在劳动中萌发对辛苦奉献的劳动者的崇敬之情。

【活动准备】

1．物质准备：搜集各行各业人们工作时的图片，家长协助学前儿童做活动前的社会小调查，并填写表格内容：劳动者的职业、工作的时间、劳动的内容等；课件。

2．经验准备：了解职业的含义。

【活动过程】

1．谈话导入，引出主题内容。

（1）请学前儿童互相介绍自己爸爸妈妈的工作，说说爸爸妈妈工作时都做些什么。

（2）请学前儿童结合已有经验说一说：自己还知道哪些职业。

例如：交警、医生、公安、售货员、公交司机……

2．结合调查表，引导学前儿童了解人们工作的时候是在为别人服务，学会尊重、关心劳动者。

（1）请学前儿童看看自己的调查表和同伴交流调查的结果和感受，说一说晚上和周末谁还在工作？他们是怎样工作的？

（2）请学前儿童结合自己的经验，说一说还有哪些工作是为别人服务的以及自己曾受到过帮助的经历，进一步体验人们的辛苦。

（3）请学前儿童说一说怎样尊重和关心劳动者。告诉学前儿童每年的五月一日是国际劳动节，是每一个劳动者的节日。

3．请学前儿童帮助他人做力所能及的事情，体会劳动的辛苦。

（1）学前儿童讨论：自己可以帮他人做什么事情？

比如：帮老师整理活动区的玩具、打扫活动室、擦桌椅等。

（2）学前儿童进行分组，在幼儿园尝试做力所能及的事情。

（3）学前儿童讨论自己劳动后的感受。

4．教师进行总结，针对学前儿童的劳动过程进行鼓励和评价。

【活动延伸】

1．户外活动时，带学前儿童捡拾卫生区的垃圾及拔绿化带的野草。

2. 请家长带孩子参加一次社会劳动实践活动。

【教学反思】

现代社会已经是多元化分工的社会，每一个人都承担着不同的社会职责，每天都有可能产生新的工作机会。孩子虽然年龄还小，但是对各种职业充满了好奇心。该活动引导学前儿童了解自己的亲人、与自己生活有关的各行各业人们的工作职责，学会尊重别人的职业和别人的劳动成果。该活动从自己熟悉的家人职业导入，利用学前儿童的生活经验展开活动的主要内容，以便更好地实现活动的目标。在本次活动中，需要积极争取家长的配合。培养学前儿童的责任感，形成稳定的行为习惯不仅是幼儿园的责任，更需要家庭教育的配合。幼儿园可以利用家长接送孩子的时间向家长推荐科学的教育方法和策略，让学前儿童了解家庭成员的职业和主要工作内容，引导学前儿童尊重每一种职业，感受每一种职业的特殊性和贡献。

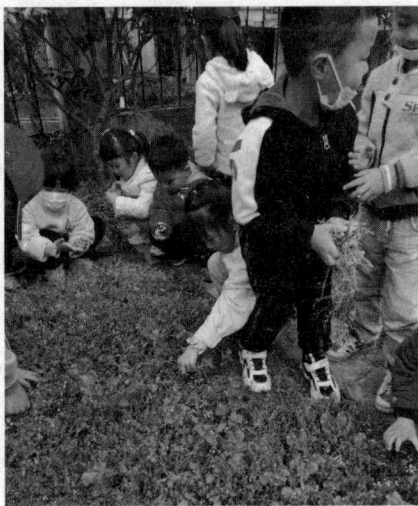

图21　幼儿拔野草（来源于贵阳市观山湖第二幼儿园）

（二）教学活动设计案例：中班健康领域《小小劳动工具》

【学前儿童学习与发展特点】

中班学前儿童保持注意力的时间逐渐增长，这要求教师的语言要生动直观、抑扬顿挫，能被学前儿童所理解；在教育内容和方法上要不断创新，唤起学前儿童的有意注意，提高学习的有效性。但是中班学前儿童注意力的稳定性还不强，容易受到外界环境的干扰而分散注意力。因此教室的环境创设应活而不乱，动而不躁，丰富而不复杂，教师本人的服饰与装扮也不要过于花哨。健康领域活动强调学前儿童身心状况、动作发展、生活习惯与生活能力三个方面的发展，旨在促进学前儿童身体发育和机能发展，形成安全感和乐观态度。

【设计来源】

劳动工具是人们在生产过程中用来直接对劳动对象进行加工的物件，是劳动者用来进行生产、耕作等重要的工具。制造和使用生产工具是人区别于其他动物的标志，是人类劳动过程独有的特征。现在随着生活条件的改善，除了家庭必需的劳动外，学前儿童很少能看到耕作等劳动场景，更不了解它们的价值和使用这些劳动工具的方法。因此，我们开展这一节劳动实践课，旨在促使小朋友更好地认识劳动工具，更好地使用劳动工具。

【活动目标】

1．知道劳动能锻炼身体，了解部分常用劳动工具的用途。

2．能使用部分劳动工具进行相对应的劳动，能主动进行锻炼。

3．在劳动中流汗，在流汗中锻炼，感受劳动带来的快乐。

【活动准备】

1．经验准备：知道劳动的意义。

2．材料准备：运动护具，扫帚、拖布、小锄头、小钳子、小锤子等常见劳动工具

【活动过程】

1．利用图片进行活动导入。

（1）教师出示扫帚的图片，提问学前儿童。

"这是什么？""用来做什么的？""有没有使用过？""什么人会使用？"

（2）学前儿童自由回答，分享使用的经验。

小结：这是扫帚，用来清洁地面垃圾。家里打扫卫生、环卫工人打扫街道都会使用到。这是他们的劳动工具。

2．进一步感知理解不同职业常用的劳动工具和特点。

（1）播放课件，出示常见的职业图片，引导学前儿童了解身边不同职业劳动者工作时常用的劳动工具。

教师：视频中的人从事什么职业？他们的工作内容是什么？他们分别用什么劳动工具？

（2）学前儿童进行讨论，思考这些劳动工具的使用方法。

（3）教师出示部分劳动工具，如锄头、拖布、扫帚等，学前儿童讨论用法。

3. 学前儿童操作体验，初步感知劳动工具的使用过程。

（1）教师提供足够量的劳动工具，每个学前儿童人手一份。

（2）学前儿童进行分组，每组选择不同的劳动工具。

（3）学前儿童自行讨论分工，如选择扫帚组的，每位学前儿童负责一小块区域的清洁工作；如选择锄头组的，每位学前儿童负责蔬菜养殖区不同菜地的土壤锄地工作。

（4）学前儿童进行实际操作，感受劳动工具的使用。

（5）所有学前儿童分享使用劳动工具时的感受、遇到的困难，以及初步的改进方法。

4. 学前儿童轮流更换小组，感知不同劳动工具的使用方法。

（1）每组学前儿童完成劳动任务后要休息、喝水。

（2）每组进行更换，根据前一组使用的经验，使用不同劳动工具。

（3）学前儿童自由选择感兴趣的劳动工具，进行劳动体验。

5. 总结分享。

（1）教师和学前儿童共同总结使用劳动工具的经验。

（2）引导学前儿童在流汗中感受劳动的快乐。

【活动延伸】

1. 鼓励学前儿童探索不同的劳动内容，选择合适的劳动工具，进行体验。

2. 鼓励学前儿童到阅读区，查阅更多和劳动工具有关的绘本，了解更多劳动工具的秘密。

【教学反思】

实现学前儿童的发展需要全方位的努力，尤其是家庭和社区的共同合作。《幼儿园教育指导纲要（试行）》中明确指出，幼儿园应与家庭、社区密切合作，综合运用各种教育资源，共同为学前儿童的发展创造良好的条件。但在实践的过程中，由于各社区、家庭资源的差异，或者幼儿园理念的缺失，造成了这些资源的浪费，使得学前儿童的培养在一定程度上受到了限制。三方的合作是社会发展和学前儿童教育发展的必然。幼儿园所处的社区或家庭所处的社区是学前儿童十分熟悉的地方，对学前儿童的成长有着特殊的意义和价值。社区中的人力资源、人文景观、历史文物等都是教育内容的重要来源。幼儿园教育应顺应社会发展的需要，积极与社区开展合作，摸索一条适合本幼儿园学前儿童教育发展的道路，促进学前儿童的全面发展。

图22　幼儿打扫幼儿园角落（来源于安顺市中铁御岭幼儿园）

（三）教学活动设计案例：中班社会领域《瞧！我多能干》

【学前儿童学习与发展特点】

中班学前儿童行为的有意性开始增加，可以听懂成人的要求，理解一些道理，能完成一些力所能及的任务。如在幼儿园当值日生，为班级的自然角浇水，帮助教师摆放桌椅等，在家里可以自己收拾玩具、生活用品，帮助家人收拾碗筷、叠衣服等，孩子可以从中感受做事的乐趣和被认可的自信。学前儿童应形成良好的生活与卫生习惯，具有基本的生活自理能力，教师要充分合理地安排学前儿童的幼儿园一日生活，利用集体教学、游戏活动实现学前儿童生活习惯养成与生活能力发展的目标。

【设计来源】

在祖辈、父母的宠溺下，大人包办代替等错误教育观念导致很多学前儿童自理能力很差。学前儿童的社会学习的主要内容是人际交往和社会适应，人际交往的目标是让孩子自尊、自信、自主。"凡是儿童能自己做的，就让他独立去做"，教师应充分挖掘家庭生活的独特教育价值，鼓励学前儿童进行适宜、适量的居家劳动，培养孩子的家务责任感和自我服务意识；在实践中培养生活自理、自我服务能力，在潜移默化中形成了劳动意识，体验劳动流汗的快乐。

【活动目标】

1. 知道自己能做很多事情，明白劳动会有收获。

2. 能做力所能及的事，主动帮家庭其他成员做事情。

3. 会因为自己能做很多事而骄傲，喜欢劳动。

【活动准备】

1. 物质准备：课件，图片，学前儿童的小被子、小杯子等物品。

2. 经验准备：知道劳动的含义。

【活动过程】

1. 情境故事导入，导出活动内容。

（1）教师出示卧室乱糟糟的图片，讲述图片故事内容。

故事：这是小熊的房间，有一天，小兔子和小狗来找小熊玩。咚咚咚，敲门后，小熊打开门看见小兔子和小狗来找自己玩，热情地把他们迎进了房间。一走进房间，看见散落一地的书本、衣服，悬挂在床上一半的被子，还有在书柜上黏糊糊的蜂蜜瓶子，小兔子和小狗都皱起了眉头。小兔子说："房间那么乱，你怎么不收拾呀？"小熊想也不想就说道："妈妈这两天出差了，没有人给我收拾房间。等妈妈回来以后就好了。"小熊笑着。小狗瞪着眼睛不可思议地说道："什么？你那么大了还要妈妈给你收拾房间吗？你自己不会收拾吗？"小熊摇摇头，就说："我没做过，妈妈会做就行了。"小兔子和小狗失望地摇摇头。

（2）教师提问学前儿童，学前儿童自由回答。

"小朋友们，你们的房间有那么乱吗？"

"房间都是谁帮你们收拾的？"

"你们觉得小熊的想法正确吗？"

2．根据学前儿童的回答，继续进一步提问，激发学前儿童进行思考。

（1）教师提问，学前儿童进行思考。

"你们觉得小熊应不应该自己收拾房间？"

"你们可以帮帮小熊，教教他怎么收拾房间，好吗？"

（2）学前儿童观察图片中凌乱的房间，教师引导学前儿童先口述如何打扫。

（3）教师就学前儿童打扫的"方法"进行正确的指导，按床铺、书柜、桌面等不同部分进行讲解和必要的示范，帮助学前儿童掌握正确的方法。

（4）学前儿童进行观察，教师进行总结。

3．教师创设情境，请学前儿童实际操作，初步看到自己的劳动果实。

（1）教师提供幼儿园常见环境，如床铺、杯子架、阅读区书柜等。

（2）学前儿童进行分组整理，学会基本的整理方法。

（3）教师给予学前儿童评价，肯定学前儿童的劳动成果。

（4）对能力较弱的学前儿童，可以请能力较强的学前儿童协助，必要时教师进行引导。

4．劳动后休息，引导学前儿童讨论"我会干的事情"。

（1）请学前儿童说说在家里、在幼儿园，会做什么？能帮家人、老师做什么事？引导学前儿童大胆说出自己会做的事。

（2）教师进行小结：我们虽然小，但我们很能干！

（3）告诉学前儿童自己的事情应该自己做，如穿衣、刷牙、洗脸、吃饭、收拾玩具等，不会做的可以请大人教，做不了的才请大人帮忙，爱劳动的好孩子，人人都喜欢。

5．结束活动后表扬能干的小朋友，并给他们贴上小红花。

【教学反思】

家庭生活能力是一个人最基本的生存能力，它不仅可以培养孩子们的劳动观念和习惯，还可以培养一个人的责任心——我爱我家，我是家庭的一员，我要为我家出力。让孩子帮助父母做家务，了解家庭生活的技能和技巧，养成自理、自立的生活习惯。通过本次活动，学生了解每个成员对家庭的责任和义务，学会自己的事情自己做，学习与家人进行交流和沟通，感受亲情的温馨，培养学生热爱劳动、尊敬长辈、自立自强的品质。该活动从学前儿童家庭成员各自的角色入手，调动学前儿童已有的经验，认识自己的家庭角色和责任，从而了解自己虽然小，但是也可以为家庭付出自己的努力，承担自己的责任。

图23 幼儿学习自己叠被子（来源于贵阳市观山湖第二幼儿园）

（四）教学活动设计案例：中班科学领域《车也在劳动》

【学前儿童学习与发展特点】

学前儿童的学习活动大都建立在操作物体的主动性活动基础之上。操作活动以及探索活动是一种比较适宜的活动、学习方式。随着身心的发展，儿童对周围的生活更熟悉了，他们总是不停地看、听、摸、动，见到了新奇的东西，总爱伸手去拿、去摸，还会放在嘴里咬咬、尝尝，或者放在耳边听听、凑到鼻子前闻闻，他们会积极地运用感官去探索、去了解新鲜事物，还常常喜欢寻根究底，不但要知道"是什么"，而且还要探究"为什么"，如鸟为什么会飞、洗衣机为什么会转动等。

【活动目标】

1. 喜欢探索具有不同功能的特殊车辆。

2．能通过观察描述特殊车辆的外形特征，大胆猜测它们的作用。

3．了解各种特殊车辆的用途，初步感知它们的"劳动方式"。

【活动准备】

1．经验准备：见过洒水车、挖掘机等。

2．材料准备：粘贴纸、卡片、课件等。

【活动过程】

1．谜语导入，引入活动内容。

（1）教师出示谜语："下雨车，下雨车，边下雨来边唱歌"，（谜底：洒水车），激发学前儿童兴趣。

（2）教师出示洒水和普通小轿车的图片，引导学前儿童观察。

（3）提问学前儿童："洒水车和普通的小轿车有什么区别？"

（4）教师小结："外观和功能上都不同。外观上：洒水车体积较大，后面有一个大的容器，后面还有一把'水枪'等；功能上：小轿车主要是乘坐，洒水车用来浇灌绿植和喷洒路面等。洒水车属于一种有特殊功能的车辆，是为社会服务的一种劳动工具。"

2．播放视频和图片，引导学前儿童进行探究活动。

（1）播放课件，引导学前儿童观察和描述特殊车辆的外形，鼓励学前儿童大胆猜测它们的功能。

教师：画面上的车外形上有什么特别之处？你觉得它是用来做什么的？

（2）播放课件，验证学前儿童的猜想，引导学前儿童了解常见的特殊车辆的用途。

教师：这些特殊车辆分别有什么用途？为社会进行什么重要的劳动服务？

如：观察课件中的图片，引导学前儿童讨论特殊车辆中的各类工程车的用途。

教师：建筑工地经常能见到哪些特殊车辆？这些特殊车辆在做什么？

小结：建筑工地的特殊车辆可以帮助建造房屋、桥梁、地铁、道路、水坝、隧道等。

3. 进一步观察，通过粘贴小游戏拓展学前儿童认知。

（1）教师提供各种常见特殊车辆的小卡片，学前儿童进行观察。

（2）学前儿童将观察到的结果和特殊车辆功能对应的卡片进行粘贴，进一步深化认识。

（3）邀请学前儿童上台分享，说一说这些特殊车辆是如何为人们进行劳动服务的。

4. 引导学前儿童用不同方式表达自己对不同类型特殊车辆的认识。

（1）提供区角中的建筑材料、画笔等；学前儿童可个人或小组完成。

（2）教师进行总结和评价。

【活动建议】

1. 活动前，可以请学前儿童收集特殊车辆的图片，增加前期经验。活动中可以引导学前儿童按工作地点对特殊车辆进行分类，熟悉特殊车辆的用途。

2. 特殊车辆的奇特外形与其用途有很大关系，建议引导学前儿童找出与用途直接相关的外部特征，加深学前儿童对特殊车辆的了解。

【活动延伸】

1. 学前儿童可使用积塑区中班的材料搭建"特殊的车"，熟悉各类特殊车辆的外观特征。

2. 家长可以与学前儿童一起观察特殊车辆的外形特征和工作方式，继续探究各行各业中的特殊车辆，了解它们对我们生活的影响。

3. 学前儿童可操作户外角色区中班的材料开展"勇敢的消防员"的游戏活动，扮演消防员，认识消防车的构造和功能。

【教学反思】

学前儿童探究学习的内容应与学前儿童的生活密切相关，同时又具有可持续发展的内容，这些内容应是以生活的逻辑组织起来的感性的、多样化的活动，它来源于儿童的生活、兴趣、探索、谈话和争论。当然，生活是多层次的，这需要教师发挥作用，对学前儿童的生活进行过滤，引导学前儿童对生活中有探究价值的内容进行自主的探究学习。在学习的过程中，教师要改变以往由教师制订学习目标、设计学习过程、准备学习材料、组织学习活动甚至评价的学习方式，让学前儿童积极主动参与探究学习的全过程。另外，教师要给学前儿童一个自由的学习空间，把集体教学和小组教学、个别教学结合起来，把学前儿童带入社会、延伸到家庭，扩大孩子探究学习的空间。教师要履行好自己的职责，做好学前儿童探究兴趣的支持者、学前儿童探究进程的促进者、学前儿童探究信心的激励者。教师面对动态性、灵活性和开放性的活动过程时，不仅需要充足的知识准备，更需要在与学前儿童互动时采取灵活多样的方法和策略。

（五）教学活动设计案例：小班语言领域《不怕热的劳动者》

【学前儿童学习与发展特点】

随着学前儿童发音器官的成熟，语音听觉系统的发展及大脑机能的发展，小班学前儿童发音能力迅速加强，所说句子的复杂性也逐渐提高，3岁时学前儿童词汇量猛增，句子的修饰语显著增加，并具有一定的语法规则。语言中仍以简单句为主，复合句在简单句的发展过程中同时并行地发展起来。在语言表达能力方面，3~4岁学前儿童虽已能讲述自己生活中的事情，但由于词汇贫乏，表达显得不流畅，常常带有一些多余的口头语，还有少数学前儿童说话时语句重复。同时，他们在集体（如班级）面前讲话往往不大胆、不自然。

【设计来源】

小班学前儿童已有夏天生活的经验：空调、雪糕、游泳等让人感到惬意。但是高温下，仍然有一群户外劳动者，奋战在烈日下，他们个个挥汗如雨，为城市建设和老百姓生活正常运行坚守在一线岗位上。通过本次活动，让学前儿童初步了解夏天从事户外工作的人及其工作内容；引导学前儿童萌发对劳动者的崇敬之情。

【活动目标】

1. 初步了解夏天从事户外工作的人及其工作内容。
2. 能大胆地用完整的话表达自己的想法。
3. 萌发对劳动者的崇敬之情。

【活动准备】

1. 经验准备：一些户外工作者的工作内容。

2．物质准备："不怕热的人们"组图；"烈日下的户外工作者"组图、卡片、油画棒。

【活动过程】

1．谈话导入，引起学前儿童的兴趣。

（1）教师提问，学前儿童进行思考。

"夏天的时候你们可以做什么？"

"夏天到了，一直待在户外工作会有什么感觉？"

"你们想一想，夏天的时候父母、其他人在做什么？"

（2）鼓励学前儿童大胆想象和表达，逐步引导学前儿童思考其他的可能性。

小结：夏天很热的时候，仍然有很多人要在太阳底下工作，即使很热、大汗淋漓，他们依然坚守岗位。

2．教师出示烈日下工作的劳动者图片，继续提问。

（1）教师提问："你们知道哪些人需要在烈日下工作吗？"学前儿童自由思考和回答。

（2）教师出示图片，引导学前儿童观察和讨论。

"图片上的人是谁，他们在做什么？"

"你觉得他们辛苦吗？为什么？"

小结：建筑工叔叔在建房子，环卫工叔叔在扫马路，送货员哥哥在忙着送货。夏天很热，太阳很晒，一直待在户外工作非常辛苦。

3．展示组图"烈日下的户外劳动者"，鼓励学前儿童用完整的句子描述图片内容。

（1）展示图片，请学前儿童仔细观察图片上的内容。

"在太阳底下辛勤工作的都有谁？""它们的头上/脸上/身上都有什么？"

（2）教师进行小结。

（3）教师和学前儿童讨论，引导学前儿童理解户外劳动者的工作意义。

①如果交警不指挥交通，马路会变得怎么样？

②如果环卫工人不打扫道路，我们的城市会变得怎么样？

③如果农民不种粮食和蔬菜，我们的生活会变得怎么样？

④他们这么辛苦，我们能为他们做些什么呢？（遵守交通规则、保护环境、珍惜粮食）

教师小结：如果交警不指挥交通，汽车会乱开，交通会堵塞；如果环卫工人不打扫街道，我们的城市会变得很脏、很乱；如果农民不种粮食和蔬菜，我们就没有菜和米吃了。这些在户外工作的人都是辛苦了自己，方便了别人，我们要尊敬他们。

【活动延伸】

发放卡片和油画棒，鼓励学前儿童制作感恩卡来表达对户外工作者的敬意。

【教学反思】

学前儿童学习的榜样来源于生活，而移情能力的培养是产生对劳动榜样尊重和学习的基础。移情是对别人在某一特殊情境中情感体验的理解与分享，是对他人状态的一种替代性情绪、情感反应与体验，即由他人的情绪情感而引发自己的与之相一致的情绪、情感反应。美国著名心理学家霍夫曼对学前儿童移情与社会性行为的研究指出，移情在儿童亲社会行为的产生中具有极其重要的意义，是儿童亲社会性行为产生、形成、发展的重要驱动力。因此，教师在活动中，要重视学前儿童移情能力的培养，而不是为了实现教育目标一味地说教。学前儿童移情能力的培养不是一朝一夕完成的，也不是一劳永逸的，应遵循多样性、反复性的原则，采用多种方法和手段，持之以恒。故事教学是培养移情能力的重要途径，能为学前儿童提供移情的素材，扩大移情的范围，丰富移情的内涵；而在学前儿童移情能力的培养过程中，成人的一言一行默默影响着学前儿童。因此，成人要做孩子的榜样，注意自己的言行举止。另外，移情的发生，通常和学前儿童生活周围的自然情景相联系，教师应创设良好的外部环境促使学前儿童移情行为的产生。

（六）教学活动设计案例：中班社会领域《劳动成果》

【学前儿童学习与发展特点】

中班学前儿童更加注重人际交往，尤其是同伴交往。他们选择和喜欢同伴的理由是对方能陪自己一起活动，而不喜欢同伴的理由往往是同伴的那些消极的交往行为。中班学前儿童的交往冲突明显增多，冲突性质也与小班学前儿童有所不同，开始由"以物为中心"转化为"以人为中心"。由于社会经验不足，社会交往技巧较差，在交往中往往会出现各种冲突。因此在中班阶段，要培养学前儿童的社会交往技能，在游戏和日常生活中培养学前儿童的交往能力，感受分享、合作、谦让、助人等游戏行为带来的成功体验。

【设计来源】

一个社会的繁荣和发展，离不开那些为社会默默付出的劳动人民，他们是辛勤的社会工作者，是我们美好生活的负重者。高楼如春笋林立，交通便利，自然也要感谢辛苦付出的各界劳动者。国力日益强盛，科技愈发进步，更加感谢那些默默付出的人。正是有了大家的携手前行，无私奉献，才有了我们的今天。通过该活动，引导学前儿童了解各行各业中辛勤工作的劳动人民，知道我们的生活离不开他们的劳动。学习用适宜的方式表达对他们的爱。

【活动目标】

1. 了解生活中常见的几种职业，初步感知他们劳动的成果和我们美好生活的关系。

2. 感受他们在各行各业中辛勤工作，知道我们的生活离不开他们的劳动。

3. 能用适宜的方式表达对他们的崇敬和感激。

【活动准备】

1. 物质准备：几种不同职业的图片（厨师，医生，清洁工，保安）、五一颁奖的图片。

2. 经验准备：对几种常见职业的工作内容有所了解。

【活动过程】

1. 请学前儿童说说自己身边人的职业。

（1）你知道爸爸妈妈都是做什么工作的吗？

（2）你还知道哪些职业？

2. 了解几种不同职业的特点，感知他们的劳动与人们生活的关系。

（重点环节利用图片展示、学前儿童讨论、讲述等方式来帮助学前儿童了解各行业的劳动者及工作内容，可以选取学前儿童比较感兴趣的职业让学前儿童进行角色表演，这样学前儿童的兴趣会更为浓厚）

（1）利用图片，激发学前儿童的已有经验，讲述自己对几种职业的认识。

（2）共同讨论图片"环卫工"：这是谁？他们在干什么？他们的工作能给我们的生活带来哪些方便？

小结：他们是普通的环卫工，每天天不亮就开始工作了，等我们出门时马路上已经干净了。这是环卫工连夜工作的劳动成果。

（3）学前儿童分组讨论厨师、医生、保安的工作内容，教师融入小组中倾听、引导。

教师在分组前提出：图上有谁？在干什么？他的工作能给我们的生活带来哪些方便或变化？

（4）选一个代表讲述讨论的结果。

小结：我们的生活离不开各行各业的辛勤劳动，他们创造了各种各样的劳动成果，给我们的生活带来了很多方便。

3. 结合实际生活，知道人们的生活离不开他们的劳动。

（难点：让学前儿童理解每一行业的重要意义）

讨论：哪种职业最重要？如果缺了哪一种会怎么样？

（激发学前儿童对各行各业劳动者的敬爱之情）

4. 知道尊重劳动成果，学习用适宜的方式表达对他们的爱。

如果你在生活中碰到他们，你会对他们说些什么，做些什么？

【活动延伸】

1. 观察身边劳动者的工作，进一步感受他们的付出。

2. 到活动区角制作感谢卡，尝试表达自己的感谢。

【教学反思】

生活教育对学前儿童有着重要意义，学前儿童在生活中通过自身实践，经验得以传递、整合、凝聚，这些从不同现象、事物中获得的经验存在着一定联系，进而形成完整的经验、完整的世界和完整的人格。《幼儿园教育指导纲要（试行）》指出："幼儿园教育应尊重幼儿的人格和权利，尊重幼儿身心发展的规律和学习特点，以游戏为基本活动，保教并重，关注个别差异，促进每个幼儿富有个性的发展。"也就是说，学前儿童的兴趣是课程实施的核心。生活化的课程本身应使学前儿童产生自发的兴趣，而不是教师努力去调动学前儿童的兴趣，更不能无视学前儿童是否有兴趣。良好的课程资源能够使学前儿童自发地探究和感受。课程的趣味性，除了能够激发学前儿童的感知欲望，吸引他们积极参与外，还具备一定的挑战性，能够引发学前儿童持续的关注。

（七）教学活动设计案例：中班语言领域《我是劳动小能手》

【学前儿童学习与发展特点】

中班学前儿童行为的有意性开始增加，可以听懂成人的要求，理解一些道理，能完成一些力所能及的任务。如在幼儿园当值日生，为班级的自然角浇水，帮助教师摆放桌椅等，在家里可以自己收拾玩具、生活用品，帮助家人收拾碗筷、叠衣服等，让孩子感受做事的乐趣和被认可的自信。学前儿童应形成良好的生活与卫生习惯，具有基本的生活自理能力，教师要充分合理地安排学前儿童的幼儿园一日生活，利用集体教学、游戏活动实现学前儿童生活习惯养成与生活能力发展的目标。

【设计来源】

家庭生活能力是一个人最基本的生存能力，它不仅可以培养孩子们的劳动观念和家庭生活习惯，还可以培养一个人的责任心——我爱我家，我是家庭一员，我要为我家出力。让孩子帮助父母做家务，了解家庭生活的技能和技巧，养成自理、自立的生活习惯。通过本次活动，学前儿童学会自己的事情自己做，学习与家人进行交流和沟通，感受亲情的温馨，培养学前儿童热爱劳动、尊敬长辈、自立自强的品质。

【活动目标】

1. 愿意做简单的家务，懂得劳动是一件光荣的事。

2. 尝试用完整的语言讲述图片内容。

3. 能够运用"首先""然后""最后"等连接词有序地讲述洗袜子

的过程。

【活动准备】

1. 经验准备：做过一些简单的家务。

2. 材料准备：课件。

【活动过程】

1. 活动导入

（1）播放课件"玩游戏"，请学前儿童选择洗袜子需要的物品。

（2）教师："小朋友们，你们在家洗过自己的袜子吗？洗袜子要用到哪些东西？"

（3）让学前儿童自由讲述。

2. 引导学前儿童观看课件图片，描述图片内容。注意引导学前儿童使用"洗""拧""晒"等动词。

（1）教师：

（观察图1）桌上有什么？图片里的人手里拿着什么？

（观察图2）图片里是谁？他在干什么？这是哪个房间？

（观察图3）小男孩走到哪里了？袜子在哪里？

（观察图4）你在盆子里看见了什么？说明他在干什么呢？

（2）请学前儿童给图片排序，并用简单的语句按顺序讲述每一张图片的内容。

把图片串联在一起。引导学前儿童在每个步骤前加上"首先""然后""最后"等连接词。

3. 拓展讲述

（1）请学前儿童聊一聊自己在家里的劳动经历，鼓励学前儿童仔细倾听、大胆表达。

（2）教师："你在家劳动吗？你是怎么劳动的？你觉得累吗？劳动后心情怎么样？家人对你说了什么？"

（3）引导有相同劳动经历的学前儿童组成小组进行谈话，讨论大家劳动方法的异同点。

（4）教师："请你找一找还有谁和你的劳动经历一样吧。你们的方法、步骤一样吗？谁的方法比较好？"

（5）每组请一名代表分享劳动经验和劳动感受，捕捉学前儿童在讲述中的亮点，并予以表扬。

小结：劳动虽然辛苦，但是看到自己的劳动成果，就会感到很快乐。

4．结束活动

总结学前儿童的讲述情况，结束活动。

【活动建议】

1．在"活动导入"环节，教师也可以通过"我做你猜"的游戏，表演一种劳动，让学前儿童猜一猜，引出话题。

2．在整个活动中，教师应帮助学前儿童用正面情绪对待劳动。在讲述时可引导他们运用"虽然……但是……""即使……仍然……"的句式，表达对劳动的积极态度。

【活动延伸】

1．鼓励学前儿童观察身边的人是如何劳动的，如擦桌子、扫地、叠被子、晒衣服等，培养学前儿童的观察能力，学习生活经验。

2．创设环境"劳动最光荣"，通过图片、照片、符号等多种形式记录学前儿童参与劳动的内容及次数，培养学前儿童热爱劳动的习惯。

3．引导学前儿童在阅读图书区读《美味的火鸡饼干》等故事，进一步体会劳动的快乐。

【活动资源】讲述范例

我是劳动小能手

我在家里帮爸爸妈妈擦过桌子。擦桌子虽然很简单，但是我个子矮，需要站到凳子上才能擦到整个桌面。首先，我把桌子上的东西都移开。然后，我把妈妈给我的抹布打湿，站在板凳上把整个桌子擦了一遍。接着，我把抹布放在水里清洗干净，拧干，又擦了一遍桌子。最后我把抹布洗干净，晒到了阳台上。桌子变得很干净，爸爸妈妈都说我很棒。虽然有点累，但是我学会了劳动，我很自豪！

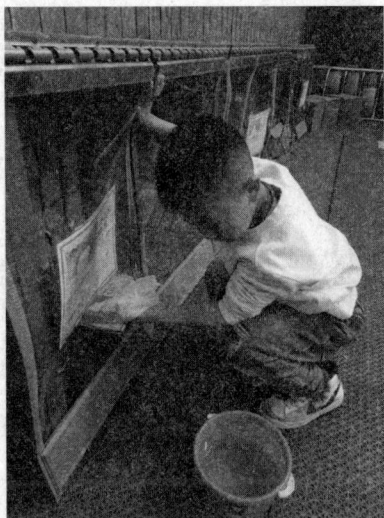

图24 幼儿进行劳动（来源于安顺市中铁御岭幼儿园）

【教学反思】

语言是交往的工具，人的一切心理特点都在言语活动的基础上存在和表现出来的。从语言方面来说，中班学前儿童语音器官已经发育成熟，正确发出全部音节的生理条件已经具备，特别是语音意识的发展，已经能意识到自己和别人语音中的问题。口语本身有短句、自然句，只有掌握大量的语言才能精确，得到巩固。学前儿童的语言发展水平要以语音为基础，丰富词汇，但学前儿童掌握的词汇往往落后于思维的发展，消极词汇过渡到积极词汇状态并非一次就能达成，需要多次反复，才能达到效果。中班孩子不像小班的孩子一样经常在游戏中出现自言自语的情况，遇到问题会自己思考，也能清楚地用一句完整的话表达出来，因为他们可以在引导下使用一些转折的连词、并列连词等。

第三节 中华优秀传统文化教育主题活动设计

培育和弘扬社会主义核心价值观必须立足中华优秀传统文化。牢固的核心价值观，都有其固有的根本。抛弃传统、丢掉根本，就等于割断了自己的精神命脉。博大精深的中华优秀传统文化是我们在世界文化激荡中站稳脚跟的根基。中华文化源远流长，积淀着中华民族最深层的精神追求，代表着中华民族独特的精神标识，为中华民族生生不息、发展壮大提供了丰厚滋养。

——习近平总书记在十八届中央政治局第十三次集体学习时的讲话

文化自信是一个民族、一个国家以及一个政党对自身文化价值的充分肯定和积极践行，并对其文化的生命力持有的坚定信心，是更基础、更广泛、更深厚的自信。文化自信就是要充分肯定本国或本民族的文化价值，坚定和保持文化生命力。它有两层内涵：一方面需要树立我们对中华优秀传统文化、当代社会主义文化包括马克思主义、毛泽东思想、邓小平理论等文化价值的正确认识和高度自信；另一方面，文化自信并不是说要盲目排除外来文化，在尊重并相信自身文化实力的基础上，要包容和借鉴外来文化先进的部分。

一、中华优秀传统文化教育主题活动设计的背景

习近平总书记在党的十九大报告中指出："文化是一个国家、一个民族的灵魂。文化兴国运兴，文化强民族强。没有高度的文化自信，没有文化的繁荣兴盛，就没有中华民族伟大复兴。"文化自信是一个国家、一个民族发展中更基本、更深沉、更持久的力量。中国特色社会主义文化自信源自中华优秀传统文化，植根于中国特色社会主义伟大实践之中。虽然优秀传统文化不能单独支撑起文化自信，但是却对培育文化自信起到重要作用，因为中华优秀传统文化是中华民族最深沉的精神积淀，是中国最深厚的文化软实力。在全球化时代和文化多元主义的背景下，不同的文明和文化之间的交流逐渐广泛、渗透性加深，我们应当清醒地认识到，中华优秀传统文化是我们文化认同、民族认同、国家认同的基础。中国人之所以为中国人，是因为中国人有自己源远流长的历史文化传统，有自己独特的文化基因，有自己的思想观念、人文精神、道德规范、思维方式和生活方式等。只有加强对中华优秀传统文化的挖掘和发展，并努力实现其创造性转

化和创新性发展，才能筑牢中国特色社会主义文化自信的思想根基，从而发掘实现中华民族伟大复兴中国梦的精神动力。

二、中华优秀传统文化教育主题活动设计的意义

学前儿童是新时代的接班人，形成文化认同感，增强文化自信，就要从小抓起，坚持育人为本、德育为先，围绕立德树人的根本任务，把传统文化纳入到幼儿园课程中，发挥优秀传统文化的作用，传播和扩大主流文化的影响力，提升国家文化的软实力。所以，本研究立足于文化自信的树立，拟将传统文化所表现的内容以具体化、生动化、形象化、生活化等方式融入幼儿园课程的构建与实施中；在以幼儿园、幼儿、教师为课程中心的基础上，形成具有幼儿园特色的课程，提升幼儿园的教育质量，真正对优秀传统文化产生强烈的自豪感，坚定对社会主义核心价值体系的认同，从这个意义上讲，本研究具有一定的学术和应用价值。

三、中华优秀传统文化教育主题活动设计方案

在本研究的初步调研过程中，针对学前阶段幼儿以及小学阶段的儿童进行访问，就"你最喜欢的英雄人物""你最喜欢的卡通形象""你最喜欢的动画""你想成为的人物"等问题进行了解，大部分被访问对象的答案出奇得一致，都是日本、美国等动画中的角色人物，如大部分男孩子喜欢的英雄人物是奥特曼，许多孩子甚至能把看似一样却有着不同名字的几十种奥特曼的名字说出来，甚至能将奥特曼打败怪兽的情节描述得很细致；而女孩子喜欢的动画角色人物大多是白雪公主、小猪佩奇等。在强调文化认同、文化自信的社会背景下，这些现象不禁引起研究者们的思考：在网络和数字信息快速发展的今天，如何为中华优秀传统文化传播和创新奠定良好的基础？学前儿童是国家发展的希望，学前阶段是良好心理品质和道德品质形成的关键时期。中华优秀传统文化的继承和创新有赖于学前阶段对幼儿进行有意识、有计划、有组织的培养，将中华优秀传统文化内

化为自己的思想观念、人文精神、道德规范、思维方式和生活方式，真正实现中国文化认同，构建文化自信。

（一）教学活动设计案例：小班语言领域活动《大家新年好！》

【学前儿童学习与发展特点】

幼儿的学习是以直接经验为主的，学习的内容来自生活。生活中的语言是帮助幼儿发展语言能力的重要来源。小班幼儿阶段正处于学习使用语言的最佳期，幼儿的语言教育不仅依靠生活中的日常交流，更需要幼儿多练习不同场景的语言，激发幼儿说话的兴趣，乐意与人交往，在直接经验的基础上，帮助幼儿积累运用语言的经验。

【设计来源】

春节，是我国传统节日之一，历史悠久。它是中国最隆重的、最具文化内涵和传统魅力的节日，各种丰富多彩的年俗庆祝活动则是从古至今代代相传的，是中华优秀传统文化的重要载体。春节来到，也意味着春天将要来临，万物复苏，草木更新，寓意新一轮的播种和收获，人们自然要充满喜悦地迎接这个节日。幼儿学习新年祝福、新年吉祥话，不仅能帮助幼儿了解过春节特殊的语言表达方式，而且还能进一步感受春节的氛围，体验中国传统节日的魅力。

【活动目标】

1. 初步了解中国传统节日——春节的风俗习惯，学习简单的新年祝福语。

2. 能简单描述图片中人们过春节的场景，能模仿故事中的人物进行相互祝福。

3. 能感受春节浓浓的节日氛围，喜欢过春节。

【活动准备】

1. 物质准备：年俗庆祝活动图片、故事绘本、庆新年背景音乐等。

2. 环境准备：春节主题墙。

【活动过程】

1. 教师呈现热闹的过年图片，激发幼儿的兴趣。

（1）教师提问："图片里的人们都在做什么？"

（2）幼儿根据图片内容回答。（贴对联、包饺子、放鞭炮等）

（3）教师小结：人们在庆祝中国的传统节日——春节，春节是中国农历新年，俗称年节、新年、大年、新岁等，是中华民族最隆重的传统佳节。贴春联、放鞭炮、包饺子、发压岁钱等都是春节的习俗。

2. 教师逐页呈现故事绘本，引出过春节的主题。

（1）教师逐页呈现"过春节"图片，引导幼儿观察和思考。

"图片里的人都在干什么？""你觉得他们会说什么？"

（2）幼儿根据图片自由回答，也可根据自己的已有经验进行讨论。

（3）教师根据故事图片内容逐一介绍贴春联、包饺子、放鞭炮等庆祝方式。

（4）教师讲述大家相互祝福的故事，引导幼儿学说"新年好""新年快乐"等春节祝福语。

3. 教师带领幼儿一起相互说祝福语。

4. 教师创设过新年的情境，幼儿体验过年的"热闹"。

（1）教师播放过春节的背景喜庆音乐，幼儿在游戏区忙碌地准备年货。

（2）幼儿相互串门、拜年、说祝福语。

【活动延伸】

幼儿到阅读区继续阅读与春节有关的故事，了解更多庆祝春节的方式。

【活动反思】

幼儿的学习是基于已有的认知和经验的。幼儿几乎都有过年的经历，教师应引导幼儿大胆表达自己过年时都做了些什么事，帮助幼儿回忆过年时热闹、开心的场景。小班幼儿自主阅读的能力较差，但丰富的图片内容能激发幼儿的阅读兴趣，教师可以搜寻更多和主题有关的绘本，培养幼儿自主阅读的兴趣，指导幼儿自主阅读的方法，逐步培养他们自主阅读的意识和能力。

（二）教学活动设计案例：大班健康领域活动《舞龙》

【学前儿童学习与发展特点】

大班幼儿身体发展迅速，动作逐步协调。幼儿的动作技能是在不断的训练和活动中逐步提高和发展起来的。大班幼儿社会性水平有所提高，社会性交往和合作的意识逐渐增强，愿意在共同合作中追求和实现同一目标。

【设计来源】

舞龙是舞龙者在龙珠的引导下，手持龙具，随鼓乐伴奏，通过人体的运动和姿势的变化完成"龙"的游走动作，通过一系列造型和动作，充分展示龙的精、气、神、韵等内容，是一项中国传统体育项目。舞龙源自古人对龙的崇拜，每逢喜庆节日，如春节、二月二"龙抬头"、端午节，人们都会舞龙，所以舞龙逐渐成为全国各地的一种民俗文化。舞龙需要的穿、腾、跃、翻、滚、戏、缠等动作和各种造型对幼儿来说有一定的挑战性，同时也是激发幼儿进行大动作训练的驱动力。大班幼儿的社会性水平逐渐提高，有很强的合作意识。舞龙需要各部分的动作组合才能完成，既满足了幼儿的兴趣，也能提高幼儿的合作意识和动作技能的发展。

【活动目标】

1．知道舞龙是中国传统民俗项目，学习舞龙的基本动作。

2．能简单地模仿穿、腾、跃、翻、滚、戏、缠等动作来舞龙。

3．感受舞龙的快乐。

【活动准备】

1．物质准备：轻巧的舞龙装备。

2．环境准备：宽敞的场地。

3．知识经验准备：见过舞龙。

【活动过程】

1．视频导入，引出主题。

（1）教师播放"舞龙"的视频。

（2）教师和幼儿一起观看视频，在令人激动、有节奏的音乐背景下感受舞龙活动的喜庆氛围。

（3）教师提问幼儿："视频里是什么东西？""人们为什么要举着它走来走去？""人们一般都在什么时候舞龙？"

（4）教师小结："龙"是中华民族世世代代所崇拜的图腾。在中国神话中，它是能行云布雨、消灾降福的神兽。数千年来，中华儿女都把自己称作是"龙的传人"。舞龙是中国极富民族色彩的民间艺术之一。逢有重要的节日、庆典等，必有舞龙助庆，以祈求安康。

2. 教师播放舞龙教学视频，帮助幼儿学习基本动作。

（1）教师播放舞龙的分解教学视频，幼儿学习基本的舞龙动作。

（2）教师引导幼儿观察视频的动作，教师结合视频进行讲解。

①学习持龙珠（龙队的指挥者，引导龙队完成动作的关键）、龙头（比较有力量的幼儿来担当，跟随龙珠移动，展现龙的威武壮观）、龙身（整个动作的完成者，随时保持龙的队形，展现龙的精神风貌）、龙尾（比较灵活的幼儿，随时保持龙尾的摆动，体现龙的生气与活力）的基本方法。

②学习舞龙基本步法：矮步（两腿半屈，勾脚尖，左右脚连续以脚跟过渡到脚尖滚动向前行走）、圆场步（沿着圆线行走，左脚上一步，脚跟靠在右脚脚尖前，脚跟先着地，过渡到前脚掌，同时右脚提起，和左脚同，两脚始终保持在一条直线上）。

（3）教师分发模拟支撑龙体的小棍子，带领幼儿举着棍子尝试在宽敞的场地进行训练。

3. 实物训练，激发幼儿舞龙的兴趣。

（1）教师出示幼儿轻巧版龙体，幼儿带着实物进行基本动作的训练。

（2）幼儿自主进行探索，教师及时进行观察和指导。

（3）幼儿探讨动作存在的困难和技巧。

（4）多次尝试。

4. 教师播放舞龙的基本方法，引导幼儿体验舞龙的有趣之处。

（1）教师播放游龙、穿腾、组图造型的舞法。

（2）幼儿进行分组，尝试学习。

①游龙：龙体能有快慢、高低、左右的起伏变化和游走，能基本呈现龙的动态特征。

②穿腾：龙珠、龙头、龙节依次在龙身上越过。

③组图造型：利用龙体的各个部分摆出龙威武壮观的造型。

（3）幼儿自由进行探索。

5. 幼儿成果汇报，教师进行评价和鼓励。

【活动延伸】

1. 幼儿到户外发现更多的舞龙动作。

2. 幼儿到图书区了解有关舞龙的更多知识。

【活动反思】

大班幼儿的动作技能水平较高，游戏的理解能力也较强，但是舞龙所需要的动作技能比较难，教师需要将舞龙的动作简单化，保留一定的动作要点即可，这样有利于幼儿保持兴趣和一定的难度。幼儿训练期间可以播放舞龙时常用的背景音乐，喜庆、动感的音乐和节奏能保持幼儿良好的情绪状态。各种动作都需要足够的训练时间，所以耗时比较长，可结合游戏活动的时间来进行。

（三）教学活动设计案例：大班语言领域活动《鸡毛信》

【学前儿童学习与发展特点】

幼儿期是语言发展的最佳时期，幼儿教育应重视发展幼儿的语言表达能力。教师可以让幼儿自由发挥，不限制内容，以此培养幼儿语言的流畅性和逻辑性。在大量的语言实践中反复应用词语，能使幼儿在特定语言环境中了解新词的意思或已学词的新意思。

【设计来源】

《鸡毛信》影片主要讲述了儿童团长海娃奉命给八路军送鸡毛信的路上所发生的故事。影片是中华人民共和国成立后第一部反映中国少年儿童在抗日战争时期的对敌斗争的儿童影片，也是中国第一部获国际大奖的儿童影片。

【活动目标】

1. 理解故事，初步萌发爱国、勇敢的优良品质。

2. 能倾听别人说话，并且清晰地说出自己想表达的话。

3. 喜欢看故事，乐于分享故事。

【活动准备】

1. 物质准备：《鸡毛信》绘本、"环境图"一张、鸡毛信一封、绘本角色人物配饰若干、录影设备。

2. 环境准备：与《鸡毛信》关键情节相同的场景，安静的教室环境。

3. 经验准备：知道什么是角色扮演，对抗日战争有一定的了解。

【活动过程】

1. 实物导入，引发幼儿兴趣。

（1）教师出示一个插有鸡毛的信封，激发幼儿兴趣。提问：

①"这是什么？"

②"这是一封特殊的信件，叫作鸡毛信。"

③"你们知道为什么这封信要插上鸡毛吗？"

④"它代表什么意思呢？"（过去需要火速传递的紧急公文、信件，就插上鸡毛）

（2）教师出示绘本故事，"老师给大家讲述一个发生在一位聪明勇敢的孩子和鸡毛信之间的故事——《鸡毛信》"

2. 教师引导幼儿想象故事发生的情节。

（1）教师讲解故事前先提问幼儿：

①"故事中的主人公叫什么名字？"（海娃）

②"他接受了一个什么任务？"（送鸡毛信的紧急任务）

③"完成任务的过程中遇到了什么情况？"（遇到了敌人）

④"他是怎么机智地解决问题的？"（把信藏在羊的尾巴里）

⑤"他的任务完成了吗？"（完成了）

（2）教师逐一播放故事内容图片，讲解故事。

故事开始：儿童团的团长，名叫海娃，他接受了民兵中队长（他父亲）让他送鸡毛信的紧急任务以后，拿着放羊鞭子赶着一群羊，毫不犹豫地踏上了征程。

他刚一进山谷，迎面就来了一群敌人。无法躲避，为了躲过敌人的搜查，确保鸡毛信安全送到八路军负责人手中，海娃把鸡毛信藏在了……

①教师："你们觉得他会把鸡毛信藏在哪里比较安全？"

故事中段：海娃把鸡毛信绑在了一只羊的尾巴下面。就这样渡过了一关。

敌人想抢海娃的羊群，以便他们杀羊美餐一顿，硬是让海娃赶着羊随他们走。海娃装着顺从的样子，随他们走了。晚上歇在一个村庄，日本兵横七竖八地躺在一个大房间，把海娃堵在中间，门口还有岗哨。夜深了，万籁俱寂，月光轻柔，可是海娃的心一点也不平静。信还没有送到，怎么办呢？

②教师："你们猜猜，海娃会因为害怕而把信交出来吗？""他会选

151

择怎么做呢？"

故事末段：海娃趁敌人睡熟的时候，轻轻地、一步一步地挪动，满头大汗也顾不得擦，终于逃出了敌人的魔掌。此后，又经过几番曲折和跋涉，克服了重重困难，最后，终于把信送到了八路军张连长手中。这样，按照鸡毛信中作战的时间、路线，八路军与民兵一举炸毁了敌人的炮楼，夺回了被敌人抢走的粮食、物资，还活捉了敌人的头头"猫眼司令"，为百姓除了害。

（3）幼儿回答讲故事前的提问，回顾故事内容。

（4）教师小结：鸡毛信主要赞扬了海娃在敌人面前机智、勇敢，有了困难不要退缩，积极想办法的精神品质。

3. 重编故事情节，激发幼儿思维。

（1）展示情景图片，幼儿代入海娃角色，演绎推理故事发展。

教师："小朋友们，如果你们是海娃，遇到敌人了，除了羊尾巴里，你们还能把鸡毛信藏在哪里呢？"

教师："你们会因为害怕而把信交给日本兵吗？为什么？"

（2）幼儿讨论并发言。

（3）教师小结：在古代通信不发达的时代，鸡毛信是一种很常见的信件方式，通常用于加急件。海娃在很危险的情况下，临危不惧，运用了自己的智慧，勇敢地将军情传递给八路军叔叔。

4. 利用表演区，幼儿尝试表演《鸡毛信》的故事内容。

（1）幼儿自制鸡毛信，通过自己的理解进行表演。

（2）教师协助幼儿，分组完成表演，幼儿可轮流扮演海娃。

（3）表演后，教师可与幼儿探讨表演的感受。

【活动延伸】

家长带领幼儿观看《鸡毛信》电影，幼儿讨论观后感。

【活动反思】

《鸡毛信》的故事比较短小，但故事内容情节起伏跌宕，能抓住幼儿的兴趣点和注意力。该故事赞扬了海娃在敌人面前，机智、勇敢，有了困难不退缩，积极想办法的精神品质，同时也反映了抗战时期无数英雄先烈的红色革命精神。大班幼儿认知水平和道德感水平、情感都在不断地发展，幼儿在红色文化的熏陶下，逐步感受革命英雄们在极其困难、危险的环境下生存、斗争的事迹，激发幼儿对现有生活的感激之情。

（四）教学活动设计案例：大班科学领域活动《有趣的皮影》

【学前儿童学习与发展特点】

大班幼儿对周围世界充满好奇，喜欢提出问题并探索答案，因此科学活动可以满足他们的好奇心，并增强他们的探究欲望。它们的操作能力逐渐增强，可以进行简单的实验操作，这有助于他们理解科学知识。通过科学活动，大班幼儿可以学会反思和总结，帮助他们从实践中得出结论，加深对科学知识的理解和记忆。

【设计来源】

皮影戏是中国民间古老的传统艺术，老北京人都叫它"驴皮影"，又称"影子戏"或"灯影戏"，是一种用兽皮或纸板做成的人物剪影进行表演故事的民间戏剧。表演时，艺人们在白色幕布后面，一边操纵影人，一边用当地流行的曲调讲述故事，同时配以打击乐器和弦乐，有浓厚的乡土气息。其流行范围极为广泛，并因各地所演的声腔不同而形成多种多样的皮影戏。2011年，中国皮影戏入选人类非物质文化遗产代表作名录，是中华优秀传统文化的载体，开展皮影戏活动对中华优秀传统文化的传播与传承有着重要意义。引导幼儿通过亲身体验和观察，探索光的传播和阴影的形成原理。通过操作皮影，幼儿了解光线经过物体后会产生阴影，从而培养幼儿的观察力、动手能力和科学探究精神。

【活动目标】

1. 在观看、操作皮影戏的过程中感知光和物体的关系。

2. 能主动探究光、影之间的关系。

3. 喜欢进行探究，对皮影戏感兴趣。

【活动准备】

1. 物质准备：电筒、皮影物件、戏台、故事音频等。

2. 经验准备：影子形成的原理。

【活动过程】

1. 小实验导入，引出主题。

（1）教师准备不同图形的纸片，利用手电筒在黑暗中投射出纸片的影子。

（2）教师提问："你们知道墙上的这些影子是怎么形成的吗？"

（3）教师提供各种材料，幼儿自由探索，发现影子形成的秘密。

2. 教师出示皮影物件，激发幼儿的兴趣。

（1）教师出示皮影物件，幼儿思考和验证如何投射出影子。

（2）教师提问："你们知道这是什么吗？""是怎么制作的？""可不可以也像那些纸片一样投射到墙上？"

（3）教师小结：当光线照射到不透明物体时，就会被挡住，从而形成一片相对较暗的区域，也就是影子。影子并不是独立存在的实体，只是这个物体的投影，所以会根据物体的形状形成不同形状的影子。

（4）教师提供皮影人，幼儿自由探索皮影人与投影的关系。

3. 教师表演皮影戏，引导幼儿了解皮影戏的有趣之处。

（1）教师："老师会利用这些皮影人表演和影子有关的戏曲，非常有趣，想邀请小朋友们一起观看。"

（2）教师利用皮影小戏台、皮影物件、手电筒等材料表演皮影戏。

（3）教师介绍皮影戏：皮影戏，又称"灯影戏"，是中国传统文化之一，是中国民间的一种古老独特的民间戏曲艺术，在陕西一带流传，历经千年。通过光与影的关系，在灯光、幕布、唱腔及操作皮影人的表演中渗透着浓郁的地方色彩文化。

4. 幼儿尝试操作皮影人，感受皮影文化的魅力。

（1）教师提供足量的皮影人，幼儿尝试操作。

（2）幼儿自由分组，分别负责灯光、操作皮影人等角色。

（3）幼儿根据自己的故事自由创编皮影戏内容。

5. 幼儿分享自己的表演感受。

【活动延伸】

1. 到手工区学做皮影人，进一步了解皮影的构造。

2. 到表演区自主开展皮影活动。

【活动反思】

通过这个科学活动，幼儿可以通过亲身操作和观察，深入理解光的传播和阴影形成的原理，培养了他们的观察力和动手能力。同时，制作和表演皮影戏，也促进了幼儿的创造力和想象力的发展。整个活动为幼儿提供了一个集科学探究、艺术创作和表演乐趣于一体的体验，丰富了幼儿的学习内容，打开了他们的想象空间。

（五）教学活动设计案例：大班科学领域活动《中国万里长城》

【学前儿童学习与发展特点】

大班幼儿能够通过观察和描述来感知世界，科学活动可以培养他们的观察和描述能力，促进他们形成较为细致的观察习惯。在科学活动中他们可以学会合作与分享，通过团队合作完成实验或观察，培养团队意识和合作精神。通过科学活动，大班幼儿可以学会反思和总结，帮助他们从实践中得出结论，加深对科学知识的理解和记忆。

【设计来源】

中国传统文化是中华文明演化而汇集成的一种反映民族特质和风貌的民族文化，是民族历史上各种思想文化、观念形态的总体表征，为中华民族世世代代所继承发展、具有鲜明民族特色的、历史悠久、内涵博大精深、传统优良的文化。通过该活动引导幼儿了解中国悠久的历史文化，培养其对历史、地理和文化的兴趣。活动还旨在激发幼儿的好奇心，启发他们对建筑的理解和认识，培养他们的观察力、想象力和动手能力。

【活动目标】

1. 初步了解中国悠久的历史文化，理解和认识一定的建筑知识。

2. 能用排列、组合、连接、拼插等技能搭建长城模型。

3. 萌发对历史建筑探究的兴趣。

【活动准备】

1. 物质准备：长城图片、积木、废旧材料等。

2. 其他准备：有关长城的知识。

【活动过程】

1. 谈话导入，激发幼儿兴趣。

（1）教师提问幼儿是否见过长城，长城位于什么地方、有什么特点等。

（2）幼儿根据已有经验自由回答。

2. 教师组织幼儿观察长城的图片，初步感知长城的外观。

（1）教师出示万里长城的图片，简要介绍其历史。

在我国北方辽阔的土地上，东西横亘着一道绵延起伏、气势雄伟、长达一万多里的长墙，这就是被视为世界建筑史上一大奇迹的万里长城。万里长城是我国古代一项伟大的防御工程，它凝聚着我国古代人民的坚强毅力和高度智慧，体现了我国古代工程技术的非凡成就，也显示了中华民族的悠久历史。长城是中国也是世界上修建时间最长、工程量最大的一项古代防御工程。如此浩大的工程不仅在中国乃至在世界上，也是绝无仅有的，因此被列为世界新七大奇迹之一。

（2）教师提问，幼儿进行观察和思考。

① "长城是怎么修建的？"

② "为什么要修建长城？"

③ "长城是由哪几个部分组成的？"

（3）引导幼儿观察长城的建筑特点。

（4）小结：长城不是一道单纯孤立的城墙，而是以城墙为主体，同大量的城、障、亭、标相结合的防御体系。

3. 幼儿动手制作长城模型和图纸拼贴，初步掌握长城的建筑特点。

（1）教师分发材料，幼儿进行自由制作和拼贴。

（2）教师观察，进行及时的指导。

（3）幼儿分享建构思路，成果展示。

4. 在活动结束时进行小组讨论，让幼儿分享他们对长城的认识，引导幼儿体会长城所蕴含的文化和历史价值。

【活动延伸】

幼儿可以和家长看一些有关长城建筑的纪录片，通过具体形象的视频片段建立对长城比较全面的感官认识。

【活动反思】

观察幼儿在活动中的参与度和表现，了解他们是否对长城这一主题产生了兴趣，是否理解了相关的历史文化知识。同时也可以注意观察幼儿在制作活动中的动手能力和想象力的发挥，以及在模拟游戏中的合作与沟通能力。通过对活动的反思，可以及时调整教学方法和内容，更好地促进幼儿的全面发展。

（六）教学活动设计案例：中班艺术领域活动《中秋做月饼》

【学前儿童学习与发展特点】

幼儿逐渐掌握了更复杂的动作，能够做到抓、放、捏、握等手部动作，手指的灵活度和协调性也在不断提高。他们可以更准确地用手指指向物体，并尝试使用工具进行操作，如用画笔画画、用剪刀剪纸等。他们开始学习通过触摸和操作来感知和探索周围的世界。中班幼儿开始表现出对艺术、手工制作等活动的兴趣，并通过自己的想象力和创造力完成作品。他们喜欢用各种材料和工具创造出自己独特的作品，培养了创造力和想象力。

【设计来源】

通过做月饼，引导幼儿了解中秋节的由来和传统习俗，培养对传统文化的认知和尊重。让幼儿动手揉面、擀面皮、包馅，培养他们的手眼协调能力和动手能力。通过共同做月饼，加强幼儿与家庭、老师和同学之间的情感交流与互动。鼓励幼儿在做月饼的过程中发挥想象力，尝试创造属于自己的作品。

【活动目标】

1. 知道吃月饼是庆祝中国传统节日中秋节的方式之一，学习做月饼的方法。

2. 能在教师的指导下用团、压等技能尝试做月饼。

3. 愿意刻上自己喜欢的花纹，享受做月饼的过程。

【活动准备】

1. 物质准备：做月饼的材料、模具，课件等。

2. 经验准备：了解中国传统节日中秋节。

【活动过程】

1. 谈话导入，引出主题。

（1）教师和幼儿就中国传统节日进行谈话。

"中国都有哪些传统节日？"（春节、端午节、清明节、中秋节等）

"大家都是怎么过的？"

（2）引导幼儿详细讨论中秋节。

2. 教师播放介绍中秋节的课件，引导幼儿进一步认识中秋节。

（1）教师介绍：每年农历八月十五日是中国的传统节日——中秋节，起源于中国古代的祭月节，又称"仲秋节"。在这一天，人们会向月神祈福，并进行祭祀仪式。古时候，人们相信月亮象征着团圆和幸福，因此在中秋节这一天，人们会欣赏皎洁的明月并祈祷自己的家人平安团圆。

（2）教师提问：

① "人们都以什么方式来庆祝中秋节？"（赏月、吃月饼等）

② "小朋友们知道月饼怎么做的吗？"

3. 师幼共同讨论做月饼的材料、过程等。

（1）月饼的不同：形状不同、花纹不同、馅料不同等。

①形状不同：大多是圆形，代表团圆，也有方形、心形……

②花纹不同：有写字的、有花朵的、有条纹的、有小动物的……

③馅料不同：有豆沙的、莲蓉的、蛋黄的、肉的……

（2）月饼的做法：先取适量的面团，在手中搓圆，轻轻按一个小凹坑放适当馅料，再搓圆，用模具一压，保持月饼表面的光滑。根据需要，可用小刀在模具刻上自己的喜欢的花纹。

4. 幼儿尝试做月饼。

（1）教师分发材料，幼儿自由组合。

（2）教师观察幼儿的制作情况，及时给予提示、示范等帮助。

5. 介绍自己做月饼的过程和感受，并展示自己做的月饼。

【活动延伸】

1. 把幼儿做好的月饼蒸熟后，幼儿们一起品尝月饼。

2. 和家人一起欣赏月亮的圆缺变化。

【活动反思】

该活动达到了活动目标。幼儿能够专注地参与活动，表现积极、热情；幼儿能够与他人合作共同完成月饼的制作。教师应充分考虑到幼儿来自不同地域，口味、习惯、习俗会有差异，除了考虑幼儿这些差异进行差异化指导以外，教师也要利用这些教育契机，鼓励幼儿分享自己家乡的习俗，丰富幼儿们的认识，从而可以不断改进活动的设计和实施，为幼儿提供更好的教育体验。

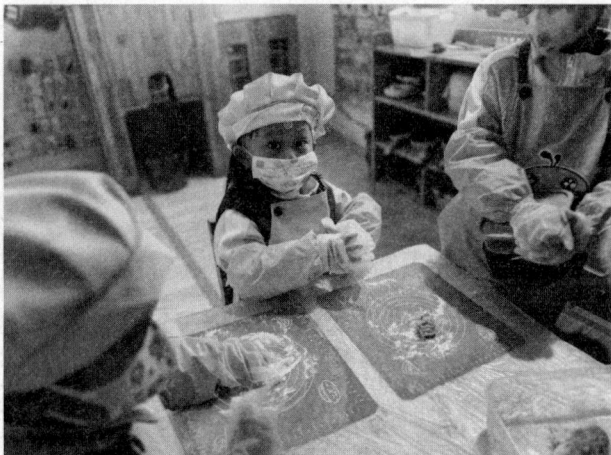

图25　幼儿尝试制作月饼（来源于贵阳市观山湖第二幼儿园）

（七）教学活动设计案例：大班社会领域活动《冬至》

【学前儿童学习与发展特点】

大班幼儿开始能够更好地与同伴进行互动，学会分享、合作和解决问题，能够在小团体中有条不紊地开展活动，并且愿意接受规则和限制。幼儿愿意积极参与各种幼儿园的集体活动，能够在集体中展现自己的特长。

【设计来源】

冬至是中国传统节日之一，也是重要的节气。通过与冬至相关的社会活动，可以让大班幼儿了解中国传统节日文化，增强他们对传统文化的认知和理解。通过介绍冬至的由来、习俗等，引导幼儿了解中国传统节日，增强对传统文化的认知和理解。借助活动呈现冬至的氛围和习俗，让幼儿亲身参与体验，增强他们对传统节日的情感认知和体验。

【活动目标】

1. 了解不同地区冬至的习俗，知道冬至不仅是二十四节气之一，还是我国重要的传统节日。

2. 通过学习，能了解冬至的天文现象和气候特征。

3. 感受冬至的节日氛围，萌发对过冬至的向往和期待。

【活动准备】

1. 物质准备：《冬至到》动画视频组合、"冬至饮食"组图、轻黏土和盘子。

2. 经验准备：了解二十四节气。

【活动过程】

1. 动画视频导入，引出主题。

（1）教师播放视频前提问：

① "二十四节气中，你都知道哪些节气？"

② "猜猜一年中白天最短、夜晚最长的这一天是哪个节气？"

（2）教师播放视频《冬至到1》，引导幼儿了解冬至的意义。

教师："让老师带着小朋友们一起来看看视频里是怎么说的吧。"

（3）幼儿观看视频后，尝试回答以上问题。

（4）教师小结：节气，是中国古代订立的一种用来指导农事的补充历法，是中华民族劳动人民长期经验的积累成果和智慧结晶。冬至是二十四节气之一，一般在每年的12月21日~23日之间，是我们一年中白天最短、夜晚最长的一天。冬至过后，白天会越来越长，夜晚会越来越短，这就是今天老师想带着小朋友们学习的二十四节气之一——冬至。

2. 播放动画视频，引导幼儿了解冬至的气候特征。

（1）教师："冬至快到了，在我国民间流传着冬至数九的说法，小朋友们知道什么是数九吗？现在让我们一起通过看视频学习一下吧。"

（2）教师播放《冬至到2》，幼儿观看和思考。

（3）教师小结：从冬至这天开始，就意味着一年中真正寒冷的时候要到了，经过九个九天，共八十一天，冬天结束了，春天就来了，所以"数九"这一说法也表达了古人们对春天的期盼。

3. 播放动画视频，引导幼儿了解冬至在我国传统节日文化中的意义。

（1）教师："冬至开始了，气候就会变得非常寒冷，小朋友们知道人们怎样驱寒保暖吗？我们来看看这个视频是怎么告诉我们的。"

（2）教师播放视频《冬至到3》，幼儿观看和思考。

（3）教师小结：在冬至这一天，不同地区的人们会准备各种各样的食物来驱寒，非常丰盛，所以有了"冬至大如年"的说法。

4. 出示"冬至饮食"组图，引导幼儿具体了解不同地区的冬至习俗。

（1）教师出示图片，引导幼儿观察。

（2）教师提问："图片上的人们都在吃什么来迎接冬至的到来？"

（3）教师小结："有的小朋友看到了饺子，有的小朋友看到了汤圆，我们国家不同的地区有不同的饮食文化，北方大多数人们有冬至吃饺子的习俗；在南方就有更多的习俗了，例如潮汕吃汤圆、江西吃麻糍、合肥吃南瓜饼、宁波吃番薯汤果、江南吃赤豆糯米饭，等等。"

5. 幼儿愿意与同伴讨论和交流，合作完成冬至美食制作。

（1）教师："在小朋友们的桌子上，老师给大家准备了很多工具，老师想让你们用这些工具和自己组里的伙伴一起讨论和交流一下，共同合作完成一盘菜，看看哪一组的小朋友完成得又快又'美味'，好不好？"

（2）小组展示，说出制作的方法。

6. 教师总结。

冬至，是中国二十四节气中一个非常重要的节气，也是中华民族的一个传统节日。到了这一天，人们吃上一碗热乎乎的饺子或汤圆，期盼可以温暖地度过这个冬天。小朋友们可以看看今年自己家里是怎么过冬至的，到时候与小伙伴们分享。

【活动延伸】

1. 在美工区放置黏土，鼓励幼儿用黏土制作出各种各样的冬至传统美食。

2. 家长共同配合，在家庭中准备冬至传统食物，与幼儿共度冬至。

【活动反思】

幼儿对冬至开展的活动很感兴趣，部分幼儿会主动提问与二十四节气有关的问题，在一定程度上表现了他们对传统文化的兴趣和认知需求。教师应多鼓励幼儿分享自己对冬至的认识、感受和体验，促进幼儿之间的情感交流和互动。这样可以更好地了解幼儿对传统文化的接受程度，改进活动方案和教学方法，提升幼儿的综合素养。

（八）教学活动设计案例：大班语言领域活动《中国民族乐器》

【学前儿童学习与发展特点】

大班幼儿能够逐渐提高自己的语言表达能力，开始能够用更丰富、更复杂的语言表达自己的想法和感受，同时能够清晰地表述简单的事件和观点。幼儿开始喜欢参与语言游戏、音乐游戏等，语言联想和表达能力有所提升，同时也对语言符号和文字产生兴趣。在大班阶段，幼儿开始能够掌握更多单词，并且能够应用这些单词进行简单的语言组织和表达，词汇量逐渐扩大，这也有利于幼儿对想象的描述。

【设计来源】

中国民族乐器是中华优秀传统文化的重要组成部分。为了让大班幼儿在欣赏和了解中国民族乐器的同时，培养其对民族文化的学习兴趣，可以开展相关的语言活动。通过介绍中国民族乐器的历史、特点和演奏方法，引导幼儿了解中国传统音乐文化，培养其对民族乐器的认知和兴趣。观看乐器演奏视频，鼓励幼儿用语言表达自己的情感和感受，培养其语言表达能力。聆听不同民族乐器的声音，培养幼儿的音乐感知能力。

【活动目标】

1. 通过交流、欣赏等活动，初步了解二胡、琵琶、古筝、笛子等常见民族乐器的主要特征及演奏方法。

2. 能大胆地表达自己对不同乐器的感受，体验分享经验的乐趣。

3. 初步感受中国传统文化的魅力，愿意学习中国传统文化。

【活动准备】

1. 物质准备：二胡、琵琶、古筝、笛子、大鼓的图片，民族乐器演奏的视频。

2. 经验准备：了解中国民族乐器。

【活动过程】

1. 谈话导入，引出主题。

（1）教师："小朋友们都听过什么乐器演奏呀？""听了这些乐器演奏都有什么感受？""这些乐器有什么特点呢？"

（2）幼儿自由回答。

（3）教师："今天老师带着大家一起来学习几种常见的民族乐器。"

2．教师播放图片和视频，依次介绍常见的中国民族乐器。

（1）教师呈现二胡的图片，提问幼儿：

①"这是什么乐器？"（二胡）

②"这种乐器有什么特点呀？"（长长的，下面有一个琴筒）

③"这种乐器是怎么演奏的？小朋友们可不可以用动作表现一下它是怎么演奏的。"（二胡是通过拉这个动作来演奏的）

④教师："现在请小朋友们带着老师刚刚提出的三个问题一起来看看老师准备的视频，看看小朋友们刚刚的回答对不对。"（教师播放视频）

视频播放完之后，教师总结："刚刚小朋友们看到的乐器叫作二胡，始于唐朝，已经有一千多年的历史了，二胡由琴筒、琴杆、琴轴、琴弦和琴弓组成，主要通过拉这个动作来完成演奏。"

（2）教师呈现琵琶的图片，提问幼儿：

①"这是什么乐器？"（琵琶）

②"这种乐器有什么特点？"（像一个水滴，有四根弦）

③"这种乐器是怎么演奏的？小朋友们可不可以用动作表现一下它是怎么演奏的。"（竖抱，左手按弦，右手五指弹奏）

④教师："现在请小朋友们带着老师刚刚提出的三个问题一起来看看老师准备的视频，看看小朋友们刚刚的回答对不对。"（教师播放视频）

视频播放完之后，教师总结："刚刚小朋友们看到的乐器叫作琵琶，是一种拨弦类弦鸣乐器，是用木或竹制成的，音箱呈半梨形，就像你们说的，像一个小水滴，演奏时竖抱，左手按弦，右手五指弹奏。"

（3）教师呈现古筝的图片，提问幼儿：

①"这是什么乐器？"（古筝）

②"这种乐器有什么特点？"（是长方形的，架子支起来的，有很多弦）

③"这种乐器是怎么演奏的？小朋友们可不可以用动作表现一下它是怎么演奏的。"（古筝是通过弹这个动作来演奏的）

④教师："现在请小朋友们带着老师刚刚提出的三个问题一起来看看老师准备的视频，看看小朋友们刚刚的回答对不对。"（教师播放视频）

视频播放完之后，教师总结：刚刚小朋友们看到的乐器叫作古筝，是汉民族古老的民族乐器，形制为长方形木制音箱，弦架可以自由移动，就像小朋友们看到的，古筝上有很多琴弦，我们就是通过弹这些琴弦来演奏古筝的。

（4）教师呈现笛子的图片，提问幼儿：

①"这是什么乐器？"（笛子）

②"这种乐器有什么特点？"（长长的，像一根棍子，有很多小孔）

③"这种乐器是怎么演奏的？小朋友们可不可以用动作表现一下它是怎么演奏的。"（笛子是通过吹这个动作来演奏的）

④教师："现在请小朋友们带着老师刚刚提出的三个问题一起来看看老师准备的视频，看看小朋友们刚刚的回答对不对。"（教师播放视频）

视频播放完之后，教师总结：刚刚小朋友们看到的乐器叫作笛子，它是到现在为止发现的最古老的汉族乐器，也是最有民族特色的吹奏乐器。

（5）教师小结

刚刚老师带着小朋友们学习了二胡、琵琶、古筝和笛子，这些乐器都属于民族乐器，是中华民族独有的，从古代一直传承到现在，需要我们共同欣赏和保护。

3. 幼儿欣赏中华民族乐器的演奏，大胆表达自己的不同感受。

教师："学习了这几种乐器，接下来我们再去听听这些乐器演奏的过程，小朋友们闭着眼睛，仔细聆听，听完之后告诉老师你们都有什么样的感受。"

（1）播放二胡名曲《兰亭序》。（教师向幼儿提问节奏快慢及幼儿的感受）

（2）播放琵琶名曲《十面埋伏》。（教师向幼儿提问节奏快慢及幼儿的感受）

（3）播放古筝名曲《高山流水》。（教师向幼儿提问节奏快慢及幼儿的感受）

（4）播放笛子名曲《牧笛》。（教师向幼儿提问节奏快慢及幼儿的感受）

（5）教师小结：不同的乐器演奏的方式不同，节奏不同，带给小朋友们的感受也会不同，刚刚我们感受了这么多乐器的代表作，每一首曲子，它的价值在我们中国传统文化中都是独一无二的，那接下来老师再带着小朋友们一起来欣赏一下让这些乐器一起演奏，是什么样的感觉。

4. 教师带领幼儿再次欣赏乐器演奏，进一步感受中国民族文化的魅力。

（1）教师播放乐器合奏的视频，师幼共同欣赏。

（2）播放完视频，教师："我听到有小朋友说刚刚视频里面出现了我们今天没有学到的乐器，那现在小朋友们就和你的同伴一起讨论一下刚刚出现的是什么乐器呀，并且学习了今天的内容以后你们对于传统文化有什么样的感受！"

（3）幼儿自由讨论，讨论完之后举手起来与其他小朋友分享。

【活动延伸】

1. 回家后与爸爸妈妈一起欣赏中华民族乐器的演奏，和父母说说自己的感受。

2. 到音乐区、休闲区使用音乐播放器欣赏各种乐器的演奏。

【活动反思】

该活动有效地引发了幼儿对中国民族乐器的兴趣，在一定程度上增强了他们对中国传统文化的认知和理解；教师能很好地观察幼儿的活动参与程度、表达意见的自信程度等，活动中幼儿的语言表达和情感交流的能力逐渐提高。教师应主动、积极地听取老师和家长对活动的反馈意见，了解他们对活动效果和幼儿表现的看法，为今后活动的改进提供依据。

第四章　学前儿童德育活动与家庭教育的协同合作研究

第一节　家庭教育的概述

一、家庭教育的含义

家庭是孩子的第一所幼儿园，而家长则是他们人生中的第一任教师。家庭教育对孩子未来的发展具有极大的影响。如果家庭教育不到位，就会抵消幼儿园教育的效果，甚至导致孩子的心理、人格发育不健全，影响到他们的健康成长。家庭教育是指在家庭环境中进行的一种教育活动，通过家长和其他家庭成员对孩子的言传身教，对其进行品德、知识、技能等方面的培养和教育。家庭教育是孩子成长过程中最早、最重要的一部分教育，对于孩子的成长和发展具有深远的影响。

首先，家庭教育包含了家长和其他家庭成员对孩子的言传身教。作为孩子成长过程中最亲近的人，家长和亲人们的言传身教能够直接塑造孩子的性格和行为习惯，影响孩子的世界观和人生观。家庭教育通过家长的榜样作用和言传身教，能够给孩子传递价值观念、道德规范和行为准则。

其次，家庭教育还包括了对孩子知识、技能等方面的培养。家长在孩子日常生活中可以进行很多教育活动，如阅读故事、讨论问题、一起做家务等，这些都是培养孩子综合能力所必需的教育方式。通过这些方式，孩子可以学到很多日常生活中的知识和技能，促进身心健康全面发展。

最后，家庭教育还与孩子的性格塑造和社会交往能力的培养息息相关。家庭是孩子最早接触和了解社会的地方，家庭教育对孩子的性格塑造和社会交往能力具有决定性的作用。家长在孩子和家庭成员的相处中，能够引导孩子学会与人交往、处理人际关系，培养其合作精神和团队意识，这对孩子在将来社会生活中具有重要意义。

第二节　学前儿童德育与家庭教育的融合模式

一、融合模式背景

学前儿童德育与家庭教育的融合研究源于对儿童全面健康成长的关注和追求。在传统观念中，德育主要是幼儿园的责任，而家庭教育则被视为家长的天职。然而，随着社会变迁和家庭结构的多样化，人们逐渐意识到幼儿园和家庭在培养儿童德育方面的合作共育是必要的。

（一）学前儿童所处的家庭环境对其德育具有重要影响

家庭是儿童最早的社会化环境，家庭教育往往对儿童性格的养成和价值观念的产生有着深远影响。然而，由于家庭教育的专业性和规范性参差不齐，部分家庭在德育方面的教育水平和方法还有待进步。因此，幼儿园需要与家庭合作，提供关于儿童德育的专业知识和指导，帮助家长更好地实施家庭教育。

（二）幼儿园离不开家庭的支持和配合

幼儿园的德育需要融入家庭教育的延伸，以形成良性互动。家庭是幼儿园德育的重要协作伙伴，幼儿园和家庭需要协同努力，共同促进学前儿童的德育发展。家长的参与和支持可以增强幼儿园德育工作的有效性，为孩子的全面成长提供更加有力的保障。

（三）当代社会对学前儿童的全面发展提出了更高的要求

除了认知能力的培养，德育在学前教育中扮演着越来越重要的角色。德育不仅要求幼儿园的教育工作者进行专业指导，还需要家长的积极参与，共同为儿童的德育发展搭建良好的社会环境。

学前儿童德育与家庭融合模式是一种旨在通过幼儿园和家庭之间的紧密

合作，共同关注学前儿童的品德养成和全面发展的教育模式。该模式以家庭为基础，幼儿园为支撑，通过双方的互动与合作，共同努力为学前儿童打造良好的成长环境和教育资源。学前儿童德育与家庭合作共育模式的建立对于促进儿童全面发展具有重要意义。该模式的建立能够加强幼儿园和家庭之间的沟通和合作，共同为学前儿童提供更好的成长环境和教育资源，促进学前儿童的品德养成和心智发育，有助于建设更和谐、健康的社会。

因此，学前儿童德育与家庭教育的融合是非常必要和迫切的。这种融合使得幼儿园和家庭教育形成了一种密切互动的关系，能够更好地促进学前儿童的全面成长与发展。

二、基本原则和内容

（一）尊重和平等原则

尊重每个学前儿童的独特个性，关注其心理健康和情感需求，通过合作共育模式，为他们提供个性化的德育方案和成长支持。幼儿园应尊重每个儿童和家庭的个体差异，包括文化背景、价值观和教育观。尊重意味着认可儿童和家庭的独特性和多样性，不作盲目的归因或评价。家庭和幼儿园之间的平等合作是实现这个原则的关键，通过平等合作，增进了解和信任，为儿童提供更为全面和谐的教育。

（二）合作共育原则

学前儿童的教育不仅仅限于幼儿园内的学习，家庭也是重要的教育场所。因此，幼儿园应与家庭合作共育，共同关心和教育孩子。这种合作需要建立在尊重和信任的基础之上，鼓励家长参与幼儿园的活动和决策。家庭也应积极参与孩子的学习和成长，通过家园互动促进学前儿童的品德养成和全面发展，形成家庭、幼儿园、社会的良性互动关系。

（三）教育互动原则

幼儿园和家庭之间需要建立良好的信息沟通和互动机制，建立积极、和谐的教育生态，提供多种形式的家园互动活动，及时传递重要信息和建立互信关系，实现教师、家长和孩子之间的良性互动，共同关注孩子的学习和成长。这种互动并不仅仅是单向的信息传递，还应该包括双向的交流和参与。幼儿园应主动了解家庭的教育需求和困难，为家庭提供相关支持。家庭也要积极参与幼儿园的教育活动，保持密切的家园联系。

（四）示范引导原则

幼儿园应积极示范良好的家庭教育方式，鼓励家长参与幼儿园教育活动，成为孩子身心发展的引导者。这种示范不仅包括教育方法的示范，还包括幼儿园对家庭教育的支持和帮助。通过积极示范，促进家园之间更为紧密的协作，提升孩子的教育品质。

（五）共建共享原则

幼儿园和家庭应共同参与儿童德育方案的设计、实施和评价，并共同分享教育成果和责任。这种共建共享的合作态度有助于增加双方之间的信任和合作，创造一个更好的教育环境。同时，这也是一种教育责任的体现，鼓励双方都对儿童的成长负起应尽的责任。

（六）以儿童为中心原则

幼儿园和家庭应该以儿童的需要和发展为导向，促进儿童全面健康成长。这意味着需要关注儿童的个体差异，尊重他们的成长速度和方式，为儿童提供一个积极、能够满足需求、促进成长的环境。通过以儿童为中心，幼儿园和家庭可以根据儿童的兴趣和需求提供有针对性的教育。

（七）支持家庭原则

幼儿园应了解家庭教育的需求和困难，提供相应的支持和帮助，共同促进学前儿童的全面发展。这种支持不仅包括教育资源和指导，还包括对家庭教育的尊重和理解。这可以提升家庭对教育的信心和责任感，为儿童提供更为全面的教育环境。

三、主要实施步骤和措施

（一）制定融合模式的方针政策

政府应制定相关的方针政策，明确学前儿童德育和家庭教育融合的重要性和必要性，推动相关资源的统筹和整合，明确各方责任和义务。

（二）开展调研和评估

对学前儿童的家庭教育现状和儿童德育需求进行调研和评估，了解家庭教育的薄弱环节和学前儿童的德育需求，为融合模式的实施提供依据。

（三）建立融合模式的组织机构

成立专门的机构或工作组，负责学前儿童德育和家庭教育融合模式的实施、指导和管理，确保各项工作有序进行。

（四）制订实施方案和指导手册

结合实际情况，制订学前儿童德育和家庭教育融合模式的具体实施方案和指导手册，包括融合活动设计、师资培训、家长参与指导等内容。

（五）加强师资培训

通过举办专题培训、开展教学观摩等方式，加强对学前教育机构教师的德育示范培训，提升教师的专业化水平和家园配合能力、家庭教育意识和德育素养，培养教师与家长有效沟通、合作的能力。

（六）建立家庭与幼儿园合作的组织机构

定期开展家长学习班，培养家长积极参与幼儿园教育的意识，帮助他们更好地了解学前儿童的成长需求，增强家长参与幼儿园教育的主动性和积极性。

（七）建立常规沟通机制

开展家庭访谈等常规沟通机制，幼儿园定期与家长进行沟通，了解学前儿童在家庭生活中的情况，共同探讨解决学龄前儿童成长中遇到的问题。

（八）设立学前教育教研团队

开展家园共育理念的研究和实践，制订具体的家园共育方案和家庭德育指导手册。教师通过参加家庭活动，走进学前儿童家庭，了解家庭教育情况，为学前儿童提供更贴心的德育指导和帮助。

（九）设计德育融合活动

根据家庭教育和学前儿童德育的实际需要，设计各种形式的融合活动，如亲子游园会、家长开放日、亲子运动会、家庭手工制作比赛、家庭走访、家庭讲座等，营造和谐共育氛围，促进家庭和幼儿园的互动，增进教师、儿童、家长的感情交流，提高学前儿童的家庭教育质量。

（十）开展评估和总结

建立有效的评估机制，定期对学前儿童德育和家庭教育融合模式进行评估，总结经验，不断完善和提升融合模式的实施效果。

四、评估和调整

开展绩效考核，建立家庭参与评估机制，定期对学前儿童德育与家庭合作共育模式进行评估，对家庭的参与度和家庭教育环境的整体情况、学前儿童的品德发展情况、教师专业水平等方面进行全面评估。根据评估结果，及时对融合模式进行调整和改进，不断提高模式的实效性和可持续性。

评估"学前儿童德育和家庭教育融合模式"需要从教育目标、内容、资源、环境、成效和持续改进几个方面进行全面评估，以确保该模式能够有效促进学前儿童的德育发展。

（一）教育目标评估

评估融合模式是否明确了学前儿童的德育目标和家庭教育的目标，并且这些目标是否具体、可行、符合学前儿童的发展特点和家庭教育需求。

（二）教育内容评估

评估融合模式中的德育内容和家庭教育内容是否贴合学前儿童的认知、情感和行为特点，同时也要评估这些内容的实施策略和方法是否能够有效地融入学前教育和家庭教育之中。

（三）教育资源评估

评估融合模式中所需要的教育资源，包括教材、教具、师资和家庭支持资源等，是否足够齐全、合理有效。

（四）教育环境评估

评估融合模式中的教育环境，包括学前教育环境和家庭教育环境，是否能够为学前儿童的德育和家庭教育提供良好的条件和氛围。

（五）教育成效评估

通过定量和定性的方法评估融合模式的实施效果，包括学前儿童的德育水平提升、家庭教育质量改善、家庭与幼儿园的互动情况等方面的变化。

（六）教育持续改进评估

评估融合模式中的教育评估机制是否科学有效，能否为模式的持续改进提供有力的数据支持。

五、意义和影响

第一，融合学前儿童德育和家庭教育的教育体系，可以通过幼儿园和家庭的协同合作，更全面地促进孩子的身心健康和德育水平发展，促进学前儿童德育的全面发展，增强学前儿童的品德修养和社会适应能力，提高教育的整体效果。

第二，学前儿童正处于人格形成的关键阶段，该融合模式可以在幼儿园和家庭共同努力下，帮助孩子树立正确的人生观、价值观和社会责任感，从小培养他们健康向上的道德品质，家庭教育环境建设得到加强，可以放大家庭教育对学前儿童成长的积极影响。

第三，该融合模式不仅促进了幼儿园和家庭的密切合作，构建健康和谐的教育生态，共同推动学前儿童的全面成长，而且也加强了教师和家长之间的沟通和互信，形成了良好的教育合力，有利于幼儿园和家庭在教育事业中的长期合作。

第四，帮助家长更好地了解和关注学前儿童的成长需求，增强家长对学前儿童的情感支持和教育引导。通过与幼儿园的有机结合，家庭教育得到了更多的关注和支持，家长也能更科学、更系统地参与到孩子的德育中，增强了家庭教育的功能和效果。

通过以上方案的实施，开展学前儿童德育与家庭合作共育模式，将会促进学前儿童的健康成长和全面发展，促进幼儿园与家庭之间的积极互动；在教育过程中充分发挥幼儿园和家庭的作用，实现了教育资源的优化配置和互补，有利于构建更加和谐健康的社会教育环境，构建和谐健康的教育生态，为培养更多品德高尚、健康向上的下一代奠定坚实基础。

第三节　家庭教育与学前儿童德育的关系分析

学前儿童德育活动和家庭教育之间存在密切的关系，两者互为补充、相互支持。学前儿童德育活动是在学龄前儿童阶段进行的有意识、有组织的道德教育和品德培养活动，而家庭教育则是指家长对孩子进行的教育和培养。

一、学前儿童德育活动对家庭教育的影响

学前儿童德育活动对家庭教育有着积极的影响，为孩子的健康成长和促进家庭教育的发展发挥着重要作用。

（一）学前儿童德育活动可以培养孩子的道德品质和社会行为规范

在学前儿童阶段，孩子一般会在幼儿园或学前班接受德育活动的指导和培养。这些活动通常包括情感教育、社交技能培养、价值观教育等内容，可以帮助孩子建立良好的道德观念和行为习惯。这些在幼儿园中获得的正面影响可以促进孩子形成良好的道德品质和行为规范，并对家庭教育起到辅助作用。当孩子在学前教育机构接受到这些德育后，会将这些道德准则和规范带回家，影响到家庭教育环境。家长在和孩子交流互动时，也能够借鉴学前教育引导孩子的方式，更好地进行家庭教育。

（二）学前儿童德育活动有助于增强家庭教育的亲子互动

通过参与学前教育机构组织的德育活动，家长和孩子可以共同参与其中，一起学习。这种亲子活动有助于增进亲子关系，促进家庭教育的和谐发展。

（三）学前儿童德育活动还可以为家长提供指导和启发

通过观察和参与孩子在学前教育机构的德育活动，家长可以更好地理解孩子的成长需求和发展特点，从而更有效地进行家庭教育，提供更有针对性和个性化的教育指导；通过学前教育活动，家长可以更好地了解儿童

173

成长中的特殊需要和发展阶段，学习更有效的育儿方法和教育技巧；家长可以通过与幼儿园老师的交流、参与幼儿园举办的家长培训活动，获得更多有益的育儿建议和教育资源，进一步提升家庭教育水平。

（四）学前儿童德育活动也可以促进家庭教育的规范化

在学前儿童阶段，幼儿园往往为儿童制定规范的行为准则和处罚奖励机制，引导他们形成良好的行为习惯和品德观念。这些规范化的教育措施可以影响孩子在家庭中的表现，鼓励孩子在家庭中积极参与家务劳动、尊敬长辈、关心他人等，促进家庭教育更加规范化。

总之，学前儿童德育活动对家庭教育起着重要的促进和支持作用，有助于提高家长的教育水平、促进家庭教育的规范化、培养孩子的行为习惯和价值观念，从而共同促进孩子全面发展。因此，幼儿园和家庭应加强沟通与合作，充分发挥各自的优势，共同为儿童的德育创造良好的成长环境。

二、家庭教育促进学前儿童德育活动的开展

家庭教育在促进学前儿童德育活动方面发挥着重要作用。家庭是孩子最早接触到的社会环境，家庭教育对于孩子的价值观、道德观念和行为习惯的养成起着至关重要的作用。

（一）家庭教育对学前儿童的态度、价值观和行为习惯有着重要的塑造作用

家庭是孩子最早接触的社会环境，家庭教育可以通过言传身教的方式，教会孩子尊重他人、诚实守信、友善待人等道德规范，培养孩子的品德修养和社会责任感。家长的言行举止、家庭氛围和家庭价值观念对孩子的德育有着直接而深远的影响。家长作为孩子的第一任教育者，通过自身言传身教，可以帮助孩子形成正确的价值观和道德观念。家长积极向上的言行举止会对孩子产生深远影响，潜移默化地引导孩子形成良好的品德和行为规范。

（二）家庭教育对学前儿童的情感发展影响深远

家庭是孩子最主要的情感依托，良好的家庭教育可以帮助孩子建立积

极的情感态度，促进情感的健康发展。在家庭中，孩子可以获得温暖、关爱和支持，这种良好的感受是孩子道德发展的基础。家长要用爱心、耐心和关怀，倾听孩子的心声，尊重孩子的选择，通过家庭教育培养孩子的同情心、责任感和友爱精神。

（三）家庭教育对学前儿童的行为习惯的养成至关重要

家长能够在日常生活中引导孩子养成好的行为习惯，培养孩子的自我约束能力。家长应该及时对孩子的不良行为进行正确的引导和纠正，帮助孩子理解正确和错误的行为，培养孩子的自律意识和规范的行为习惯。家长可以通过心理沟通、模范示范等方式，引导孩子建立正确的行为观念和行为模式。

（四）家庭教育帮助学前儿童建立正确的社会认知和社交技能

在家庭中，孩子可以学到与他人相处的基本技能，包括倾听、表达意见、合作、分享等，这些都对学前儿童的德育活动具有重要的支持作用。良好的家庭教育可以为孩子提供一个积极的社会互动氛围，帮助孩子建立良好的人际关系，培养孩子的合作精神和社会责任感。

（五）家庭教育可以对学前儿童进行文化熏陶

家庭是孩子接受教育的第一课堂，家庭教育对于学前儿童的德育活动有着独特的文化熏陶作用。父母可以通过家庭教育传递家庭的文化和道德观念，让孩子接受正统文化的熏陶，培养孩子的文明修养和社会责任感。

因此，家长应当重视自己在家庭中的言传身教作用，创造一个温馨和睦的家庭氛围，关注孩子的情感需求，给予孩子正确的行为指导，从而对孩子的德育活动产生积极的影响。

第四节　家庭教育与学前儿童德育活动结合的实践研究

一、案例1：家长参与幼儿园中华优秀传统文化周活动方案

（一）活动背景

随着社会的发展和全球化的进程，中华优秀传统文化在幼儿教育中的

地位逐渐受到重视。中华优秀传统文化作为中华民族的瑰宝，具有悠久的历史和深厚的底蕴，对于幼儿的成长和发展具有重要意义。为了更好地传承和弘扬中华优秀传统文化，许多幼儿园开始组织中华优秀传统文化周活动，并鼓励家长积极参与。中华优秀传统文化周活动是幼儿园为了让幼儿更好地了解中华优秀传统文化而设立的特别主题活动。通过这个活动，幼儿园希望能够引导幼儿对中华优秀传统文化产生兴趣，加深幼儿对中华优秀传统文化的理解和认同，培养幼儿的文化自信和个人特长。

家长作为幼儿的第一任教师，在幼儿园中华优秀传统文化周活动中的参与至关重要。家长参与可以为幼儿提供更多的家庭背景和传统文化知识，增加他们对传统文化的理解和感受。家长可以通过讲故事、演示技艺、制作手工等方式，将传统文化融入日常生活，让幼儿在家庭和幼儿园中感受到传统文化的魅力和独特之处。在中华优秀传统文化周活动中，家长可以与幼儿一起制作手工艺品、体验传统游戏、学习传统乐器等，通过共同参与活动，加深亲子之间的情感交流，增强家庭的凝聚力。此外，家长的积极参与可以激发幼儿的学习兴趣和主动参与的态度。在家长的带领和指导下，幼儿能够更加主动地参与到活动中，积极体验和探索传统文化的各个方面。这不仅可以培养幼儿的创造力和动手能力，还可以促进他们的思维发展和社交能力的提升。通过家长的参与，我们可以共同关注幼儿的全面发展，让幼儿在家庭和幼儿园的双重影响下更好地了解和传承中华优秀传统文化的宝贵精神财富。

（二）活动目标

1. 弘扬中华优秀传统文化

通过家长参与幼儿园中华优秀传统文化周的活动，我们希望能够向幼儿传递中华优秀传统文化的重要性，让幼儿在家庭和幼儿园中受到更多传统文化的熏陶。通过亲身体验和参与传统文化活动，幼儿将更加直观地感受到中华优秀传统文化的魅力和韵味。

2. 培养家长与幼儿园的合作意识

家长是幼儿的第一任教师，他们对幼儿的成长起着重要的作用。通过家长参与幼儿园的活动，可以加深家长与幼儿园之间的合作意识和沟通，让双方共同关注和呵护幼儿的成长。同时，家长的积极参与也可以提高幼儿园工作质量和效果，为幼儿的全面发展提供更好的支持和帮助。

3. 培养幼儿的团队合作和创造力

通过家长参与幼儿园的中华优秀传统文化活动，幼儿将与家长一起参与各种活动，如制作手工艺品、体验传统游戏、学习传统乐器等。这些活动不仅可以培养幼儿的动手能力和创造力，还可以通过与家长的合作和互动，培养幼儿的团队合作意识和社交能力。同时，这些活动也可以激发幼儿的学习兴趣和积极参与的态度，为他们的未来发展打下坚实的基础。

（三）活动内容

1. 主题介绍：由幼儿园向家长介绍本次活动的主题和目标，强调中华优秀传统文化的重要性和特点，并鼓励家长积极参与。

2. 家庭传统手工艺品展示：鼓励家长展示传统手工艺品，如中国结、剪纸、窗花等。同时，鼓励家长和幼儿一起制作手工艺品，培养幼儿的动手能力和创造力。

3. 传统服饰展览：邀请家长和幼儿一起穿上中国传统服饰，进行传统服饰展览，展示中国古代的服饰文化。同时，可以展示传统节日的服饰，如春节的汉服、端午节的龙舟服装等。

4. 艺术体验：组织家长和幼儿一起进行艺术体验，如中国画、剪纸等。可以请专业老师进行现场指导，让家长和幼儿感受传统艺术的魅力。

5. 中国传统音乐欣赏：邀请家长和幼儿一起欣赏中国传统音乐，在音乐中感受中华民族的情感与艺术表达。也可以组织家长和幼儿一起学习传统乐器，如古筝、二胡等。

6. 传统美食分享：邀请家长分享自家制作的传统美食，可以有现场制作示范和品尝环节，让幼儿更好地了解中国传统的饮食文化。

7. 传统游戏体验：组织家长和幼儿一起体验中国传统游戏，如踢毽子、跳绳、折纸飞机等。同时，可以加入一些传统游戏的互动小游戏，增加趣味性和参与性。

8. 讲故事活动：邀请家长和幼儿一起分享中国传统故事和神话传说，让幼儿通过故事了解中国的历史和文化。

（四）活动总结

通过家长参与幼儿园中华优秀传统文化周的活动，可以让家长和幼儿更好地了解和体验中华优秀传统文化，促进家庭和幼儿园的合作，并为幼儿的全面发展提供一个多样化的成长环境。同时，通过参与各类活动，培养幼儿的创造力、团队合作意识和社交能力，为他们的未来发展打下坚实的基础。

二、案例2：家园合作开展义工服务活动方案

（一）活动背景

随着社会的发展和家庭教育理念的转变，国家越来越重视幼儿的全面发展。人们意识到幼儿期是孩子发展的关键时期，早期教育不仅仅在于传授知识，更注重培养幼儿的综合素质和社会能力。家庭是孩子成长的第一课堂，幼儿园是孩子成长的第二课堂。家庭和幼儿园之间的合作对于孩子的全面发展至关重要。因此，越来越多的幼儿园和家庭开始积极尝试合作开展各种形式的活动，共同促进孩子的成长和发展。当代社会充满竞争和挑战，培养孩子的社会责任感和乐于助人的精神是教育的重要任务之一。这不仅可以培养孩子的社会责任意识，还可以使他们更好地适应社会发展的需要。

因此，幼儿园和家庭合作开展义工服务活动是顺应社会发展需求和教育理念转变的产物。通过这种活动，可以培养幼儿的社会责任感和乐于助人的精神，加强家庭和幼儿园之间的合作关系，为幼儿的全面成长和发展提供一个良好的环境和条件。同时，也为幼儿的未来发展奠定了坚实的基础。

（二）活动目标

1. 培养幼儿的社会责任感

通过参与义工服务活动，让幼儿体验到帮助他人的快乐和成就感，培养他们的社会责任感，并激发他们关心他人、乐于帮助他人的意识和行为。

2. 培养幼儿的乐于助人的精神

通过与家长一起参与义工服务，幼儿可以学习和体验到团队合作和互

助的精神。在活动中，他们可以发挥自己的优势和特长，为他人提供帮助和支持，培养自己乐于助人的精神。

3. 加强幼儿园与家庭的互动和合作关系

通过参与义工服务活动，家长可以更深入地了解幼儿园的教育理念和活动内容，进一步加强家庭与幼儿园之间的合作关系和互动，共同为幼儿的成长和发展创造良好的环境和条件。

4. 提供全方位的成长环境

通过与家长一起参与义工服务活动，幼儿可以接触不同的人群和环境，拓宽眼界，增加经验，促进自身全面发展。他们可以学习到新知识、培养社交能力和团队合作能力，提高解决问题和应对挑战的能力，为自己的成长奠定坚实的基础。

（三）活动内容

1. 家庭义工招募：幼儿园通知家长，邀请家长和幼儿参与义工服务活动。家长可以根据自己的能力和兴趣，选择适合的义工项目。幼儿园也可以提前准备一份义工项目清单，供家长选择。

2. 游戏活动助力：家长参与游戏活动的策划和组织。家长可以提供游戏想法、制作游戏道具，或者担任游戏监督员。这样既可以丰富活动的内容，又可以培养幼儿们的团队合作意识和社交能力。

3. 美化幼儿园环境：邀请家长和幼儿参与幼儿园环境的美化工作。家长和幼儿可以一起种植花草，整理花坛，清洁及维护校园环境卫生。通过参与环境美化活动，家长和幼儿能够更好地了解幼儿园的运作，培养幼儿爱护环境的意识。

4. 主题志愿者讲座：通过邀请专家或相关人士进行主题讲座，让家长和幼儿了解不同的志愿服务项目和参与方式。家长可以与孩子讨论志愿服务的意义。

5. 社区义工活动：幼儿园可以与周边社区合作，参与社区义工活动。家长和幼儿可以一起参加社区清洁、植树、讲座等活动，共同为社区的环境建设和发展作出贡献。

6. 交流与展示：活动结束后，幼儿园可以组织家长和幼儿进行交流。

家长可以分享自己参与义工服务的经历，幼儿则可以分享自己的感受和收获。此外，可以组织展示活动，让家长和幼儿展示他们的义工服务成果。

（四）活动总结

在活动结束后，可以进行一次评估，了解家长和幼儿对活动的满意度和意见建议。根据评估结果，及时调整和改进活动方案，更好地促进幼儿园和家庭的合作关系和幼儿的全面发展。通过幼儿园和家庭合作开展义工服务活动，可以培养幼儿的社会责任感，增强家庭与幼儿园的合作意识，同时为幼儿提供一个多样化的成长环境。家庭和幼儿园共同努力，为幼儿的综合发展奠定坚实的基础。

三、案例3：家园开展德育互访活动方案

（一）活动背景

家园合作是促进幼儿全面发展的重要因素。家长是孩子们最早的教育者，家长对于孩子的情感支持、生活习惯和价值观的培养起着不可替代的作用。而幼儿园作为孩子们的第二家园，负责为孩子们提供良好的学习和成长环境，两者之间的紧密合作可以使孩子在家庭和幼儿园中得到更好的支持和教育。互访活动能够深化家庭与幼儿园之间的了解和信任。通过幼儿园和家庭互访活动，家长们能够更加全面地了解幼儿园的教学方式、教育理念以及幼儿园的特色。同时，幼儿园的工作人员也能够更加详细地了解孩子们在家庭中的兴趣爱好、家庭文化背景等。这种相互了解和信任的建立有助于家园间更好地沟通和合作，共同关注孩子的成长和发展。

家庭和幼儿园之间的互动，让孩子们感受到家庭和幼儿园的关爱和支持。家长参观幼儿园和参与幼儿园的活动，可以更好地了解孩子在幼儿园的学习情况，建立家庭和幼儿园之间的情感纽带。因此，幼儿园和家庭开展互访活动能够促进家园合作，增进亲子关系，为孩子们提供一个积极融洽的学习和成长环境。这种互访活动不仅可以增强家庭和幼儿园之间的沟通与合作，还能够更好地满足孩子们的需求，促进他们的全面发展。希望通过这样的互访活动，家庭和幼儿园能够共同努力，为孩子们的成长奠定

坚实的基础。

（二）活动目标

1. 增进家园合作

互访活动为家庭和幼儿园提供了一个了解彼此的机会，家长能够更加全面地了解幼儿园的教学方式、教育理念以及幼儿园的特色；幼儿园的工作人员也能够更加详细地了解孩子们在家庭中的兴趣、需求和背景。通过双方的了解与合作，可以形成强大合力，共同为孩子制订教育目标和方案，共同营造良好的学习环境。

2. 深化亲子关系

互访活动可以增强家长、孩子、幼儿园之间的情感纽带。家长参观幼儿园、参与幼儿园活动，与孩子们一起学习和玩耍，可以增进家庭成员之间的亲密关系，增强亲子间的沟通和信任。孩子在幼儿园参观家庭的过程，也能感受到家庭对他们的关爱和支持，增强他们的自信心和归属感。家庭和幼儿园的双向关注和互动，使孩子们能够在亲密的家庭环境和丰富的幼儿园生活中更全面地成长。

3. 创造良好的学习环境

互访活动为孩子们创造了积极融洽的学习环境。家长参观幼儿园，了解幼儿园的教育资源和师资力量，可以更好地支持孩子们的学习。家长与幼儿园共同合作，制订家庭作业、学习计划等，为孩子们提供更好的学习指导和资源。而幼儿园参访家庭，了解孩子们在家庭中的生活习惯和文化背景，也能更好地为幼儿园教育设计提供参考。这种积极的学习和成长环境对于孩子们的学习兴趣、自主意识和自信心的培养都具有重要意义。

（三）活动准备

1. 幼儿园与家庭之间进行沟通，商定具体的活动时间和方式。

2. 幼儿园向家长们发出参与互访的邀请函，并解释活动的目的和意义。

3. 家长们回复确认参与，并提前了解幼儿园的相关规定和安排。

4. 幼儿园准备好接待家长的场所和设施，并安排工作人员进行指导和协助。

（四）活动安排

1. 第一阶段：参观家庭

家长们安排好时间，邀请幼儿园的老师或工作人员到家中参观。

家长们可以向幼儿园的工作人员展示家庭的文化特色、家庭作息等。

幼儿园的工作人员与幼儿进行交流、互动，了解家庭环境和孩子们的兴趣爱好。

2. 第二阶段：幼儿园开放日

幼儿园安排开放日活动，邀请家长们到幼儿园参观。

家长们可以观察和体验幼儿的学习环境、教育方式和活动内容。

幼儿园的老师或工作人员向家长们介绍幼儿园的特色、教学理念等。

家长们有机会参与到幼儿课堂或活动中，与孩子们共同学习和玩耍。

3. 第三阶段：活动总结与展示

幼儿园和家长们共同总结互访活动的收获和体会。

幼儿园可以组织家长们参与讨论会，分享他们的经验和建议。

幼儿园可以展示一些家长们在家庭互访或开放日活动中的参与照片或作品。

4. 第四阶段：常态化

根据活动情况，幼儿园可以定期开展家长参与的活动，加强家园合作。

通过幼儿园和家庭开展互访活动，可以让家庭和幼儿园之间建立起良好的互动关系，增进彼此的了解和信任。这种互访活动不仅能够促进家园合作，还能够让孩子们更好地融入幼儿园的学习环境，激发他们的学习兴趣和积极性。同时，家长们也能够更全面地了解幼儿园的教育理念和教育方式，并为孩子的学习发展提供更好的支持。

四、案例4：开展家长职业进幼儿园活动方案

（一）活动背景

幼儿处于快速发展的阶段，他们对外界事物充满好奇，有着强烈的

探索欲望。为了满足幼儿的求知欲和培养他们的多元化视野，幼儿园决定邀请家长们进入幼儿园，展示他们的职业，让孩子们更加了解社会和职业的多样性。幼儿园也希望通过家长的参与，打破传统的课堂模式，为幼儿们提供更加丰富多彩的学习环境。家长们作为孩子们最亲近的人，他们的参与不仅可以增进亲子关系，还可以为幼儿创造更多的学习机会和体验机会。此外，家长职业进幼儿园活动也有助于培养幼儿的社会意识和职业意识。通过与不同职业的家长接触和交流，幼儿可以了解到社会的多样性和各种职业的特点和要求。这有助于他们树立正确的职业观念，为未来的职业规划奠定基础。

家长职业进幼儿园活动是一项旨在促进家园合作、丰富幼儿教育内容、培养幼儿社会意识和职业意识的活动。因此，通过这一活动，幼儿能够更好地了解社会和职业的多样性，家长也能积极参与到幼儿的教育中，共同促进幼儿的全面发展。

（二）活动目标

1. 增进亲子关系

此次活动旨在加强家长和幼儿之间的沟通和交流。通过家长展示自己的职业，幼儿能更好地了解父母工作的内容，加深彼此之间的情感联系。

2. 激发兴趣和好奇心

通过幼儿园内的家长展示活动，帮助幼儿更好地了解不同职业并激发对职业的兴趣和好奇心。家长们可以利用工具、制服、图片等展示自己的职业，让幼儿们直观地感受职业的魅力。

3. 培养正面价值观

通过家长的展示，幼儿们可以清晰地认识到不同职业的重要性和正面价值。家长们可以通过故事分享、互动游戏等方式，传递正能量和积极的职业观念，帮助孩子们树立正确的职业理念。

4. 增强社会意识

家长职业进幼儿园活动可以让幼儿更好地融入社会，了解社会各行各业的多样性。这有助于培养幼儿的社会意识、尊重他人的劳动，以及理解彼此在社会中协作的重要性。

5. 引导职业规划

家长职业进幼儿园的活动为幼儿提供了机会，通过家长的职业展示和互动，帮助他们初步了解不同职业的特点和要求。这有助于幼儿在未来更好地了解自己的兴趣和优势，并为未来的职业规划提供参考。

（三）活动准备

1. 邀请家长提前准备介绍自己职业的资料和道具，如工具、制服、图片等。

2. 与幼儿园老师协商确定活动安排和时间。

3. 准备活动场所和材料。

（四）活动流程

1. 开场介绍

幼儿园老师向幼儿们介绍活动的目的和安排。

家长们依次介绍自己的职业、工作内容、工具和制服等。

2. 职业展示

家长们分组到不同的活动区域展示自己的职业，幼儿们可以自由选择参观。

家长们向幼儿们展示职业相关的道具、工具和图片，并与他们互动交流。

家长们可以组织一些与职业相关的小游戏或互动活动，增加趣味性和参与度。

3. 职业体验活动

家长们在指定区域或教室为幼儿们设置一些简单的体验活动，让他们亲身体验一下不同职业的工作内容。

家长们可以引导幼儿们穿上制服、使用工具，模拟一些职业的操作和工作场景。

4. 问答环节

家长们回到集中区域，幼儿园老师主持问答环节。

幼儿们提出问题，家长们根据自己的经验回答。

幼儿园老师可以适时给予引导和补充。

5．结束和总结

幼儿园老师感谢家长们的参与并总结活动。

整理收集反馈意见和建议，为今后的活动做准备。

家长们给予幼儿们一些鼓励和奖励，感谢他们的参与。

（五）活动效果评价

1．家长和幼儿园之间的交流增加，促进了双方的良好合作与互动。

2．幼儿对不同职业产生了浓厚兴趣。

3．幼儿对于家长职业的理解和认同度提高，增强对家长的尊重和敬意。

4．家长们更加了解幼儿的兴趣和需求，为他们提供更好的支持和引导。

五、案例5：家园合作举办儿童德育主题讲座活动方案

（一）活动背景

在现代社会，孩子面临着各种各样的挑战和压力，而良好的家庭教育可以帮助他们更好地应对并克服这些困难。然而，不少家长在教育孩子过程中面临困惑和挑战，缺乏相应的知识和技巧。同时，幼儿园在教育孩子方面具备专业的资源和经验，但很多时候难以与家长形成紧密的合作。亲子教育讲座活动的举办，旨在提供一个平台，让家长和幼儿园教师能够共同交流和分享教育经验。通过此活动，家长可以从专业人士那里获取关于家庭教育的宝贵知识和技巧，更好地了解如何培养孩子的良好行为习惯、情绪管理能力和社交技巧等。同时，幼儿园教师也可以借此机会了解家长在家庭教育中所面临的问题和挑战，给予他们指导和支持。

通过家庭与幼儿园的合作，我们可以更加全面地关注孩子的成长，促进他们在不同领域的发展。家庭提供了爱与温暖的环境，幼儿园则提供了更全面的教育资源和专业的指导，二者相互配合，可以为孩子提供更好的成长环境和教育支持。我们希望能够加强幼儿园与家庭之间的沟通与合作，建立密切的伙伴关系，共同为孩子的教育和成长努力。只有家庭和幼儿园紧密合作，才能为孩子的全面发展提供更好的支持和保障。

（二）活动目标

1. 提供专业知识与指导

亲子教育讲座活动将邀请专业人士，如心理学家、教育专家等前来授课。他们将向家长传授与家庭教育相关的知识和技巧，如培养孩子的自理能力、情绪管理能力、社交技巧等。通过这些专业的指导，家长能够更好地理解孩子的发展特点和需要，并提供有针对性的教育支持。

2. 促进家长之间的交流与分享

亲子教育讲座活动将提供一个家长之间交流和分享经验的平台。家长们可以互相倾听和分享彼此的教育经验，共同探讨教育中的问题，并相互鼓励和支持。这种交流和分享的氛围将有助于增强家长们的教育信心和能力，促进他们在家庭教育中的积极参与。

3. 加强家园合作关系

亲子教育讲座活动将为家长和幼儿园教师提供一个联络与合作的平台。教师们可以借此机会了解家庭教育中的具体情况和问题，并与家长共同探索解决方案。通过建立良好的家园合作关系，幼儿园教师可以更好地了解孩子在家庭环境中的成长和需求，从而更有效地指导和支持孩子的教育发展。

4. 促进孩子全面发展

幼儿园和家庭的合作对于孩子的全面发展至关重要。通过亲子教育讲座活动，家长可以获取关于家庭教育的专业知识和技巧，帮助他们更好地培养孩子的各方面能力，如认知能力、社交能力、情绪管理能力等。同时，通过加强家园合作，幼儿园教师可以更全面地关注孩子的成长需求，在教育中给予更有针对性和个性化的指导。

（三）活动流程

1. 开场活动

欢迎词：由幼儿园园长或活动组织者致辞，感谢家长的参与并介绍讲座的目的和重要性。

介绍主讲人：介绍主讲人的背景和专业知识，提高家长对讲座的信任度和兴趣。

2．主题讲座

主讲人分享：主讲人就家庭教育的重要性、方法和技巧进行讲解，结合实际案例和经验，介绍如何培养孩子的良好行为习惯、情绪管理能力和社交技巧等。

互动环节：主讲人与家长互动，回答家长提出的问题，解决他们在家庭教育中遇到的困惑。

3．分组讨论

分组安排：将家长分成小组，每个小组由一位幼儿园教师带领。

主题讨论：小组成员共同讨论并分享各自的家庭教育经验和问题，互相倾听并给予建议。主题参考建议：

（1）培养孩子的品德与价值观：讲座将重点关注如何培养孩子正确的价值观和道德观念。家长和幼儿园教师可以了解到孩子在德育方面的需求和特点，探讨如何通过给予正面榜样、情感培养、角色扮演等方式引导孩子形成良好的品德和价值观。

（2）培养孩子的社交能力：良好的社交能力对于孩子的发展非常重要。讲座将介绍如何帮助孩子建立良好的人际关系、培养合作精神和情商。家长和幼儿园教师可以学习到一些有效的培养社交能力的方法，如沟通技巧、团队合作活动等。

（3）培养孩子的责任感和公民意识：讲座将探讨如何培养孩子尊重他人、关心社会并承担责任的能力。家长和幼儿园教师可以了解到如何通过养成良好的习惯、参与公益活动等方式激发孩子的责任感和公民意识。

（4）培养孩子的自控能力和情绪管理能力：自控能力和情绪管理能力是孩子成长过程中的关键能力。讲座将提供关于如何培养孩子的自控力和情绪管理能力的方法和策略。家长和幼儿园教师可以了解到如何帮助孩子进行情绪表达、情绪调节和冲突解决。

（5）培养孩子的创新思维和解决问题能力：讲座将介绍如何培养孩子的创新思维和解决问题的能力。家长和幼儿园教师可以学习到如何通过开放性问题、游戏和困惑情境等方式激发孩子的创新思维和解决问题的能力。

4. 反馈和总结

小组发言：由各小组代表发言，分享小组讨论中得到的启示和经验。

总结发言：由幼儿园园长或活动组织者进行总结发言，感谢家长的积极参与，并强调合作教育的重要性。

（四）活动后续

提供相关资料：为家长提供关于亲子教育的书籍、文章、网站等资料，让家长可以进一步学习。

跟进服务：幼儿园教师可以定期与家长进行交流，了解家庭教育的进展和问题，并给予个性化的支持和指导。

（五）预期效果

加强亲师合作：通过讲座活动，增进了家长和幼儿园教师之间的了解和信任，建立了良好的合作关系。

提高家庭教育水平：家长通过讲座活动获取了更多的家庭教育知识和经验，能更好地与孩子进行交流和教育。

促进幼儿全面发展：通过家庭教育的改善，可以为幼儿提供更温暖、和谐和充实的成长环境，有利于他们在各个方面的全面发展。

（六）注意事项

活动前提醒家长提前报名，以便安排场地和活动准备。

活动结束后，及时汇总反馈意见和建议，为下次活动改进提供参考。

活动中遵守安全防控措施，保障参与者的安全。

第五节　学前儿童德育活动与家庭教育结合的挑战与对策

一、学前儿童德育活动与家庭教育结合的挑战

（一）家庭背景差异

不同家庭的文化、教育观念、经济状况等存在差异，这些差异可能会影响家长对学前儿童德育的理解和参与程度，因此如何在不同家庭背景下

实现德育和家庭教育的融合将是一个挑战。

（二）家庭时间和精力限制

很多家长由于工作压力等原因，没有足够的时间和精力参与学前儿童的德育活动，如何解决这一问题，提高家长的参与度将是一个挑战。

（三）师资和资源不足

有些幼儿园或社区教育机构在学前儿童德育方面的师资力量和教育资源可能不足，这就需要有更多的培训和资源支持，以确保学前儿童德育能够得到有效的开展。

（四）社会认知和支持度不高

一些社会成员对学前儿童德育和家庭教育的认知度不够，甚至存在一些误解和偏见，这将影响相关工作的开展，需要提高社会对学前儿童德育的认知和支持度。

（五）教育评估和反馈机制不健全

当前学前儿童德育和家庭教育融合的评估和反馈机制相对不完善，如何建立科学的评估机制，对学前儿童德育和家庭教育融合的实践成果进行及时有效的评估和反馈，是一个亟待解决的问题。

学前儿童德育和家庭教育融合面临着诸多挑战，需要通过多方合作，采取有效措施来应对这些挑战，确保学前儿童得到全面的支持。

二、学前儿童德育活动与家庭教育结合的对策

（一）制订多元化的德育计划

针对不同家庭和学前儿童的特点和需求，制订多元化的德育计划，包括庆祝传统节日、开展家庭亲子活动等，确保每个家庭都能够得到恰到好处的德育支持。

（二）提供针对家长的培训和支持

幼儿园通过开展家庭教育讲座等形式，向家长提供教育咨询和培训，让家长了解学前儿童德育的重要性，掌握教育方法和技巧，提高参与度。

（三）加强家园协作

建立和完善幼儿园和家庭之间的沟通机制，促进家园间的紧密合作，包括定期开展家长会、家庭访问、家园共育等活动，增进家园之间的互信和合作，使德育工作得到家长的有效参与和支持。

（四）营造支持学前儿童德育的社会环境

开展针对学前儿童德育和家庭教育的社会宣传活动，提高社会对学前儿童德育的认知度和支持度，凝聚社会力量，共同关注和支持学前儿童的德育工作。

（五）建立有效的评估和反馈机制

建立科学的评估指标和反馈机制，对学前儿童德育和家庭教育融合的实践成果进行及时有效的评估和反馈，以持续改进和提升德育工作质量。

第五章　学前儿童德育活动与社区教育的协同合作研究

第一节　社区教育的概述

一、社区教育的含义

社区教育是指在社区内开展的教育活动，其目的是满足社区居民对知识、技能和信息的需求，促进社区居民的全面发展和提高整个社区的文化素质。社区教育是一种基于社区自身需求的教育形式，注重服务当地社区居民，提供针对性的教育项目和资源，以促进个人、家庭和社区的发展。

首先，社区教育关注的是社区居民的需求。它不同于传统教育机构的一般性教育，而是基于社区居民的实际需求，提供更贴近生活、实用性更强的教育内容。社区教育可以包括家庭教育、健康教育、就业技能培训等，以满足社区居民在不同方面的学习需求。

其次，社区教育注重的是社区资源的整合和共享。它能够整合社区内部的各种教育资源，包括幼儿园、社会团体、志愿者以及教育领域专业人士，形成多元化的教育服务体系，最大限度地发挥社区内部资源的作用，给社区居民提供更丰富的学习机会。

最后，社区教育强调的是社区居民的参与。与传统的教育形式不同，社区教育更注重社区居民的参与和主体性，强调社区内部的自我管理。通过社区居民的共同参与和决策，可以更好地满足社区的实际需求，增强社区凝聚力和发展动力。

因此，社区教育的含义可以概括为针对社区居民实际需求的教育形式，强调整合和共享社区资源。它是一种基于社区的教育模式，能够促进社区居民的全面发展和提高社区居民的整体素质。

第二节　学前儿童德育活动与社区教育的融合模式

学前儿童德育和社区教育融合模式是一种重要的教育方式，旨在通过将学前儿童德育与社区教育相结合，为儿童提供更全面的教育和培养。这一融合模式着重于通过教育活动和社区资源的整合，培养儿童的品德素养和社会责任感，帮助他们成长为具有社会责任意识的人。

一、融合模式背景

学前儿童德育与社区教育融合源自对儿童全面发展的关注和对社区教育的需求。随着社会不断发展，人们对儿童全面发展的要求越来越高，德育作为教育的重要组成部分，开始受到广泛重视。人们逐渐意识到，培养儿童的品德和道德素养同样重要。因此，学前儿童德育成为教育领域的热点。而社区教育的兴起也推动了学前儿童德育与社区教育的融合。社区教育注重以社区为依托，通过社区资源和环境为儿童提供多样化、综合性的教育服务，致力于提升社区居民的整体素质和幸福感。儿童作为社区中的重要一员，也是社区教育的关注对象。因此，将学前儿童德育纳入社区教育体系，有利于加强社区教育的全面性和持续性，形成更加完善的教育生态系统。

（一）学前儿童德育和社区教育融合模式强调家庭与幼儿园的协同合作

在这个模式中，家长和老师要密切配合，共同参与孩子的德育和社区活动。幼儿园可以开展家长参与式的课外活动，邀请家长参加幼儿园组织的社区义工活动和文化节庆，以此增进家园合作的互信和互助。

（二）学前儿童德育和社区教育融合模式注重社区资源的整合利用

幼儿园可以与社区资源进行合作，利用社区公共图书馆、博物馆、文化艺术机构等资源开展教育活动。例如，组织孩子们参观社区的历史文化展览，邀请社区艺术家来幼儿园开展艺术创作课程等，通过社区资源的整合，为孩子们提供更广泛的学习机会，扩宽他们的视野和知识面。

（三）学前儿童德育和社区教育融合模式也需要注重孩子们的实践参与和社会体验

幼儿园可以组织儿童参与社区环保活动、义工等实践性活动，让孩子们在实践中培养社会责任感、团队合作和人文关怀。通过这些实践活动，孩子们可以深刻体会到社区教育的意义和重要性，培养积极向上的人生态度和社会情怀。

总之，通过家庭与幼儿园的合作、社区资源的整合利用以及实践体验的开展，这一模式有助于全面提升儿童的德育水平，促进其全面发展和健康成长。这一融合模式的实施需要各方通力合作，共同致力于孩子们的美好未来。

二、基本原则和内容

学前儿童德育活动和社区教育融合模式的研究是探讨如何在社区教育的框架内，充分发挥社区资源，提供有针对性的学前儿童德育活动，从而促进学前儿童全面发展的一项重要课题。

第一，需要充分了解社区内学前儿童的实际需求和家庭背景。通过调研，了解社区内学前儿童的德育需求，包括家庭教育背景、兴趣特长、心理健康状况等方面的情况，同时也需要了解社区内现有的教育资源和相关政策。

第二，需要设计并实施结合社区特点的学前儿童德育活动方案。这个方案需要充分考虑到社区教育的特点，例如整合社区内的幼儿园、文化馆、图书馆等教育资源，以及利用社区志愿者和专业人士的力量。在设计活动的过程中，需要紧密结合学前儿童的年龄特点和心理发展阶段，确保活动能够引起他们的兴趣。

第三，需要注重家庭参与和社区支持。学前儿童的德育不仅仅限于幼儿园，家庭和社区也扮演着重要角色。因此，研究中需要探索如何引导家长参与学前儿童德育活动，同时也需要争取社区的支持，营造一个有利于学前儿童全面发展的环境。

第四，需要进行评估和总结。通过对学前儿童德育活动和社区教育融合模式进行评估，了解活动对学前儿童的影响以及社区的反馈，总结经验和教训，并提出改进建议，从而不断完善活动和模式。

总的来说，学前儿童德育活动和社区教育融合模式的研究旨在通过整合社区资源，提供有针对性的学前儿童德育活动，促进学前儿童的全面发展，有利于构建健康和有活力的社区教育环境。

三、主要实施步骤和措施

（一）社区调研和需求分析

首先，需要深入了解社区内的学前儿童实际需求、家庭背景、文化特点等方面的情况。可以通过问卷调查、家访和座谈会等方式，收集学前儿童和家长的意见和建议，同时也要了解社区内可利用的教育资源和相关政策。基于这些信息，可以为学前儿童德育活动的设计提供有力的支持。

（二）整合社区教育资源

在设计学前儿童德育活动时，需要整合社区内的教育资源，建立一个学前儿童德育社区教育基地，包括幼儿园、图书馆、文化馆、社区活动中心、健身场所等；并与相关单位合作，邀请心理咨询师、教育专家等对学前儿童进行德育和社会教育指导。这样可以为学前儿童提供多样化的学习和体验机会，促进他们的全面发展。

（三）学前儿童德育活动方案设计

设计针对学前儿童的德育活动方案时，需要充分考虑学前儿童的年龄特点、身心发展特点和兴趣爱好。活动内容可以包括德育故事会、艺术手工制作、亲子互动活动、自然探索等，以及针对儿童家庭的家庭教育指导和支持活动。同时，活动的设计也需兼顾家长的需求，鼓励他们参与、支持和配合孩子的德育。

（四）家庭参与和社区支持

学前儿童的德育需要家庭和社区的共同支持。因此，学前儿童德育活动和社区教育融合模式应该注重家庭参与和社区支持，加强家长对学前儿童德育的重视和支持，提高家长教育水平，增强他们在孩子德育中的作用。可以通过举办家庭活动、家长培训、社区志愿者招募等方式，增进家长和社区的参与度，共同营造良好的德育氛围。

（五）活动评估和改进

在实施学前儿童德育活动和社区教育融合模式后，需要及时对活动效果进行评估，建立学前儿童德育和社区教育的评估机制，包括学前儿童综合素质评估和社区教育资源效益评估。可以通过问卷调查、观察记录、建立成长档案等方式，收集学前儿童和家长的反馈意见，并结合社区的实际情况对活动进行改进和优化，不断提高活动的质量和影响力。通过这些措施，学前儿童德育和社区教育能够有效融合，促进孩子全面健康成长，增强社区凝聚力，培养积极向上的社会公民。

因此，"学前儿童德育活动和社区教育融合模式"的设计与实施需要多方合作，积极整合社区资源，关注学前儿童的实际需求，促进家庭和社区的共同参与，从而为学前儿童提供优质的德育活动，并促进他们全面发展。

四、评估和调整

（一）观察评估法

教育工作者可以通过观察学前儿童在社区环境中的行为举止来评估其社会责任感和团队合作意识。观察时需要注意孩子在社区活动中的表现，如是否主动参与团体活动，是否关心他人，是否有分享、合作的意愿等。

（二）日常记录法

老师、家长或社区工作人员可以对孩子在社区活动中表现出的品德、行为进行日常记录。这些记录可以帮助评估孩子在社区活动中的表现和变化，为制订个性化的培育计划提供依据。

（三）促进家庭、幼儿园和社区的合作共育

学前儿童德育和社区教育融合可以促进幼儿园、家庭和社区的合作共育，形成良好的育人合力，家长、幼儿园、社区共同育人，更好地为孩子的成长提供支持和保障。

（四）丰富学前儿童的社区体验和教育资源

通过融合社区教育资源，可以丰富学前儿童的社区体验和教育资源，拓宽孩子的眼界，培养孩子的社会责任意识，有利于提高学前儿童的文化素养和社会适应能力。

（五）增强社区教育服务的有效性和持续性

学前儿童德育和社区教育融合可以提高社区教育服务的有效性和持续性，更好地满足学前儿童的教育需求，促进社区教育的健康发展。

第三节　社区教育与学前儿童德育的关系分析

一、学前儿童德育活动对社区教育的影响

（一）培养孩子的良好品德和价值观念

学前儿童德育活动对社区教育的影响是潜移默化的。通过德育活动，孩子们可以学会诚实守信、友爱互助、勤俭节约等美好品质，这些良好的品德和价值观念将成为孩子们成长过程中的内在驱动力，塑造他们积极健康的人格。

（二）促进社区教育的亲子互动

家庭是孩子教育的第一课堂，通过学前儿童德育活动，家长和孩子可以在活动中共同参与，增进亲子之间的理解和情感交流。这种积极的亲子互动将有助于加强家庭教育和社区教育的衔接，促进家庭与社区的良性互动和融合。

（三）为未来成为社区中的积极健康成员打下坚实基础

通过参与德育活动，孩子们可以学会尊重他人、团队合作、热心公益

等重要素质，这些品质对于他们在未来的社区生活和教育中起着至关重要的作用。

总的来说，学前儿童德育活动对社区教育的影响主要体现在培养良好品德和价值观念、促进亲子互动、培养团队合作精神和社会责任感等方面，这些影响对于构建和谐社区、促进社区教育的健康发展具有重要意义。

二、社区教育促进学前儿童德育活动的开展

社区教育通过提供学习资源、组织志愿者和机构参与、与家庭的合作，以及营造良好的社区环境，促进了学前儿童发展，帮助他们在成长过程中形成积极的品格和价值观念。

（一）提供丰富的学习资源

社区教育为学前儿童提供了多元化的学习和成长环境，以及丰富的学习资源，包括图书馆、博物馆、公园等，这些资源为学前儿童德育活动提供了丰富的场所和素材。在这些场所，学前儿童可以接触到不同的文化、历史和自然知识，丰富学前儿童的学习体验，激发他们的好奇心和求知欲，培养其对世界的认知和探索精神，以及对美好事物的认知和理解，进而形成积极的人生态度和价值观。

（二）培养学前儿童的社会责任感和公民意识

社区教育可以组织志愿者和机构参与学前儿童的德育活动，例如组织义工团队到幼儿园开展公益活动或者带领学前儿童参观社区公益项目。这种参与可以培养学前儿童的社会责任感和公益意识。

（三）获得家庭的支持

社区教育强调幼儿园、家庭和社区的合作共建，倡导家长参与学前儿童的成长和教育，促进家庭与幼儿园的密切合作，共同关注学前儿童的德育成长。社区教育与家庭互动密切，通过开展幼儿园、家庭互访等活动，促进学前儿童家庭教育与幼儿园教育的紧密结合。家庭是学前儿童最早的社会化环境，社区教育通过与家庭合作，能够帮助家长更好地了解学前儿童的需求，提供有针对性的德育指导和支持。

（四）增强社会适应能力

良好的社区环境对学前儿童的德育具有积极影响。通过社区教育，学前儿童可以在更广阔的社会环境中学习和实践，形成较强的适应能力和自理能力，为他们未来的学习和生活奠定基础。社区的安全、整洁与和谐氛围有助于培养学前儿童的积极心态和健康人格，儿童在这样的环境中更容易接受德育并形成良好的行为习惯。

（五）促进跨文化交流和理解

社区教育提供了跨文化交流的机会，让学前儿童接触不同文化、价值观和生活方式，促进他们的跨文化交流和理解，培养他们包容性和尊重不同文化的素养。

第四节　社区教育与学前儿童德育活动结合的实践研究

一、案例1：开展幼儿社区小调查活动方案

（一）活动背景

随着城市化进程的不断加快，社区对人们生活越来越重要。社区中的环境、文化、教育、医疗、交通等各个方面都与居民的生活息息相关。然而，幼儿对社区的认识和了解往往有限，缺乏对社区资源和问题的全面了解。通过社区小调查活动，幼儿可以参观社区内的不同场所，例如公园、书店、商场、幼儿园等，了解各类资源的存在和互动关系。同时，幼儿还能够关注社区中存在的问题，例如环境污染、交通拥堵、垃圾分类等，从而增强他们的社会责任感和环保意识。开展社区小调查活动还可以提供幼儿与社区居民互动的机会，促进幼儿与他人的交流和合作能力的培养。在调查过程中，幼儿可以向社区居民提问，了解他们的需求和意见，这不仅能够增强幼儿的社交技能，还可以培养他们的耐心和倾听能力。社区小调查活动是为了让幼儿了解自己所居住的社区，并让他们了解社会因素对个人成长和发展的影响。

因此，通过参与这种活动，幼儿可以了解社区的资源和问题，增强社会意识和责任感。同时，他们还能够与社区居民互动，提高他们的社交能力和合作意识。通过这样的活动，幼儿能够发展出更加全面和积极的个人品质，为未来的学习和生活奠定坚实的基础。

（二）活动目标

1. 增强幼儿的社会意识

通过参与社区小调查活动，幼儿可以了解到社区是一个由各种资源和情况组成的小社会。他们将了解到不仅仅是自己，还有其他居民也在共同生活和面临各种情况。这将增强幼儿对社会的认同感和社会意识。

2. 提高幼儿的社会责任感

通过了解社区中存在的问题，例如环境污染、垃圾分类、交通拥堵等，幼儿将意识到自己在社区中也有责任。他们会明白自己可以为社区作出贡献，例如保持环境的清洁、参与公益活动等。这将激发幼儿的社会责任感和参与意识。

3. 培养幼儿的沟通和合作能力

在社区小调查活动中，幼儿将与社区居民交流和互动。他们可以向居民提问，了解他们的需求和意见。这将锻炼幼儿的沟通技巧、倾听能力。同时，幼儿还可以与其他幼儿一起进行调查，培养他们的合作意识和团队精神。

4. 引导幼儿积极参与社区事务

社区小调查活动将引导幼儿积极参与社区事务，例如参加社区活动、参与社区志愿者工作等。通过这些亲身参与，幼儿将体验到自己的行动可以对社区产生积极的影响，并从中获得成就感和自豪感。

（三）活动地点

幼儿所在附近社区。

（四）活动流程

1. 活动准备

与社区管理人员沟通，了解活动地点和活动许可。

准备调查问题表格，根据幼儿的年龄和能力，设计简单、容易理解的问题。

准备调查物资，如纸笔、相机、录音设备等。

向幼儿和家长宣传活动目的和重要性，鼓励他们积极参与。

2. 活动实施

介绍调查活动的主题和目的，并以简单的方式向幼儿解释调查的意义。

将幼儿分组，每组配备一名教师（家长）指导员。

引导幼儿选择调查的主题，如社区设施、环境保护、社区服务等。

给每个小组分配一个调查区域，引导幼儿观察和记录社区的特点和问题。

鼓励幼儿使用合适的方法进行调查，如观察、采访、拍照、录音等。

协助幼儿完成调查表格，记录调查结果。

引导幼儿合作讨论和总结调查数据，并找出可行的解决方案。

3. 活动总结

汇总各小组的调查数据，组织幼儿进行简单的展示和分享。

引导幼儿思考和回答一些关于社区的问题，鼓励他们表达个人观点和建议。

给予幼儿肯定和鼓励，以激发他们进一步参与社区事务的兴趣。

总结活动成果，回顾幼儿在活动中的表现和收获。

带领幼儿进行简单的反思，询问他们对活动的感受和建议。

提醒家长持续关注社区问题，并积极参与和支持社区发展。

（五）注意事项

1. 活动前取得社区管理人员的许可，并遵守社区相关规定。

2. 幼儿需在安全的环境下进行调查活动，教师（家长）指导员需全程陪同幼儿。

3. 活动中教师和指导员应保证幼儿的安全，并注意引导幼儿使用文明礼貌用法。

4. 活动结束后及时清理现场，保持社区的整洁和安静。

（六）活动效果评估

1. 观察幼儿在活动中的表现，包括观察和调查的积极性、合作和表达能力等。

2. 收集幼儿和家长的活动反馈，了解他们对活动的评价和建议。

3. 如果可能，收集调查数据并进行统计分析，以了解幼儿的调查结果和观点。

通过这次活动，可以培养幼儿的观察力和调查能力，提高他们对社区的了解，培养他们的合作和表达能力。同时，通过问题解决和思考训练，可以提高幼儿的综合能力和创造性思维能力。这次活动还可以加强家园合作，促进家长参与幼儿教育，共同关注社区发展，提升社区的整体素质和幼儿的参与意识。

二、案例2：开展幼儿社区科学探索活动方案

（一）活动背景

幼儿到社区附近科技馆、自然馆等开展科学探索活动，是为了促进幼儿的全面发展和培养科学意识的重要环节。当今社会科技发展日新月异，科学成为推动社会进步的重要动力，培养幼儿对科学的兴趣和好奇心，具有重要意义。

一方面，科技馆和自然馆作为重要的科普教育资源，拥有丰富的科学展示和实践场所，其中包括各种科学实验、现象解析、模型展示等，能够通过形象、直观的方式，让幼儿亲身感受和参与科学的奥妙和乐趣。幼儿参观科技馆、自然馆，不仅可以增加他们对科学的认识和理解，还可以培养他们的观察力、探索力和解决问题的能力。

另一方面，参观科技馆、自然馆等场所，幼儿可以通过身临其境的方式，观察和体验各种科学现象和实验，进而激发他们的好奇心和求知欲。在这些场所中，幼儿可以亲身触摸、操作、探索，通过实践掌握科学知识，提高科学素养和科学意识。同时，与其他幼儿和工作人员互动，可以培养幼儿的合作意识和团队精神。此外，通过开展科学探索活动，幼儿不仅可以接触到科学技术的最新成果和展示，还能够了解各类自然资源、环境保护和生态平衡等方面的知识，培养他们保护环境和关爱自然的意识。

这对于培养幼儿的环境意识和可持续发展观念，具有积极的影响。

（二）活动目标

1. 培养科学兴趣和好奇心

科技馆、自然馆等场所提供了丰富多彩的科学展示和实践活动，能够吸引幼儿的注意力，激发他们对科学的兴趣和好奇心。

2. 增加科学知识和理解

科技馆、自然馆中展示的科学原理、实验现象等可以帮助幼儿了解科学的基本概念和知识，加深他们对自然界和科学规律的理解。

3. 培养观察力和探索能力

参观科技馆、自然馆，幼儿可以近距离观察各类展示和实验，通过实践的方式，培养观察力和探索能力，提高他们的科学思维和解决问题的能力。

4. 提升科学素养和科学意识

通过亲身参与科学实验和展示，幼儿可以深入感受科学知识的实际应用和影响，提升科学素养和科学意识，培养科学思维方式。

5. 培养合作意识和团队精神

在社区附近的科技馆、自然馆等场所，幼儿常常需要学会与他人合作共同解决问题，比如寻找探索的主题馆、了解科学现象等。

6. 培养环保意识和树立可持续发展观念

科技馆、自然馆等常常涉及自然资源、环境保护和生态平衡等方面的展示和讲解，可以帮助幼儿了解环境保护的重要性，树立可持续发展观。

（三）活动地点

社区附近科技馆、自然馆或具备科学展示和探索性质的场馆。

（四）活动流程

1. 活动准备

事先预约参观科技馆、自然馆等。

与馆方沟通，了解可供幼儿参与的展览、活动和实验项目。

准备活动介绍和注意事项的宣传材料，发放给幼儿家长。

对幼儿进行科学知识的简要普及，以引发他们的兴趣。

确保每个幼儿有成人陪同。

2．活动实施

在馆内进行入馆前的简要介绍和讲解。

分组带领幼儿参观各个展览厅和区域。

引导幼儿仔细观察和探索展览中的展示物和实验设备。

鼓励幼儿与工作人员进行互动。

安排参观过程中的科学实验、探索活动或互动游戏。

引导幼儿运用所学的科学知识进行观察和实验。

协助幼儿回答问题、解决问题、与其他幼儿分享他们的发现。

3．活动总结

带领幼儿进行简要的活动回顾和总结。

鼓励幼儿分享他们最感兴趣的展览和实验项目。

引导幼儿思考和回答一些与展览相关的问题。

给予幼儿肯定和鼓励，以激发他们对科学探索的兴趣。

总结活动成果，回顾幼儿在活动中的表现和收获。

带领幼儿进行简单的反思，询问他们对活动的感受和建议。

提醒家长持续关注幼儿的科学兴趣和学习，鼓励他们在日常生活中进行科学探索和观察。

（五）注意事项

1．活动前请与场馆方面进行沟通和预约，并了解参观规定和安排。

2．活动需在维护好秩序和保证安全的环境中进行。

3．活动中教师和家长陪同人员应时刻注意幼儿的安全，并引导他们文明参观。

4．活动结束后及时清理现场，并留下感谢馆方的信息。

（六）活动效果评估

1．观察幼儿在活动中的表现，包括对展览的兴趣、参与互动的积极性等。

2．收集幼儿和家长的活动反馈，了解他们对活动的评价和建议。

3．如果可能，收集幼儿的活动作品和实验报告，以了解幼儿的学习和探索成果。

通过这次活动，可以激发幼儿对科技的兴趣，培养他们的科学意识和科学探索能力。参观科技馆、自然馆等场馆，可以为幼儿提供观察和探索自然、科学的机会，拓宽他们的知识面和视野。活动中的互动和实验项目可以培养幼儿的问题解决能力和创造思维能力。同时，通过家长的参与，可以促进家园合作，共同关注幼儿的科学兴趣和学习，进一步激发幼儿的求知欲和探索精神。

三、案例3：开展图书馆幼儿互动阅读活动方案

（一）活动背景

随着社会的发展和教育意识的提升，越来越多的家长重视并关注幼儿的阅读能力的提高和阅读兴趣的培养。为了满足幼儿教育的需求，社区图书馆成了一个理想的场所。互动阅读活动是以故事为基础，利用绘本、图画、声音和角色扮演等手段，将幼儿带入故事情境，培养他们的阅读兴趣和能力。在互动阅读活动中，图书馆会根据幼儿年龄和阅读水平的不同，设计不同的故事、游戏和参与方式，让幼儿能够在愉快的氛围中进行阅读和学习。

社区图书馆收录了大量的优秀绘本和图书，这些图书在故事情节、图画插图、文字语言方面都经过了精心挑选，符合幼儿的认知特点和阅读需要。在互动阅读活动中，幼儿不仅能倾听故事内容，还能够参与到故事讲解、角色扮演、讨论分享等活动中。而且，在互动阅读活动中，幼儿可以与其他幼儿一起听故事、讨论问题、扮演角色等，通过交流与合作，提高他们的语言表达和沟通能力。同时，互动阅读活动也为幼儿提供了与同龄人交流、分享的机会，培养他们的社交技巧和团队意识。许多互动阅读活动都是由图书馆与幼儿园、社区家长一起合作举办的。通过参与互动阅读活动，家长可以更好地了解幼儿的阅读需求和兴趣，获取阅读引导的方法和策略，从而在家庭中陪伴幼儿更好地阅读。

（二）活动目标

1. 培养幼儿的阅读兴趣

通过参加互动阅读活动，幼儿可以接触到各种优质的绘本和图书，从中感受到阅读的乐趣。他们会了解到阅读是一种愉快的体验，从而培养起持久的阅读兴趣。

2. 提高幼儿的阅读能力

在互动阅读活动中，幼儿将参与到故事的讲述中。他们将通过听故事、观察图画、提问回答等方式，提高他们的阅读理解能力、词汇量和语言表达能力。同时，互动阅读还可以帮助幼儿培养正确的阅读习惯和技巧。

3. 培养幼儿的交流和合作能力

在互动阅读活动中，幼儿将与其他参与者一起分享和讨论故事。他们可以表达自己的想法、听取他人的观点，锻炼他们的交流和表达能力。同时，互动阅读也鼓励幼儿与他人合作，例如共同进行角色扮演、创作故事等，有助于培养幼儿的合作精神和团队意识。

4. 激发幼儿的创造力和想象力

互动阅读活动鼓励幼儿参与故事创作和想象力的发挥。他们可以在听故事的过程中构建自己的世界，想象出新的情节和角色。通过创作、演示和分享，幼儿可以培养自己的创造思维、想象力和艺术表达能力。

（三）活动地点

当地社区图书馆。

（四）活动流程

1. 活动准备

联系社区图书馆，确定活动时间和参与人数。

了解图书馆的规章制度，并告知幼儿和家长。

选取适合幼儿的图书馆资料，提前准备一些绘本、音乐等。

与图书馆工作人员沟通协调，确保活动场地和必要设备的准备。

2. 活动实施

带领幼儿和家长一起前往社区图书馆。

进行简单的图书馆介绍，包括图书馆的用途、规则和分类等，让幼儿了解图书馆的功能和用途。

由工作人员或老师引导，幼儿们可以选择感兴趣的书籍，自由阅读或借阅。

组织互动阅读活动，可以是老师或图书馆工作人员朗读故事书，或者进行问答、讨论等形式的阅读活动。

进行绘本故事创作活动，让幼儿根据自己的想象和创意，绘制属于自己的故事书。

组织幼儿间的合作游戏，如传书、拼图等，鼓励他们通过合作实现共同目标。

还可以安排图书馆的工作人员或老师讲解一些有趣的知识，如动植物、地理等，提高幼儿的知识水平。

3．活动总结

活动结束后，可以组织幼儿进行简要的活动总结和回顾，引导他们分享活动中的收获和感受。

邀请幼儿选择一本自己喜欢的书籍，分享书中的故事或知识，并鼓励他们将自己的感受和心得写在读后感中。

提醒家长帮助幼儿归还借阅的书籍，并鼓励家长与幼儿一起进行家庭读书活动。

向图书馆工作人员表示感谢，并对活动中的合作给予肯定和赞赏。

（五）注意事项

1．活动前请与社区图书馆做好充分沟通，并遵守图书馆的规章制度。

2．幼儿需在老师和家长的指导下参与活动，并注意爱护图书馆资源，规范借阅。

3．活动中应注意保持社区图书馆的安静环境，避免过于吵闹或破坏图书馆的秩序。

4．活动后要及时清理场地，在与图书馆工作人员道别后离开。

（六）活动效果评估

1．观察幼儿在活动中的表现，包括对阅读的兴趣和参与度。

2．与图书馆工作人员进行交流，了解他们对活动的反馈和幼儿的表现。

3．收集幼儿和家长的活动反馈，了解他们对活动的评价和建议，以便于今后的改进。

通过这样一次活动，可以激发幼儿对阅读的兴趣，提高他们的语言表达能力和社交能力，同时也能够让幼儿了解社区图书馆的功能，发现阅读的乐趣，并从中不断拓展自己的知识面。这也是一次亲子活动，可以增进亲子关系，同时鼓励家庭读书活动，营造家庭中的阅读氛围。

四、案例4：开展社区环境保护主题活动方案

（一）活动背景

随着城市化的快速发展以及环境污染的日益严重，环境保护成为全球共同关注的重要议题之一。在这个过程中，教育被广泛认为是转变人们环保意识和行为的重要途径。而幼儿教育是环保教育的一部分，通过为幼儿提供环境保护知识和参与环保活动的机会，培养他们的环保意识和责任感。社区公园作为城市中的绿色空间，具有重要的环境教育功能。公园内的植被、动物和自然景观为幼儿提供了一个有趣和直观的环境，可以引发幼儿对自然环境的好奇和认知。因此，将幼儿的环保教育与社区公园相结合，开展环境保护主题活动，具有重要意义。

公园内的草坪、花坛、树木和小动物是幼儿成长过程中难得的自然资源，通过接触和观察自然，幼儿可以了解和学习到自然的奥妙和生命的宝贵。通过组织幼儿参与植树、花草浇水、绿化保洁等活动，幼儿可以亲身参与到保护环境的行动，增强对环境的尊重和珍惜；幼儿在活动中观察到垃圾分类和节约用水的重要性，逐渐养成爱护环境、保护环境的良好习惯。而且，还可以组织绘画比赛，让幼儿用丰富多彩的画笔表达对自然的热爱和环境的关注；可以引导幼儿制作环保手工作品，让幼儿用可回收材料和二次利用材料发挥自己的创造力，培养幼儿的环保意识和艺术审美。此外，家长是幼儿教育的重要参与者，在活动中家长可以与幼儿一起探索自然、体验环保行动，增强家庭中环保意识的传播和培养，形成家庭与社

区环保共同进步的良好氛围。这不仅对幼儿个人成长有益，也有助于建设绿色、美丽的社区，营造人与自然和谐共处的良好环境。

（二）活动目标

1. 了解到环境保护的重要性

活动可以通过讲解和互动的方式，向幼儿传授环保知识，如垃圾分类、水资源保护、节约用电等。幼儿能够学习到环境污染给人类和自然带来的影响，培养保护环境的责任感和意识。

2. 亲身参与到环保行动中

例如，可以组织幼儿一起清理公园垃圾，培养他们的环保意识和习惯；引导幼儿参与植树种草的活动，培养他们对保护自然环境的关注；组织水资源节约的游戏和实践活动，让幼儿亲身体验到环保行动的重要性。

3. 激发幼儿的创造力和想象力

可以通过绘画、手工制作、角色扮演等方式，让幼儿表达对环境保护的理解和想法。比如，可以组织绘画比赛，让幼儿用画笔表现对自然环境的关爱；可以引导幼儿制作环保手工作品，提倡使用可回收材料和二次利用材料，培养幼儿的创造力和环保意识。

4. 促进幼儿与家长的互动和交流

活动可以邀请家长参与，让家长和幼儿一起参与环保活动，增强家长与幼儿之间的亲子关系。家长在活动中可以给予幼儿积极的支持和鼓励，并与幼儿一起探索环保知识，促进家庭中环保意识的传播和培养。

（三）活动地点

当地社区公园。

（四）活动流程

1. 活动准备

与社区公园管理人员联系，确定活动时间和参与人数。

了解社区公园的环保措施和规定，并对幼儿和家长进行相应的宣传。

准备环保主题的故事书、绘本、图片等讲解资料，以便在活动中与幼儿分享。

协调活动所需的物资，如垃圾袋、手套、水杯等。

2. 活动实施

带领幼儿和家长一起前往社区公园。

进行简单的环保知识讲解，引导幼儿了解环境保护的重要性和方法。

组织幼儿进行环保活动，如垃圾分类、垃圾清理、植树等。

引导幼儿观察和欣赏公园中的自然风景和生物多样性，帮助他们了解自然界的美丽和脆弱。

结合环保主题的故事书、绘本，与幼儿进行互动阅读、情景演绎等，让他们深入了解环境保护的意义。

进行环保手工制作活动，鼓励幼儿用废旧材料制作环保小物件。

安排环保游戏，如环保拼图、环保知识问答等，提高幼儿对环保知识的掌握和理解。

3. 活动总结

活动结束后，组织幼儿进行简要的活动总结和回顾，引导他们分享活动中的收获和感受。

鼓励幼儿将活动中的经历和体会记录下来，可以是文字、绘画等形式，形成一份"我参与环保活动"的小记。

提醒家长与幼儿一起自觉保护环境，倡导家庭环保行动。

向社区公园管理人员表示感谢，并对活动中的合作给予肯定和赞赏。

（五）注意事项

1. 活动前请与社区公园管理人员做好充分沟通，并遵守公园的规章制度。

2. 幼儿需在老师和家长的指导下参与活动，并遵守公园的相关规定。

3. 活动中应注意公园的整洁和安静环境，避免过于吵闹或破坏公园秩序。

4. 活动后要及时清理现场，确保公园环境整洁。

（六）活动效果评估

1. 观察幼儿在活动中的表现，包括对环境保护的意识和参与度。

2. 与公园管理人员进行交流，了解他们对活动的反馈和幼儿的表现。

3. 收集幼儿和家长的活动反馈，了解他们对活动的评价和建议，以便于今后的改进。

通过这样的活动，可以培养幼儿爱护环境的意识和习惯，提高他们的环保意识，帮助他们了解环境保护的重要性和方法，并激发他们积极参与社区环保活动的热情。同时，也能够让幼儿亲身感受和欣赏大自然的美丽与神奇，培养他们对自然的热爱和保护意识。

五、案例5：开展社区重阳敬老活动方案

（一）活动背景

重阳节是中国的传统节日之一，也被称为"老人节"。每年的农历九月初九，这一天我们对养育和关心我们的长辈表达敬意。

我们生活在一个快节奏、高压力的社会，很多年轻人由于工作和学习的原因，无法经常陪伴他们的父母和祖父母。通过幼儿到养老院开展活动，有助于让孩子们从小学会尊敬和关心老年人，培养孩子的社会责任感和人文关怀。同时，这也为老年人提供了一个温暖的节日氛围，让他们感受到社会对他们的关注和爱护。

此外，幼儿到养老院活动还能够促进不同年龄群体之间的交流和沟通。年长者通常有着丰富的人生经验和智慧，他们可以传授给孩子们许多宝贵的知识和道理。同时，孩子们天真活泼的性格也能给老年人带来欢乐和活力，给他们带来温暖和快乐。在养老院生活的老人往往缺乏与外界的互动和交流，他们常会感到孤独和无聊。而幼儿到养老院活动提供了一个良好的机会，让老年人和孩子们一起参与有趣的互动游戏、合唱歌曲、做手工等，营造了欢乐和温暖的氛围，带给老人们一丝慰藉和快乐。通过这样的活动，我们希望培养孩子们的社会责任感、尊重老人的意识，并且给老年人带去快乐和温暖。希望通过这样的活动，让社会更关注、更关心老人群体，营造一个和谐、温暖的社区氛围。

（二）活动目标

1. 弘扬中华优秀传统文化

通过幼儿到养老院的活动，目的是传承和弘扬重阳节的传统文化。让幼儿了解重阳节的起源和意义，学习尊敬老人、孝敬父母的传统美德，培养他们对传统文化的认知和兴趣。

2. 培养孩子们的社会责任感

通过和老年人的互动，幼儿能够感受到老年人的孤独和需要关心的渴望，从而培养孩子们对社会弱势群体的关注和照顾，在小小年纪就提高他们的社会责任感和人文关怀。

3. 促进代际交流与互动

幼儿到养老院活动提供了一个交流和互动的机会，让孩子们和老年人之间建立起特殊的情感纽带。年长者可以分享自己的经验和智慧，传授宝贵的生活知识和道理，而孩子们的天真和活力也能给老年人带来欢乐。

4. 缓解老年人的孤独和寂寞感

许多居住在养老院的老年人由于各种原因，经常感到孤独和寂寞。幼儿到养老院的活动给他们带来了交流的机会，让他们感受到社会的关爱和温暖，减轻他们的孤单感，带给他们快乐。

5. 培养孩子们的友善与尊重

通过到养老院参与活动，孩子们能够感受到老年人的可爱和可贵之处，培养孩子们对老人的友善和尊重。在活动中，孩子们学会主动帮助老人，关心他们的需求，从而养成一个善良、友善、关爱他人的品质。

（三）活动地点

当地养老院。（请提前与养老院沟通，并获得养老院的许可）

（四）活动流程

1. 活动准备

与养老院联系，确定活动时间，并了解老人们的需求与特殊情况。

组织幼儿的家长作为志愿者，与老师一起协助活动的准备工作。

为幼儿准备相关活动素材，如节目、手工材料等。

准备小礼物，如水果、书籍等，作为对老人的关怀和祝福。

2. 活动实施

活动开始前，对幼儿进行简要的重阳节知识讲解，让他们了解重阳节的来历和意义。

带领幼儿前往养老院，在养老院工作人员的协助下进入老人们的活动区域。

进行简短的开场仪式，向老人们介绍本次活动的目的。

幼儿们进行节目表演，如舞蹈、歌曲、诗歌朗诵等，以及在老师的引导下与老人们互动。

组织亲子手工活动，让幼儿与老人们一起制作重阳节的传统饰品。

组织互动游戏，让幼儿与老人们一起参与，增进交流。

分发准备好的小礼物给老人们，并与他们亲切交流、倾听他们的故事。

共进午餐，并在就餐过程中与老人们交流。

3．活动总结

活动结束后，与幼儿进行回顾和总结，引导他们分享活动中的收获和感受。

邀请幼儿写下对老人们的祝福和工作人员的感谢，制作成卡片，送给养老院的老人与工作人员。

鼓励幼儿继续关爱老人，回家后与家人分享活动经历，并与家人一起关心身边的老人。

（五）注意事项

1．活动前请与养老院做好充分沟通，并尊重老人们的意愿。

2．幼儿需在老师和家长的指导下参与活动，并注意与老人的互动方式。

3．活动中应注意老人的身体状况，避免过于激动或紧张的活动。

4．活动后要及时清理场地，与养老院的工作人员道别后离开。

（六）活动效果评估

1．观察幼儿在活动中的表现，包括对老人们的尊重和关爱，以及参与活动的积极性。

2．与养老院的工作人员进行交流，了解他们对活动的反馈和老人们的感受。

3．收集幼儿和家长的活动反馈，了解他们对活动的评价和建议，以便于今后的改进。

通过这样一次活动，可以让幼儿感受到传统节日的意义，培养他们的感恩意识和社会责任感，同时也能够给养老院的老人们带去快乐和关怀，让他们感受到社会的温暖和关爱。

第五节　学前儿童德育活动与社区教育结合的挑战与对策

一、学前儿童德育活动与社区教育结合的挑战

（一）资源不足

社区教育和学前儿童德育都需要专业的人力资源和财力支持，融合后可能需要更多的资源投入。缺乏足够的经费和支持会成为融合实践中必须面对的挑战。

（二）教育理念和价值观不统一

学前儿童德育和社区教育可能有不同的教育理念和价值观，融合时需要协调统一。

（三）师资培训和队伍建设

学前儿童德育和社区教育的从业人员需要具备专业知识和技能，融合后可能需要对现有的师资进行培训和队伍建设，需要一定的时间和资源。

（四）家庭支持和社会认知

家长和社会对于学前儿童德育和社区教育的融合可能存在认知上的分歧，需要加强宣传和教育，促进家庭和社会的支持。

（五）教育资源整合与管理

学前儿童德育和社区教育的融合需要整合和管理不同的教育资源，包括教材、设施、课程等，需要一套有效的管理机制和方法。

当然，克服这些挑战需要政府、幼儿园、家长和社会各方的通力合作和共同努力，同时也需要建立健全的法规制度和管理体系来支持学前儿童德育和社区教育的融合。

二、学前儿童德育活动与社区教育结合的对策

（一）资源整合是解决困难的关键

政府部门、非营利组织、教育机构和企业可以共同合作，整合现有资源，确保学前儿童德育机构和社区教育机构得到足够的资金、场地、物资和人力资源支持。此外，可以设立专门的资助项目或奖学金，鼓励更多机构和个人参与支持学前儿童德育和社区教育融合。

（二）师资培训也是关键因素

建立学前教育师资培训机制，教师需要接受系统化的培训，包括儿童心理学、沟通技巧、多元文化教育等方面的知识和技能培养，以适应学前儿童德育和社区教育的需求。还需要提供机会让教师互相交流经验、分享教学方法，并持续提高教师的教育水平和专业技能。

（三）家庭参与对学前儿童的成长和教育至关重要

幼儿园和社区组织应积极与家长合作，提供多样化的家庭教育支持和亲子活动，增强家长对学前教育的认知和理解，使家长成为教育过程中的积极参与者和支持者。

（四）社会支持必不可少

通过宣传，提高社会大众对学前儿童德育和社区教育融合的认知和支持，建立社会共识，推动政府和社会各界为该领域的发展提供更多的支持。

（五）政策引导是推动学前儿童德育和社区教育融合发展的重要手段

政府可以制定和完善相关法律法规、政策文件，为该领域的发展提供政策支持和指导，同时建立多元化的评价体系，对学前儿童德育和社区教育融合的实践成果进行及时有效的评估和反馈。

第六章　学前儿童德育活动的评价

随着社会的发展和进步，人们对于学前教育品质的要求越来越高，除了注重学前儿童的认知、情感、社交等方面的培养外，德育也成为家庭和幼儿园关注的重点之一。德育是学前儿童教育不可或缺的组成部分，它培养着学前儿童健康的人格和积极向上的品质，是学前儿童成长发展中的重要部分。首先，现在社会对于学前儿童教育的要求越来越高，不仅仅是学习知识，更需要学前儿童具备一定的道德素质和社会技能。所以，学前教育领域对于学前儿童德育评价的需求也随之增加。其次，近年来，教育观念开始从传统的知识传授型向素质教育型转变，注重培养学生的品德、性格等方面，这也为学前儿童德育评价提供了一个更广阔的空间。再次，国家对于学前儿童教育也越来越重视，同时也出台了一系列政策文件来规范和完善学前儿童教育，其中德育评价也涉及其中，如《幼儿园教育指导纲要》等文件中都有德育评价的相关内容。因此，学前儿童德育评价成为当下学前儿童教育中一项不可或缺的内容，社会、家庭、幼儿园都需要从多个角度对学前儿童的德育进行评价，以促进其德育素质的提升。

第一节　学前儿童德育活动评价的概念

学前儿童德育活动评价是对学前教育中德育活动的质量和效果进行总结、分析和评价的过程。评价旨在通过系统性的分析和评估，了解活动的目标是否达到，评估活动对儿童德育发展的促进作用，主要包括学前儿童的行为、情感、态度和价值观等方面的评价。具体而言，可以通过观察、记录，对学前儿童在日常生活中的言行举止，以及对学前儿童在德育活动中展现出的品格特质和道德行为进行评估。

第二节 学前儿童德育活动评价的作用

一、学前儿童德育活动评价有助于评估教育目标和调整教育过程

德育活动评价可以检验教育目标的实现情况，评估教育活动对儿童德育素质的促进作用，有利于教师了解教育活动的效果，及时调整和完善德育方案，以提高教育质量。

（一）了解教育目标的实际效果

通过评价，教师可以评估学生在道德认知、道德情感和道德行为等方面的发展情况。比如，通过观察孩子在德育活动中的参与程度，能够判断他们在道德认知和情感方面的成长情况。通过问卷调查、访谈等方式收集孩子的反馈，可以了解他们在活动中所获得的情感体验。这样的评价可以帮助教育者更好地了解活动的效果，为今后的教学提供参考。

（二）评估教学目标的实现情况

学前儿童德育活动的目标是学前教育评价的重要组成部分，评价活动的效果可以了解教学目标是否实现。如果德育活动的目标是培养孩子们的合作意识和团队精神，那么可以通过观察孩子们在活动中的协作情况和团队意识的表现来评估目标的实现情况。如果孩子们能够积极参与活动，主动与他人合作，并且能够体验到团队合作的乐趣，那么可以认为教学目标得到了很好的实现。

（三）评估儿童参与和满意度

评价不仅关注教育目标的实现情况，更关注儿童在德育活动中的参与程度和满意度。了解儿童对活动的喜好和反馈，可以帮助改进活动内容和形式，提高儿童的积极性和参与度，增强他们对德育活动的兴趣和主动性。

（四）为教师提供改进方法和评估孩子成长

通过评价活动的效果，教师可以了解哪些方面需要加强，以及是否需要调整教学方法和活动设计。例如，如果评价发现孩子对某个道德概念理解不深入，教师可以针对性地加强教学内容，增加相关活动来提高孩子们的理解。此外，通过评价活动的效果，还可以了解孩子在道德发展方面的成长情况，从而为评估孩子的个体差异和发展水平提供参考。

二、学前儿童德育活动评价有助于教育者提高教育工作质量

德育活动评价可以为学前儿童教师提供全面、详尽的反馈信息，帮助学前儿童教师发现自身在教育活动中存在的不足之处，并引导教师改进自己的教育方法和教育理念，以提高教育工作质量。

（一）确定教育目标和方向

学前儿童德育活动评价可以通过对活动的评估，明确教育目标和方向。教育目标的明确性对于提高教育质量至关重要。评价不仅可以帮助教育者在活动中设定明确的目标，还可以通过评价结果来检验目标是否达成，从而调整和改进教育活动，提高教育质量。

（二）了解孩子的发展水平和需求

学前儿童德育活动评价可以对孩子在活动中的表现和成长进行评估，从而了解孩子的发展水平和需求。这种了解可以帮助教育者更加有针对性地设计和实施教育活动，满足孩子的发展需求，提高教育质量。

（三）改进教育方法和策略

学前儿童德育活动评价可以通过对教育方法和策略的评估，发现其不足之处并加以改进。评价可以揭示出教育方法的有效性和适应性，以及可能存在的局限和问题。通过改进教育方法和策略，教育者可以提高教育质量，使教育更加有成效。

（四）促进教育者的专业发展

学前儿童德育活动评价可以促进教育者的专业发展。评价结果可以作为教育者的反馈和启示，帮助他们发现自身的优势和不足，从而寻求进一

步的专业发展和提高。教育者的专业素养和能力的提升，将直接促进教育质量的提高。

（五）加强家园合作

学前儿童德育活动评价可以促进家园合作，进一步提高教育质量。评价结果的反馈和家长的参与可以加强家园之间的沟通与合作。家长可以了解孩子在活动中的表现和成长情况，从而更好地支持和配合幼儿园的教育工作，形成一种良好的教育合力，共同推进教育质量的提高。

三、学前儿童德育活动评价有助于促进儿童身心健康发展

德育活动评价可以帮助学前儿童教师发现儿童的特长和优势，鼓励儿童发挥自身优势，培养儿童自信心和自主意识，为儿童提供一个健康成长的教育环境。

（一）了解儿童的身心状况

学前儿童德育活动评价可以对儿童在活动中的表现和参与程度进行评估，了解儿童的身心状况。评价结果可以帮助教育者和家长了解儿童的兴趣、需求、压力等情况，从而更好地关注和照顾儿童的身心健康，采取相应的教育和支持措施。

（二）促进身体和运动能力的发展

学前儿童德育活动评价可以评估儿童在体育运动和游戏活动中的表现。评价结果可以反映儿童的体能水平、运动技能以及身体发展情况。通过评价，教育者可以根据儿童的运动能力和发展需求，设计合适的体育游戏，提供机会让儿童锻炼身体，促进身心健康的全面发展。

（三）培养良好的情绪管理和社交技能

学前儿童德育活动评价可以关注儿童的情绪管理和社交技能表现。评价结果可以帮助教育者了解儿童在活动中的情绪表达和与他人互动的能力，以及情绪管理的成效。通过评价，教育者可以了解儿童的情绪需求，提供适当的情感支持和辅导，培养儿童的情绪管理和社交技能，促进身心的健康发展。

（四）促进认知和智力发展

学前儿童德育活动评价可以评估儿童在认知水平和智力方面的表现。评价结果可以帮助教育者了解儿童的注意力、观察力、思维能力等认知方面的特点和需求。通过评价，教育者可以为儿童提供丰富多样的知识和启发性的教育活动，促进其认知和智力的发展，提升儿童的身心健康水平。

（五）提供身心健康的指导和支持

学前儿童德育活动评价可以为教育者和家长提供身心健康方面的指导和支持。评价结果可以帮助教育者和家长了解儿童的身心健康需求，提供相应的专业建议和支持措施。通过评价的应用，教育者和家长可以更加关心和关注儿童的身心健康，提供积极的促进和保护，确保儿童身心健康的全面发展。

四、学前儿童德育活动评价有助于促进家庭教育的深化

德育活动评价可以与家长沟通，共同探讨如何在家庭中开展更有效的德育活动，更好地培养孩子的品德和教养。

（一）引导家庭参与

学前儿童德育活动评价的过程中，家长可以参与其中，深入了解孩子在活动中的表现和发展。这种参与可以让家长更加关注孩子的德育教育，促进家庭教育的重视程度。

（二）加强与家长的互动

学前儿童德育活动评价的结果可以向家长反馈，使家长知悉孩子在活动中的表现和成长。通过与家长分享评价结果，可以引发与家长的深入沟通，让家长了解到孩子在活动中的需求和兴趣，从而更好地进行家庭教育。

（三）提供家庭教育指导

学前儿童德育活动评价可以为家长提供教育指导。评价结果可以告诉家长孩子在道德发展中的优势和不足之处，引导家长关注孩子的成长重点，并提供相应的教育方法和策略。这样可以使家长更加有针对性地开展家庭教育。

（四）促进家庭教育的专业化

学前儿童德育活动评价的实施需要专业的评价工具和方法。家长参与评价，不仅可以了解孩子的发展情况，还可以学习和接触专业的评价知识和技能。这样可以使家长逐渐提升家庭教育的专业水平，从而深化家庭教育的质量和效果。

（五）促进家园合作

学前儿童德育活动评价结果的反馈可以促进家园合作。家长可以与幼儿园或教师进行沟通，基于评价结果共同制订家庭教育方案，形成一种正向共育环境，共同关注和支持孩子的德育发展。

第三节　学前儿童德育活动评价的原则

一、客观性原则

评价德育活动要客观公正，不考虑个人情感和偏见，评价指标应该科学、客观、具体、有可操作性。评价的客观性原则是评价过程和结果的基础，通过遵循这些原则，我们可以更加科学、准确地进行学前儿童德育评价，使评价结果更具实际意义，更好地帮助学前儿童在德育方面得到进一步提高和发展。

（一）评价的客观性原则要求我们评价的过程和结果是客观的

在这个过程中，评价者应该本着公正、公平、客观的原则进行评价。评价过程中要表现出严谨的态度，尽量消除主观偏见，避免看问题有倾向性，评价意见要公开透明，不能有歧视性，不能有因财富或权势导致的不公正现象。评价结果应该真实准确、合理科学，反映学前儿童的真实情况。

（二）评价的客观性原则要求我们评价的过程和结果是准确的

评价结果应该精确，不能有片面倾向，不能编造谎言，或者将某个学前儿童德育情况评价得过高或过低。评价结果需要有明确的依据，不能出现没有法律法规依据的情况。评价过程也要根据规定的标准和方法进行，尽可能使用量化的方式来衡量。

（三）评价的客观性原则要求评价过程是可重复的

评价过程和结果应该可重复地验证，不能够产生不同的结果。评价者需要按照规定的流程进行评价，避免因工作过程中的疏漏或偏差等因素，导致评价结果产生不同。这也是评价过程和结果的客观性的重要体现。

（四）评价的客观性原则要求我们评价的过程和结果是公正的

评价过程和结果需要公正。教育工作者必须尊重学生及其家长，不能将个人意愿和偏见带入评价过程中。评价结果应该注重公平，避免出现无法解释的偏见和歧视。评价者需要正义、公平、无偏见地评价学前儿童的德育表现。

二、全面性原则

评价应该综合考虑儿童在道德品质、情感态度、社会交往和行为表现等多个方面的发展情况，而不是片面地只看某一方面。这样能够更全面地把握儿童的发展水平，并为后续的教育和引导提供有力的依据。

（一）评价的全面性原则要求我们需要考虑学前儿童的身心全面发展

学前儿童的德育评价不能仅仅看重学前儿童的道德表现，同时需要考虑学前儿童的身体和心理发展。学前儿童的身心健康对于德育是非常重要的，只有身心完全发展，才能更好地处于德育的环境中。

（二）评价的全面性原则要求我们需要多角度评价

评价应该从多个角度出发，包括教师观察、家长反馈、学生自评等多种渠道，以了解儿童在不同场景和行为中的道德表现和发展情况。

（三）评价的全面性原则要求我们需要关注个体差异评价

考虑到每个儿童的个体差异，评价不仅应该着眼于对比和排名，更应该注重发现每个儿童的优点和潜能，为他们提供有针对性的支持和指导。

（四）评价的全面性原则要求我们需要关注进步性评价

评价应该注重儿童的发展进步，而不仅仅是一次性的结果。评价过程中应该关注儿童在道德品质、情感态度和社会交往能力方面的成长和改善，给予积极肯定和鼓励。

三、发展性原则

评价应该能够反映学前儿童德育的发展趋势和个别学前儿童的发展特点，根据学前儿童的年龄、性格等因素，对学前儿童的德育发展给予合理评价。

（一）个体差异

每个学前儿童的道德发展和行为都具有独特性，没有完全相同的儿童，每个儿童的道德行为和道德意识发展程度都有差异。因此，在进行学前儿童德育评价的时候，需要遵循"因人而异"的原则，注重了解每个儿童的发展水平和特点，从而制订相应的评价标准和方案，以保证评价结果的真实性和客观性。

（二）发展性

学前儿童的道德发展是一个持续而复杂的过程，评价需要考虑到儿童道德行为和道德认知的发展阶段。因此，在进行德育评价时，需要采用一些发展性的评价工具和方法，评价儿童目前所处的阶段、发展的趋势和特点，为儿童提供合适的德育指导。

（三）有效性

学前儿童德育评价的最终目的是帮助儿童发展良好的品德和道德素养，在评价过程中需要注重评价结果的有效性。评价结果需要具有明确的实践价值，为儿童的德育提供科学依据。因此，在评价前需要先明确评价的目的和标准，对评价结果及时反馈，以便及时调整德育的方式和方法，提高评价的有效性。

四、综合性原则

德育评价应该结合学前儿童的社交环境、家庭教育等多个方面去评估，从而全面反映学前儿童的德育状况。学前儿童德育评价是一项综合性的任务，需要从多个方面进行评价，包括道德行为、道德意识、道德情感等各个方面。因此，在进行评价时，需要采用多种评价方法和手段，例如对儿童的行为进行观察、听儿童的陈述、询问家长、评估问卷调查等。通过综合评价，多角度、全方位地了解学前儿童的德育情况，让评价的结果更加客观、准确、科学，真正帮助学前儿童在德育方面得到发展和提高。

（一）评价的综合性原则要求评价过程要全面、多角度、全方位地了解学前儿童的德育情况

在评价学前儿童的德育时，不能只看其在学习方面的表现，还要考虑学生道德品质、人际交往、生活习惯等方面的表现。

（二）评价的综合性原则强调评价要客观、准确、科学

评价者要本着客观、公正、公平的原则对学前儿童进行评价，避免主观臆断和偏见，评价结果要准确、科学，不偏不倚地反映学前儿童德育情况。

（三）评价的综合性原则要求评价是一个动态的过程

评价学前儿童的德育情况不是一次性的事情，而是一个动态的过程。教育工作者应该关注学前儿童在日常生活中的各种表现，及时记录并反馈，从而形成评价数据的逐步完善。

（四）评价的综合性原则强调评价过程要注重个性差异

每个学前儿童都是独特的，其德育情况也存在个体差异。评价者在评价过程中应该注重学前儿童的个性差异，不同的学前儿童在德育方面可能有不同的表现，评价结果也需因人而异。

（五）评价的综合性原则要求评价结果要有针对性，评价结果需要给出有针对性的建议和措施

评价者将根据评价结果对学前儿童提供相应的德育指导，让学前儿童在德育方面能够进一步得到提高。

五、及时性原则

学前儿童德育评价是指在评价过程中，要将评价及时地反馈给相关教

育工作者、家长和儿童本人，以便及时调整和改进教育方法和策略，促进学前儿童的德育发展。德育评价应该及时进行，让教育者和家长能够及时了解学前儿童的德育发展情况，及时制订相应的教育计划和教育措施。

（一）及时跟踪和记录

及时性原则首先要求评价者要及时跟踪和记录学前儿童在道德教育方面的表现。评价者需要在日常观察、教育活动和交流中注意学前儿童的道德表现，及时记录下来，以便后续的评价和反馈。

（二）及时评价和反馈

评价者需要及时地对学前儿童进行评价和反馈。评价结果应当在一定时间内反馈给相应的教育工作者、家长和儿童本人，以便及时调整和改进教育方法和策略。同时，评价者还应当向相应的教育工作者、家长和儿童本人解释评价结果和建议，并提供必要的帮助和指导。

（三）及时调整和改进教育方法和策略

评价结果反馈后，相应的教育工作者、家长和儿童本人需要及时调整和改进教育方法和策略，以满足学前儿童的德育发展需要。教育工作者需要根据评价结果及时地调整教学计划和策略，以提高教育质量。家长需要根据评价结果改进家庭教育方法和策略，帮助儿童健康成长。学前儿童本人则需要根据评价结果及时调整自己的行为和表现，提高自我修养和品德。

第四节　学前儿童德育评价的标准

制定学前儿童德育活动评价的标准，对于提高教育质量，促进儿童全面发展具有重要意义。通过规范化评价标准，可以减少主观因素的干扰，确保评价结果更加客观公正，更准确地了解活动对儿童德育素养的影响程度，帮助教育者系统地审视和评估学前儿童德育活动的效果，从而及时调整和改进教育方案，为教育者提供有效的参考，指导其设计和实施德育活动，为进一步的德育工作提供指导和改进方向，不断提升儿童的德育效果。

制定学前儿童德育活动评价标准一定要遵循国家的教育方针、学前教育的总目标，以《中华人民共和国教育法》《幼儿园管理条例》《幼儿园工作规程》《幼儿园教育指导纲要（试行）》《3—6岁儿童学习与发展指南》中关于幼儿保教的目标、内容和要求为评价学前儿童德育活动的基本标准。如《幼儿园工作规程》中的第三十一条指出："幼儿园的品德教育应当以情感教育和培养良好行为习惯为主，注重潜移默化的影响，并贯穿于幼儿生活以及各项活动之中。"《幼儿园教育指导纲要（试行）》中指出，要"充分利用社会资源，引导幼儿实际感受祖国文化的丰富与优秀，感受家乡的变化和发展，激发幼儿爱家乡、爱祖国的情感。""适当向幼儿介绍我国各民族和世界其他国家、民族的文化，使其感知人类文化的多样性和差异性，培养理解、尊重、平等的态度。"

然而，不同地区和机构可能会有自己的学前儿童德育活动评价标准文件。例如，地方教育局、学前教育专业协会等可能会制定相关的指导性文件，提供评价标准的参考。因此，上述文件和指导性文件可以作为制定学前儿童德育活动评价标准的依据，但也需要根据实际情况和需求进行相应的调整。同时，也应充分考虑儿童发展理论、传统价值观与社会需求等因素，确保评价标准的科学性和可操作性，使评价标准全面、科学、贴合实际，以促进学前儿童德育活动的有效开展和提高。

1. 儿童发展理论：评价标准可以参考相关的儿童发展理论，如皮亚杰认知发展理论和道德发展理论、维果茨基社会文化理论、柯尔伯格的道德发展阶段论等，了解不同年龄段儿童的认知能力、情感发展、道德观念等，并根据其特点确定评价指标。

2. 传统价值观与社会需求：社会对儿童德育的期望和需求也是制定评价标准的依据之一。传统价值观、道德伦理观念，以及社会主义核心价值观等，都可以在一定程度上影响评价标准的制定，使得评价标准更贴合社会的期望。

3. 关注点和目标：根据儿童德育活动的具体目标和关注点，确定评价标准。例如，如果活动的目标是提高儿童的团队合作能力，评价标准可以包括儿童参与合作活动的积极性、沟通协调能力等。

4. 国家和地区相关政策：政策法规也是制定评价标准的依据之一。学前教育相关的政策法规中可能有关于学前儿童德育的要求和建议，可以参考并借鉴其中的内容。

第五节　学前儿童德育活动评价的方法

我们对学前儿童德育活动进行评价，通常采用的方法是自评与他评有机结合的形式。所谓自评，就是在活动结束后对活动进展过程中表现出的长处进行总结，对活动进展过程中存在的问题进行反思并提出改进措施；所谓他评，就是由领导或同事经过客观分析、相互研讨，对教师的某次德育活动过程的优劣进行评价的方法。

学前儿童德育评价的方法有多种，例如采用问卷、观察记录等方式进行。同时，在评价过程中应该充分考虑学前儿童的年龄特点和个体差异，尽可能客观公正地进行评价。评价的结果既可以给予家长和教师参考，也可以作为学前儿童个体化教育的依据，为学前儿童的全面发展提供支持。

一、观察评价法

观察评价法是通过教育者或家长对儿童在德育活动中的言行举止、情绪表达、人际交往等方面进行观察和评价，以了解儿童在德育活动中的表现和发展情况，并根据观察结果进行相应的指导和调整。

观察评价法的一般步骤如下：

1. 制定观察目标：明确评价的重点和目标，可以是儿童的自律能力、合作精神、情绪管理、责任感等方面。根据活动的目的和内容，在评价之前制订出针对性强的观察指标，以便观察者能够清楚地进行观察和评价。

2. 观察对象：确定要观察的对象，可以是个别儿童或小组儿童。观察对象的选择应综合考虑儿童的发展特点、兴趣爱好和参与情况。

3. 观察方法：选择适当的观察方法，可以直接观察儿童的行为，也可以通过记录和摄影等方式进行观察。观察者应保持客观中立的态度，不对儿童进行干预。

4．观察内容：观察者可以关注儿童在德育活动中的自律程度、体谅他人的能力、合作参与的情况等方面。通过观察儿童的言行举止、情绪表达和人际交往等方面的表现，来评价其德育活动中的表现和发展情况。

5．观察记录：观察者应及时、准确地进行观察记录，并尽量保持客观。可以使用观察表或记录表格，将观察到的具体行为和表现进行记录，以便后续的分析和评估。

6．分析评估：观察评价后，教育者或家长应综合分析和评估观察结果。可以将观察记录进行整理和总结，通过比较和分析，找出儿童在德育活动中所展现的优点和不足之处，并提供相应的指导和支持。

观察评价法作为学前儿童德育活动评价的重要方法，能够直接观察到儿童的实际表现和发展情况，为教育者和家长提供重要的参考依据，以便制订针对性的教育策略，促进儿童的德育发展。

二、问卷调查评价法

问卷调查评价法是一种通过向儿童、教育者或家长发放问卷，收集他们对德育活动的观点、反馈和评价的方法。问卷调查评价法可以快速、量化地获取信息，了解儿童在德育活动中的参与和体验情况，为改进德育活动提供依据。

问卷调查评价法的一般步骤：

1．设计问卷内容：根据评价目的和评价指标，设计具体的问卷内容。问卷可以包括选择题、判断题、填空题、开放式问题等形式，以适应不同的评价需求。

2．预测试问卷：在正式实施前，进行预测试来检验问卷的可行性和效果。预测试可以帮助评估问卷的清晰度、流畅度和准确性，并进行必要的修改和完善。

3．发放问卷：根据评价对象的不同，将问卷分发给儿童、教育者或家长。可以选择线上或线下的方式进行问卷发放，以提高问卷回收率和便捷性。

4. 数据收集与分析：问卷回收后收集数据，并进行统计和分析。可以使用统计软件或手工方式进行数据统计，从而得出对德育活动效果的评估和总结。

5. 结果解读与应用：根据问卷调查的结果，解读和分析评价对象的回答，了解其对德育活动的态度、意见和建议。根据评价结果，进行德育活动的改进和调整，以提升其效果和参与度。

问卷调查评价法能够广泛收集到教育者、家长和儿童的观点和看法，有助于全面了解德育活动的效果和问题。然而，需要注意问卷设计的合理性和问题的明确性，以避免主观偏差和信息的不准确性。同时，还应考虑到儿童的年龄特点，选择简单易懂的表达方式，保证儿童能正常理解和回答。

三、结果分析评价法

结果分析评价法是一种通过对儿童在德育活动中所取得的成果进行分析和评估的方法。通过对儿童在学前教育过程中所展现的德育成果进行系统性的分析和评价，可以更全面地了解他们在德育活动中的发展状况，从而为教育者提供改进教育方法和指导儿童发展的依据。

结果分析评价法的一般步骤：

1. 收集评价数据：收集与德育活动相关的信息和数据。可以通过观察儿童的行为、经验故事、记录反思、家长和教育者的评价等多种方式，获取儿童的德育成果。

2. 数据整理与分类：对收集到的评价数据进行整理和分类。根据评价的主题和目标，将数据按照不同的分类方式进行归纳，如德育素养、社交能力、情感表达等。

3. 分析评价结果：对整理分类后的评价数据进行分析。可以采用统计分析、比较分析、归纳分析等方法，对儿童的德育成果进行综合评估，了解他们在不同方面的发展情况。

4. 制订评价标准：根据分析评价结果，制订相应的评价标准。可以从儿童的发展水平、能力表现、情感体验、道德价值观等多个方面制订评价标准，以便更准确地评价儿童的德育成果。

5．评估与反馈：根据制订的评价标准，评估儿童的德育成果。可以将评估结果以报告、家长会议、个别反馈等形式向教育者和家长及时展示和反馈，让他们了解儿童在德育活动中的发展情况。

6．改进和调整：根据评估结果和反馈意见，及时改进和调整教育方法。可以针对儿童在德育活动中存在的问题，调整教学策略，创造更适合儿童发展的教育环境。

结果分析评价法通过对儿童德育成果的分析和评估，能够更客观地了解儿童的发展状况，在德育活动中更有针对性地指导儿童的发展。同时，也需要注意评价数据的真实性和客观性，避免对儿童进行刻板印象或主观偏见的评价。

四、作品展示评价法

作品展示评价法是一种通过儿童的作品展示来评价德育活动效果的方法。通过观察和评估儿童的展示作品，可以了解他们在德育活动中的参与程度、能力发展和情感体验，从而评价德育活动的质量和效果。

作品展示评价法的一般步骤：

1．设计评价主题：根据德育活动的特点和目标，确定评价的主题和内容。可以关注儿童的创意能力、合作精神、情感表达、态度和价值观等方面。

2．提供材料与指导：为儿童提供相关的材料和指导，引导他们创作和展示作品。可以提供绘画、手工制作、表演、编写故事等多种形式，以激发儿童的创造力和表现力。

3．选择评价指标：根据评价主题和目标，选择相应的评价指标和标准。可以包括作品的内容丰富度、形式的创新性、情感表达的真实性、合作与沟通的能力等方面的评估。

4．展示作品：儿童完成作品后，组织展示活动。可以在幼儿园或其他场所进行作品展览、演出或读书会等形式的展示。

5．评价作品：观察和评估儿童的作品展示。可以通过记录观察笔记、拍摄视频或照片等方式，留下评价的依据和证据。

6．数据分析与总结：收集评价数据，对儿童的作品进行分析和总结。可以比较不同儿童的作品差异，了解他们在德育活动中的发展情况和成长趋势。

7．结果反馈与改进：将评价结果反馈给教育者、家长和儿童本人。通过评价结果的分析和解读，总结优点和问题，为德育活动的改进提供依据和建议。

作品展示评价法能够直观地展示儿童的学习成果和个人发展，有助于从多个方面了解他们的德育发展情况。同时，注重开放性和灵活性，充分尊重儿童的个性和表达方式，促进其主动参与和自主发展。但需要注意评价的客观性和公正性，避免主观偏见和片面观点的影响。

五、谈话评价法

谈话评价法是一种通过与儿童进行对话交流，了解其德育活动中的表现和发展情况的评价方法。谈话评价法强调与儿童的有效沟通，通过直接询问和聆听儿童的想法和感受，从而获取更加细致的评价信息。

谈话评价法的一般步骤：

1．创建良好的沟通环境：在评价之前，确保营造一个舒适、安全、亲切的氛围，让儿童感到放松和自由。可以选择适当的时间和地点，减少儿童的压力。

2．提问和倾听：在与儿童交谈时，教育者或家长应提出开放性的问题，鼓励儿童表达自己的想法、感受和经历。同时，要认真聆听儿童的回答和观点，尊重他们的发言权，不要打断或主观引导儿童的回答。

3．引导和激发思考：通过适当的引导和追问，帮助儿童深入思考和表达。可以通过提出具体问题、分享个人经历和给予鼓励等方式，激发儿童的思考和回答的深度及广度。

4．注意观察和倾听非言语信息：在谈话过程中，除了关注儿童的言语表达，还应注意观察和倾听儿童的非言语信息，如面部表情、眼神、姿势等，从中获取更加全面和准确的评价信息。

5. 记录和总结：在谈话过程中，教育者或家长应及时记录下儿童的回答和表述，以便后续的评估和分析。在结束谈话后，应对谈话内容进行总结和归纳，以便更好地了解儿童在德育活动中的表现和发展情况。

通过谈话评价法，教育者和家长能够直接了解儿童的心理状态、价值观和行为习惯，为后续的德育活动提供有针对性的指导和支持。与观察评价法相结合，可以更全面地了解和评价儿童的德育发展，促进其全面健康地成长。

第七章　学前儿童德育活动的发展趋势

一、强调学前儿童自主性和主体性

学前儿童自主性和主体性成为学前儿童德育发展的趋势，是基于对学前儿童认知发展特点的理解和教育理念的转变。

学前儿童正处在认知发展的重要阶段，他们的认知能力和自主性逐渐增强，对周围环境有着浓厚的兴趣和好奇心。因此，德育活动应当以满足学前儿童自主探究的需求为出发点，为他们提供开放、灵活、有趣的学习环境，引导他们主动参与、探索和实践，培养他们的自主性和主体性。

教育理念的转变也使培养学前儿童自主性和主体性成为学前儿童德育活动的发展趋势。传统的教育模式强调教师的权威性和指导性，注重灌输和纠正，忽视了学生的个体差异和发展需求。然而，随着现代教育理念的兴起，越来越多的教育工作者开始重视学生的自主学习和主体地位，主张以学生为中心的教学方式。在这样的背景下，学前儿童德育活动强调学前儿童自主性和主体性，旨在激发学前儿童的学习主动性和创造性，让他们在实践中建构知识，塑造个性，发展能力。

在学前儿童德育活动中，通过创设情景、提供资源、引导思考和互动交流，学前儿童能够自主地参与到各种活动中，发挥自己的主体意识和创造力，实现对自我情感、认知和行为的自我调节和表达。这种强调自主性和主体性的德育活动，有利于培养学前儿童的自我管理能力、合作能力、创新能力和适应能力，使其在成长过程中更加自信、独立和有责任心。因此，学前儿童德育活动强调学前儿童自主性和主体性的理念符合现代教育发展的趋势，对学前儿童的健康成长和全面发展具有积极的意义。

二、倡导情感教育和社交能力培养

情感教育和社交能力的培养主要在于培养学前儿童的情感认知和社交技能，帮助他们建立积极的情感态度和良好的人际关系，为其未来的学习和生活奠定坚实的基础。

学前儿童正处在情感认知发展的关键时期，情感教育能够引导他们认识和理解自己的情感状态，学会表达情感、应对情感，并培养积极的情感态度。在德育活动中，可以通过温馨、轻松的情境设置、多样化的教学资源和互动活动，帮助学前儿童逐步认识自己的情感，并引导他们学会积极应对负面情绪，培养乐观、包容的情感态度。通过角色扮演、绘图、游戏等形式，学前儿童学会表达自己的情感，增强情感表达的能力，建立自信心。

学前儿童的社交能力培养是德育活动中的重点。在德育活动中，可以通过小组活动、合作游戏等形式，让学前儿童学会倾听他人、尊重他人、合作交流，并逐步形成积极的人际互动模式。利用情境引导、角色示范等方式，可以培养学前儿童的交往技能，引导他们处理冲突、解决问题，以及学习分享、感恩和关爱。同时，关注学前儿童的社交习惯养成，如礼貌用语、日常礼节等，有利于促进学前儿童形成良好的社交行为规范。

此外，通过德育活动倡导情感教育和社交能力培养，还可以促进学前儿童的自我认知、同理心和合作精神的形成，为其未来的学习和生活打下坚实基础。同时，这种注重情感教育和社交能力培养的德育活动也有助于增强学前儿童的心理素质，提高他们的心理适应能力，更好地应对日常生活中的挑战和困难。因此，培养情感教育和社交能力成为学前儿童德育发展的趋势之一。

三、综合素养培养与跨学科整合

学前儿童德育活动将更加注重培养学前儿童的综合素养，旨在全面培养学前儿童的认知、情感、社交、体能等多方面的素养，使他们在未来的学习和生活中能够全面发展和拥有综合能力。

学前儿童的认知水平和学科知识相对单一，跨学科整合可以促进多学科间的知识交叉，帮助学前儿童更好地理解和应用知识。比如，在故事绘本中整合语言、艺术、自然科学等元素，可以促进学前儿童的多元感知和综合思维发展。跨学科整合还有助于提高学前教育的教学内容的实际性和趣味性，丰富学前儿童的学习体验，促进他们的全面发展。

综合素养培养着重培养学前儿童的认知、情感、社交、体能等多方面的素养，以及文化艺术素养、科学技术素养等。例如，通过音乐教育、美术教育、运动健康教育、人文思维培养等方式，可以促进学前儿童的审美情感、身心健康等多方面素养的全面发展，为其未来学习和生活奠定良好基础。

学前儿童德育活动不应局限于纯粹的德育课程，而是应与语言、数学、体育、艺术等学科相结合，通过具体的活动和实践来培养综合素养。例如，通过合作游戏、角色扮演、团队活动等德育活动，不仅可以培养学前儿童的社交能力，而且还有助于提升其语言表达能力、团队合作精神等综合素养。这种综合实践有助于将学前儿童的道德理念与其他学科知识相融合，使德育活动更加贴合学前儿童的实际需求。

总之，综合素养培养与跨学科整合可以帮助学前儿童在全面发展的基础上，获得更加丰富的知识和经验，提高他们的学习能力、创造力和综合素养，为其未来的发展打下坚实的基础，成为学前儿童德育活动发展的必然趋势。

四、科技元素的有效利用

科技在教育中的应用已成为不可忽视的趋势，学前儿童德育也不例外。通过利用虚拟现实设备、智能设备和在线资源等科技手段，提供更加丰富多样的德育体验和学习机会，拓宽学前儿童的视野和认知。

科学技术教育可以帮助学前儿童建立科学观念、培养探究精神和实践能力，提升他们的科学技术素养。通过亲身参与简单的科学实验、科技手工制作和探索科学现象，学前儿童可以提前接触科学知识，培养观察、实验、探究的能力，从小树立正确的科学思维和态度。通过科学技术活动可以丰富学前儿童的学习体验，激发他们的求知欲和兴趣。例如，在学前教育中引入简单的机械、电磁、光学等科学原理和现象，利用生活中的例子进行解释和演示，让学前儿童通过亲身实践和观察来理解科学原理，从而使他们在轻松愉快的氛围中获得科学知识，增加学习的乐趣。

有效利用科学技术元素有助于培养学前儿童的创新思维和解决问题的能力。在科学技术活动中，学前儿童可以通过动手实践、观察、思考和交流，培养创造性思维和解决实际问题的能力，从而为其未来的学习和生活打下基础。并且，科学技术教育还可以促进跨学科知识的整合和应用。比如，在科学实验中，可能涉及数学的计算、语言的表达、艺术的创意等多个学科，通过跨学科整合和应用，促进学前儿童多元素的综合学习。

因此，学前儿童德育活动中引入科学技术教育能够促进学前儿童的全面发展，培养其科学技术素养，丰富学习体验，培养创新思维，同时促进跨学科知识的整合和应用。

五、强调社区、家庭、幼儿园"三位一体"

学前儿童德育活动强调社区、家庭和幼儿园三位一体的理念，旨在建立一个多元合作、共同负责的教育体系，以促进学前儿童的全面发展和健康成长。这一理念强调社区、家庭和幼儿园之间密切合作，共同为学前儿童提供良好的成长环境和教育资源。

（一）社区的作用

提供资源：社区为学前儿童提供了各种教育资源，如公共图书馆、文化活动中心、健康机构等，为学前儿童的成长和教育提供了必要的支持。

社会教育资源整合：社区是各种教育资源的集散地，幼儿园可以通过与社区机构合作，充分利用社会资源，为学前儿童提供更多元化、个性化的教育服务。

（二）家庭的作用

情感支持：家庭是学前儿童最重要的情感支持来源，为学前儿童提供了温暖、安全的成长环境，对学前儿童的身心健康和认知能力发展起着至关重要的作用。

家园合作：幼儿园需要与家庭建立密切的沟通与合作关系，了解学前儿童的家庭情况、兴趣爱好、成长需求，以便更好地满足学前儿童的多样化需求。

（三）幼儿园的作用

教育指导：作为学前教育的主要机构，幼儿园承担着对学前儿童进行系统化教育和知识传授的责任，同时也需要注重学前儿童的情感、品德和智力的全面发展。

家园共育：幼儿园需要与家庭建立良好的合作关系，通过定期家长会、家园互动活动等形式，与家长密切配合，促进学前儿童家园共育。

综上所述，学前儿童德育活动强调社区、家庭和幼儿园三位一体的理念，有助于形成一个全方位的教育支持体系，为学前儿童提供更加全面、个性化的成长环境和教育资源。这种合作机制可以最大程度地发挥社区、家庭和幼儿园各自的优势，共同关心、支持和教育孩子们，以促进其全面发展和健康成长。

参考文献

1. 胡锦涛. 坚定不移沿着中国特色社会主义道路前进 为全面建成小康社会而奋斗——在中国共产党第十八次全国代表大会上的报告［J］. 理论学习，2012，（12）：4—27.

2. 彭凤. "立德树人"教育思想指导下的幼儿园德育［J］. 学前教育研究，2020，（07）：89—92. DOI：10.13861/j.cnki.sece.2020.07.010.

3. 刘云山. 着力培育和践行社会主义核心价值观［J］. 理论学习，2014，（03）：4—7.

4. 刘奇葆. 在全社会大力培育和践行社会主义核心价值观［J］. 党建，2014，（04）：10—13.

5. 刘琳. 劳动教育在幼儿园课程中的设计与组织［J］. 安顺学院学报，2022，24（03）：64—68.

6. 刘琳. 社会主义核心价值观融入幼儿园课程研究［J］. 安顺学院学报，2020，22（01）：46—50.

7. 王雪. 习近平总书记关于青年思想政治教育重要论述研究［D］. 辽宁大学，2021. DOI：10.27209/d.cnki.glniu.2021.002167.

8. 习近平. 从小积极培育和践行社会主义核心价值观——在北京市海淀区民族小学主持召开座谈会时的讲话［J］. 中国民族教育，2014，（Z1）：2—3. DOI：10.16855/j.cnki.zgmzjy.2014.z1.001.

9. 习近平. 坚持中国特色社会主义教育发展道路培养德智体美劳全面发展的社会主义建设者和接班人［J］. 宁夏教育，2018，（12）：4—6.

10. 习近平在中共中央政治局第十三次集体学习时强调 把培育和弘扬社会主义核心价值观作为凝魂聚气强基固本的基础工程［J］. 党建，2014，（03）：4—6.

11．张子荣．学德辨实：新时代青年培育践行社会主义核心价值观的四个着力点［J］．思想政治教育研究，2019，35（02）：31—34.DOI：10.15938/j.cnki.iper.2019.02.006.

12．朱焕芝．学前教育教学中的德育渗透分析——评《学前儿童德育教育》［J］．中国高校科技，2018，（10）：109.DOI：10.16209/j.cnki.cust.2018.10.040.

13．中华人民共和国教育部．教育部关于印发《幼儿园教育指导纲要（试行）》的通知［EB/OL］．（2016-12-02）［2022-10-10］.http：//www.moe.gov.cn/srcsite/A06/s3327/200107/t20010702_81984.html

14．中华人民共和国教育部．幼儿园工作规程［EB/OL］．（2016-03-01）［2022-10-10］.http：//www.moe.gov.cn/srcsite/A02/s5911/moe_621/201602/t20160229_231184.html

15．中华人民共和国教育部．教育部关于印发《3-6岁儿童学习与发展指南》的通知［EB/OL］．（2012-10-09）［2022-10-10］.http：//www.moe.gov.cn/srcsite/A06/s3327/201210/t20121009_143254.html

16．中华人民共和国教育部．教育部关于整体规划大中小学德育体系的意见［EB/OL］．（2005-5-11）［2022-10-10］.http：//www.moe.gov.cn/s78/A12/s7060/201007/t20100719_179051.html